Uwe Buermann
AUFRECHT DURCH DIE MEDIEN

Uwe Buermann

Aufrecht durch die Medien

Chancen und Gefahren des Informationszeitalters und die neuen Aufgaben der Pädagogik

Eine Forschungsarbeit des
„Instituts für Pädagogik, Sinnes- und Medienökologie"
(IPSUM)

FLENSBURGER HEFTE VERLAG

Uwe Buermann
Aufrecht durch die Medien
Chancen und Gefahren des Informationszeitalters
und die neuen Aufgaben der Pädagogik

FLENSBURGER HEFTE VERLAG 2007
ISBN 978-3-935679-38-1

Titelfoto: Michael Rieth
© 2007 FLENSBURGER HEFTE VERLAG GMBH, Flensburg
Alle Rechte, auch die des auszugsweisen Nachdrucks, der fotomechanischen Wiedergabe und der elektronischen Verarbeitung, vorbehalten.
Satz: FLENSBURGER HEFTE Satzstudio
Druck: Boyens Offset, Heide

Inhalt

Vorwort 9

1 Vom Zuhörer über den Zuschauer zum „Programmgestalter". 14

    1.1 Die Informations- und Kommunikationsmedien im Wandel der Zeit.. 15

    1.2 Veränderung der vermittelten Inhalte 20

    1.3 Das Verhältnis zwischen Medium und Anwender 25

    1.4 Auswirkungen der Passivität................................... 32

2 Die Jugend im Wechselspiel mit den Medien 38

    2.1 Von der Gemeinschaft über die Familie zum Individuum ... 39

    2.2 Vom Wohnzimmer in die Schlafräume und Kinderzimmer 44

3 Das Wechselspiel zwischen Wahrnehmen und Wahrgenommenwerden 48

    3.1 Wahrgenommenwerden als Lebensziel in der Mediengesellschaft... 50

        3.1.1 Die eigene Homepage 53

        3.1.2 Quizsendungen 56

        3.1.3 Talkshows 57

        3.1.4 Doku und Reality soaps 59

        3.1.5 Talentshows 62

4 Untersuchungen zur Veränderung des Kommunikationsverhaltens 63

    4.1 Aufbau der Untersuchung..................................... 64

    4.2 Der Fragebogen 66

    4.3 Ergebnisse der Umfrage 71

    4.4 Auszüge aus Interviews und Gesprächen 84

4.5 Zusammenfassende Betrachtung 105
5 Verschiedene Lebensmodelle für ein Leben im Informationszeitalter 108
   5.1 Der gläserne Konsument 110
   5.2 Der Informationsjunkie 113
   5.3 Der stetig lernende Zeitgenosse 115
   5.4 Der Informationsasket 116
   5.5 Der mündige Weltenbürger 117
6 Chancen und Gefahren der neuen Kommunikationsformen 120
   6.1 Jederzeit im Bilde 121
   6.2 Mitreden können 124
   6.3 Neue Gemeinschaftsbildung 126
   6.4 Was ist wichtig? 129
   6.5 Meinungsfreiheit und Meinungswillkür 135
   6.6 Beliebigkeit statt Bindung 139
   6.7 Auswirkungen auf die Gesundheit 147
7 Die Ich-Frage als zentrale Frage der Gegenwart 155
   7.1 Was ist das Ich? 155
   7.2 Der Mensch zwischen Bestimmung, Freiheit und Manipulation 160
8 Konkrete Anforderungen an die Pädagogik 163
   8.1 Von der konkreten Handlung zur Fähigkeit 166
   8.2 Von einzelnen Fähigkeiten zur Kompetenz 168
   8.3 Welche Fertigkeiten und Fähigkeiten gehören zur Medienkompetenz? 169
   8.4 Wie können diese Fertigkeiten und Fähigkeiten entwickelt werden? 173

    8.5 Bildung im Wandel: Von der Wissensvermittlung zur Fähigkeitsbildung 180

    8.6 Schlußsbetrachtungen 183

Literaturliste 186

Quellen im Internet 188

Anhang (farbige Tabellengrafiken) 189

Vorwort

Wir Menschen sprechen miteinander – warum ist uns das so wichtig?

Spätestens wenn wir einmal lange Zeit vollständig allein waren, wird uns in der Einsamkeit bewußt, wie stark unser Bedürfnis nach Austausch mit anderen Menschen ist. Die Sprache ist es, die Menschen befähigt, ihre Gedanken, Empfindungen und Gefühle einem anderen Menschen mitzuteilen bzw. zu hören, was im seelischen Innenraum des Gegenüber lebt. Sprache befreit den Menschen aus seiner Einsamkeit, sie baut die Brücke von Mensch zu Mensch. Sprache ist das Fundament, auf dem menschliche Gemeinschaft entstehen kann, und sie ist zugleich deren Hülle.

Der Ursprung der menschlichen Sprache liegt in lang vergangener grauer Vorzeit. Als sich Menschenvorfahren aufrichteten, die Arme und Hände für andere Tätigkeiten frei wurden, konnten sich auch die anatomischen Voraussetzungen der Sprachorgane bilden. Und mit der Sprache war dem Menschen das Medium gegeben, innerhalb dessen und mit Hilfe dessen er das Denken entwickeln konnte.

Aufrechtes Gehen, verstehendes Sprechen und sachgerechtes Denken sind die drei Grundfähigkeiten des Menschen, die ihn als Menschen auszeichnen.

Aus seinem denkenden Verstehen der Welt und seiner Erfindungsgabe schuf der Mensch mit Hilfe seiner frei zu gebrauchenden Hände die Welt der Technik. Er erfand in den vergangenen beiden Jahrhunderten Geräte, die es ihm erlaubten, große Entfernungen schnell zu überbrücken: Eisenbahnen, Automobile, Motorräder, Flugzeuge, Hochgeschwindigkeitszüge usw. In diesen Geräten manifestierte der Mensch die eigene Fähigkeit der Fortbewegung: Die Maschinen lernten gewissermaßen das „Gehen". Dann erfand er Geräte, die seine Sprache konservieren oder in weite Ferne übertragen können – die Maschinen lernten zu „sprechen". Zuletzt konstruierte er Apparate, die ihm die Notwendigkeit abnahmen, mechanisch ablaufende Gedankenprozesse selbst vollziehen zu müssen: Die Maschinen lernten „denken".

So steht der Mensch heute mitten in einer selbstgeschaffenen technischen Welt, der er seine urmenschlichen Fähigkeiten im Abbild eingeprägt hat. Die alltägliche Auseinandersetzung mit den „gehenden",

„sprechenden" und „denkenden" menschlichen Schöpfungen hat eine Rückwirkung auf den Menschen. Die Nutzung dieser Geräte verändert ihren Nutzer. Aber wie verändert sie ihn?

Auf dem Gebiet der Kommunikationstechnologie hat sich Uwe Buermann mit dieser wichtigen Frage auseinandergesetzt. Er fragte sich, ob, und wenn ja wie, die neuen technischen Verständigungsmittel die Art und Weise des menschlichen Miteinandersprechens – die Kommunikation – beeinflussen. Eine Untersuchung, die er im Rahmen der Arbeit des Instituts für Pädagogik, Sinnes- und Medienökologie (IPSUM) unternahm, gab ihm die Möglichkeit, dieser wichtigen Frage nachzugehen. Dabei interessierten ihn neben den quantitativen vor allem die weniger greifbaren qualitativen Veränderungen der Kommunikation. Darüber hinaus geht er auch möglichen Ursachen nach.

Dabei macht Buermann darauf aufmerksam, daß neben dem gedanklichen Inhalt der Kommunikation noch eine tiefere Ebene des Gesprächs beachtet werden muß: Im Sprechen lebt sich in jedem Menschen auch das Bedürfnis aus, wahrgenommen zu werden. „Wir wollen in unserem inneren Kern erkannt und angenommen werden." (S. 133)

Das Wahrgenommenwerden des einen Menschen benötigt die Aufmerksamkeit des anderen Menschen. Ein wirkliches Gespräch zwischen Menschen setzt den Willen zur gegenseitigen Aufmerksamkeit voraus, das Interesse an dem, was der andere zu sagen hat.

Aufmerksamkeit zu erhalten ist ein wichtiges Grundbedürfnis des Menschen. Die gesunde Entwicklung eines Kindes hängt davon ab, daß es von den Menschen seiner Umgebung wahrgenommen wird. Kinder und Jugendliche brauchen Menschen, die sie wahr- und auch ernst nehmen, die ihnen immer wieder ungeteilte Aufmerksamkeit entgegenbringen.

Aber nicht nur Kinder und Jugendliche, sondern auch viele Erwachsene erleben, daß ihnen zu wenig Aufmerksamkeit zugewendet wird. Unsere Gegenwartskultur ist von dem Gefühl eines tiefen Aufmerksamkeitsmangels geprägt. Buermann zeigt nun, neben vielem anderen, wie dieser Aufmerksamkeitsmangel in der Art und Weise, wie wir mit Informations- und Kommunikationsmitteln umgehen, eine treibende Kraft ist. Die Sehnsucht, wahrgenommen zu werden, der stille Schrei nach Aufmerksamkeit äußert sich in vielen Erscheinungen der Medien- und Informationsgesellschaft.

Buermann verbleibt jedoch nicht bloß bei der (ausführlichen) Analyse der Gegenwart, sondern beschreibt darüber hinaus – auch aus seiner Erfahrung als Medienpädagoge – Möglichkeiten des Ausgleichs dieser Defizite. Er weist auf Chancen der Erziehung und Selbsterziehung hin, um einen souveränen und kompetenten Umgang mit Medien zu lernen.

Buermann wendet sich in dieser Untersuchung einer für die weitere Entwicklung der menschlichen Kultur zentralen Frage zu, der man gar nicht oft genug Aufmerksamkeit entgegenbringen kann. Deshalb hoffe ich sehr, daß sie ein vielseitiges Interesse findet.

Dr. Edwin Hübner
Wetterauer Str. 34
61352 Bad Homburg

1
VOM ZUHÖRER ÜBER DEN ZUSCHAUER ZUM PROGRAMMGESTALTER

Die beobachtbaren Veränderungen der Medien und ihrer Benutzer unterliegen vielfältigen Faktoren. So haben sich nicht nur die Medien selbst verändert, sondern damit einhergehend auch die Ansprüche der Konsumenten und der Mediengestalter. Die gesamte Entwicklung ist nur unter Berücksichtigung dieses lebendigen Wechselspiels von unterschiedlichen und sich gegenseitig beeinflussenden Elementen zu verstehen. Hieraus erklärt sich auch die Eigendynamik des Marktes, die der beteiligten Wirtschaft immer wieder so viel Kopfzerbrechen bereitet. Ob sich eine neue Technologie durchsetzt, hängt eben nicht nur von ihrer Funktionalität und der gelungenen Werbung ab, sondern auch von den realen physischen und seelischen Bedürfnissen der potentiellen Konsumenten und gegebenenfalls von ihrer Bereitschaft, sich umzustellen oder sogar zu verändern.

So ist und bleibt es auch so gut wie unmöglich, genaue Prognosen über die weitere Entwicklung in diesem Bereich zu machen, da einfach zu viele Faktoren beteiligt sind, vor allem da einige davon eine sehr kurze Halbwertszeit haben, wie z.B. Modeströmungen. Es soll also in diesem Kapitel nicht darum gehen, Spekulationen über zukünftige Entwicklungen anzustellen, sondern die bisherigen Entwicklungen vor allem auch in ihrer Dynamik zu beleuchten. Als Beispiel sollen aber an dieser Stelle zwei Fehleinschätzungen der jüngeren Vergangenheit angeführt werden.

Als 1989 die „D"-Lizenz vergeben wurde, ging die Branche der Anbieter und Telefonhersteller davon aus, daß bis zum Jahre 2000 im optimistischen Fall 2 Mio. Bundesbürger ein Handy besitzen werden. Als Zielgruppe dachte man eigentlich nur an reisende Geschäftsleute und Manager. Diese Erwartungen wurden dann aufgrund der regen Nachfrage von Jahr zu Jahr nach oben korrigiert und lagen dann 1998 bei 23 Mio. Besitzern für 2000. Real waren es dann aber 44 Mio. Bundesbürger, also mehr als 50 % der Bevölkerung, die im Jahre 2000 ein Handy besaßen.[1] Hier wurden also die Erwartungen und Hoffnungen der Hersteller in der Realität bei weitem übertroffen, was wesentlich zu der Euphorie innerhalb der Branche am Ende der 90er Jahre beitrug.

---

1 Quelle: Statistik des Büros Dr. Schwarz-Schilling & Partner

Derartige grobe Fehleinschätzungen finden sich immer wieder, wenn auch immer häufiger in umgekehrter Richtung. So manche Innovation gerade im Mobilfunkbereich wird seitdem sofort zur „Killerapplikation" erklärt, mit enorm positiven Prognosen; wobei sich die Hersteller und Anbieter gerne auf die eben dargestellten Erfahrungen stützen. Häufig werden diese Prognosen dann genauso radikal durch die Realität korrigiert – allerdings nach unten, mit allem, was das dann für die beteiligten Unternehmen und deren Mitarbeiter bedeutet. Und so wird dann so mancher Traum zum Märchen: „Es war einmal ein Neuer Markt …".

1.1 Die Informations- und Kommunikationsmedien im Wandel der Zeit

Medien dienen, wie ihr Name schon sagt, der Vermittlung von Inhalten zwischen verschiedenen Wesen. Das direkteste und älteste Medium ist die Sprache, die es möglich macht, Gefühle und Gedanken zum Ausdruck zu bringen und anderen unmittelbar mitzuteilen. Dabei ist die gesprochene Sprache daran gebunden, daß sich der Sprecher und der Zuhörer zur gleichen Zeit am gleichen Ort befinden. Die Entwicklung der Medien ist dadurch geprägt, daß diese Unmittelbarkeit von Sprecher und Zuhörer aufgehoben wird, entweder im zeitlichen oder im räumlichen Sinne – oder beides.

So geben die bildhafte Darstellung von Ereignissen und die symbolhafte Darstellung anderer, z.B. religiöser, Inhalte die Möglichkeit, Informationen im weitesten Sinne über längere Zeiträume hinweg zu bewahren und – wenn die Darstellungen auf beweglichen Materialen, wie z.B. Tontafeln oder Pergament, aufgetragen sind – auch räumliche Distanzen zu überwinden.

Damit Medien ihren Zweck erfüllen können, müssen Sender und Empfänger die gleiche Sprache sprechen. In bezug auf bildhafte oder symbolhafte Darstellungen bedeutet dies, daß die Darstellungen für den Vermittelnden die gleiche Bedeutung haben müssen wie für den Empfänger. Wird diese einfache Bedingung nicht erfüllt, kommt es zwangsläufig zu Mißverständnissen oder sogar dazu, daß die Botschaft überhaupt nicht mehr verstanden werden kann. Neben dem eigentlichen Inhalt müssen demnach auch die dazugehörigen Regeln der Interpretation vermittelt werden bzw. vorhanden sein, damit die Botschaft auch verstanden werden kann.

So ist die bildhafte und symbolhafte Darstellung, die sich dann bis zur Schrift entwickelt hat, daran gebunden, daß einzelne Menschen die jeweiligen Regeln entwickelten und weitergaben. Gleiches gilt natürlich auch für die Sprache: Um Sprache zu verstehen, muß sie erlernt werden. Aber im Gegensatz zu anderen Kommunikationsformen und -regeln wird die Sprache in der Gemeinschaft von alleine erworben. Solange es mit anderen Menschen aufwächst, die zu ihm und mit ihm sprechen, lernt jedes gesunde Kind die Sprache seiner Umgebung. Aus heutiger Sicht scheint es mit dem Erlernen des Lesens und Schreibens ähnlich zu sein; aber die immer noch hohe Zahl von Analphabeten zeigt, daß das Erlernen der Schriftsprache nicht so automatisch verläuft, wie man meinen könnte. Ein wichtiger Faktor hierfür ist der höhere Abstraktionsgrad der Schriftsprache. Der einzelne Buchstabe hat, wenn überhaupt, nur sehr bedingt etwas mit dem Laut zu tun, den er repräsentiert. Schriftsprache muß also bewußt erlernt werden. Wer für sich keine Notwendigkeit sieht, lesen und schreiben zu lernen, wird es auch in einer ausgeprägten Schriftkultur nicht tun. Dieser Umstand ist für die historische Betrachtung der Entwicklung der Medien von großer Bedeutung. Der Umstand, daß in früheren Zeiten über lange Zeiträume nur wenige Menschen lesen und schreiben konnten, lag nicht nur an einem fehlenden öffentlichen Bildungssystem und fehlenden öffentlichen Bibliotheken, sondern an dem mangelnden Bedürfnis der Menschen. Profan ausgedrückt kann man sagen: Solange sie alles, was sie wissen wollten, auf eine für sie befriedigende Weise direkt von einem Menschen erzählt bekommen konnten, gab es für sie keine Notwendigkeit, lesen und schreiben zu lernen. Es bedurfte einer Steigerung des Mitteilungsbedürfnisses, des Wissensdurstes und einer Abnahme der Erinnerungsfähigkeit, um die Schriftsprache zum Massenmedium werden zu lassen.

Vor allem die räumliche Ausbreitung einzelner Nationen brachte die Notwendigkeit mit sich, über weitere Distanzen zu kommunizieren. Neben den Boten, die mündliche oder schriftliche Botschaften zu Fuß oder zu Pferde über längere Strecken übermitteln konnten, entstanden so schon im Altertum optische Informationssysteme, mit denen verabredete Botschaften weitergegeben werden konnten – sei es durch Rauchzeichen, Spiegel- oder Fahnensignale. Antrieb für die Entwicklung all dieser Systeme war nicht nur das Bedürfnis, größere Strecken zu überbrücken, sondern vor allem, dies möglichst schnell tun zu können. Interessanterweise findet sich die Entwicklung solcher Systeme nur in zentralistischen Staaten, was noch einmal die Bedeutung des Wissensdurstes (in diesem

Fall der Herrschenden) als Motiv für die Mediennutzung und Entwicklung unterstreicht.

Im Zuge der neuzeitlichen Entwicklung veränderten sich auch die Medien. Immer mehr Menschen begannen, weiterreichende Fragen zu stellen. Die zunehmende Mobilität, verbunden mit dem Bedürfnis, einmal geknüpfte Kontakte aufrechtzuerhalten, und der Wunsch, Erlebnisse und Eindrücke anderen mitzuteilen, waren der Nährboden für alle möglichen Erfindungen. Der Wunsch von immer mehr Menschen, Bücher selber zu lesen, forderte neue Kopierverfahren und führte so zu den Druckverfahren bis hin zu den beweglichen Lettern von Gutenberg, der damit die technischen Voraussetzungen nicht nur für Bücher als Massenware, sondern auch für Flugblätter, Zeitungen, Zeitschriften und Prospekte geschaffen hat. Der Wunsch, die eigenen Gedanken, Empfindungen und Erfahrungen anderen mitzuteilen, auch wenn man sich räumlich voneinander entfernte, führte zur Einrichtung des Postwesens. Auf anderer Ebene kamen diese Veränderungen dadurch zum Ausdruck, daß immer mehr Menschen Bücher schrieben und daß neben den geistlichen und wissenschaftlichen Werken auch neue Formen von Literatur entstanden, wie z.B. Reiseberichte und Romane.

Das Bedürfnis, Erfahrungen anderen so getreu wie möglich mitzuteilen, sei es über eine räumliche oder zeitliche Distanz, war die Grundlage für all jene Techniken, deren Ziel es ist, sinnliche Eindrücke auf reproduzierbare Weise zu konservieren. Die Malerei hatte sich ja bereits bis in die Neuzeit dahingehend entwickelt, daß darzustellende Objekte und Personen so naturgetreu wie möglich abgebildet wurden. Gesteigert wurde dies nun durch die Fotografie, die es möglich machte, echte Momentaufnahmen zu erstellen. In einem gewissen Sinne war die Malerei damit am Ende ihrer Entwicklung angekommen. Statt aber zu verschwinden, entwickelte sie sich weiter, indem sie sich auf neue Weise von der rein äußeren Abbildung entfernte.

Die Weiterentwicklung der Fotografie zum Film und damit zum scheinbar bewegten Bild schuf die Möglichkeit, nicht nur Momentaufnahmen, sondern auch sichtbare zeitliche Abläufe zu konservieren.

Die Entwicklung der Schallplatte und später des Tonbandes machte es möglich, Geräusche, Musik und nicht zuletzt menschliche Sprache aufzunehmen und später wiederzugeben.

So entstanden innerhalb weniger Jahre Techniken, mit deren Hilfe optische und akustische Signale aufgezeichnet und wiedergegeben werden können. Neben der Konservierung und Reproduktion ging es aber auch, wie oben bereits erwähnt, um die Übermittlung der Informationen. Zuerst wurden die klassischen Transportwege genutzt: Über die bestehenden Post- und Transportwege konnten Bild- und Tondokumente auch über weite Entfernungen versandt werden. Allerdings galt dabei weiterhin die Regel: Je länger der Weg, um so länger braucht das verschickte Material.

Zuerst war es mit Hilfe der Telegrafie und der dazugehörigen neuen elektrischen Zeichensprache, dem Morsealphabet, gelungen, in bezug auf Textbotschaften diese Gleichung zu durchbrechen. Plötzlich konnten Botschaften zumindest entlang des Telegrafennetzes fast gleichzeitig an allen angeschlossenen Orten empfangen werden. Da es nicht nur, wie bei den früheren optischen Nachrichtensystemen, einen Kanon fester Botschaften gab, konnte dieses System auch von der Allgemeinheit genutzt werden, so sie denn ein Interesse hatte, Botschaften von einem Ort zum anderen zu senden. Die Verbreitung der Telegrafie war zum größten Teil an die Bahnstrecken gebunden, da beim Bau der Eisenbahnnetze parallel zu den Gleisen auch die Telegrafenleitungen verlegt wurden. Jede Bahnstation war demnach nicht nur ein Verkehrsknotenpunkt, sondern auch ein Informationsknotenpunkt.

Es war also mit anderen Worten die Elektrizität, mit deren Hilfe es gelang, die Bindung von Entfernung und Übermittlungsdauer zu durchbrechen. Und die weitere Entwicklung der Medien zeigt, wie dieser Impuls aufgenommen wurde. Die Ideen breiteten sich in zwei Richtungen aus. Zum einen gab es das Bestreben, akustische und daran anschließend auch visuelle Informationen unmittelbar mit Hilfe von elektrischen Impulsen durch Leitungssysteme zu übermitteln. Zum anderen gab es das Bestreben, sich von den festen Leitungen zu lösen und elektrische Signale an jeden beliebigen Ort zu übermitteln. Die Früchte der ersten Bemühungen sind das Telefon, später dann auch das Fax und das Kabelfernsehen. Der zweite Entwicklungsstrom führte zur Funktechnik. Zuerst entstand die Möglichkeit der drahtlosen Telegrafie; daran schloß sich der Sprechfunk an, dicht gefolgt vom Rundfunk und später dann vom Fernsehen. Den bisherigen Abschluß dieser Entwicklungsreihe bilden die Mobiltelefone.

Der Rundfunk, aber auch das Fernsehen, vor allem in seiner Frühzeit von 1934 bis 1945 in Deutschland als Unterhaltungsmedium des NS-Regimes[2], stellten für die Zuhörer bzw. Zuschauer eine wirkliche Revo-

---

2 Da der Videorecorder und damit die Möglichkeit, Fernsehbilder zu speichern und zu repro-

lution dar. Bei allen bisherigen Medien bezogen sich die Berichte und Darstellungen auf mehr oder weniger lange zurückliegende Ereignisse. Nun konnte der Medienkonsument zumindest bei Live-Schaltungen unmittelbar dabeisein. Auch wenn dieses Dabeisein natürlich nur ein indirektes ist, da der Zuhörer bzw. Zuschauer immer nur einen subjektiven Ausschnitt des Gesamtereignisses vermittelt bekommt, ist die Faszination dieser eingeschränkten Unmittelbarkeit bis heute ungebrochen, wie nicht zuletzt das Ereignis des 11. September 2001 belegt hat. Denn es war ja nicht der tragische Anschlag an und für sich, der dafür sorgte, daß die politische und soziale Welt von diesem Tag an eine andere wurde, sondern der Umstand, daß Millionen Menschen in der westlichen Welt durch die Livebilder auf allen Kanälen emotional ganz anders in dieses Geschehen eingebunden waren als bei anderen terroristischen Anschlägen. Ein weiteres Beispiel ist die Spendenbereitschaft der Bevölkerung nach dem Tsunami 2004 mit seinen medienwirksamen Bildern. Anders dagegen verhielt es sich nach dem verheerenden Erdbeben in Kaschmir 2005, bei dem derartige Bilder fehlten.

Die elektronischen Medien haben also in einem gewissen Sinne die Grenzen von Raum und Zeit überwunden. In einem gewissen Sinne schon allein deshalb, weil diese Überwindung nur in Richtung der Unmittelbarkeit gilt. Die Haltbarkeit der Konservierungsmethoden hat dabei stetig abgenommen. Während die Steinritzungen der Frühzeit auch nach Jahrtausenden noch erhalten sind, Bücher bei guter Pflege Jahrhunderte überdauern (wie wahrscheinlich auch Schallplatten), halten magnetische und optische Speichermedien, wenn überhaupt, gerade mal ein Menschenleben. So ist ein Großteil der Daten der Mondlandungen für immer verlorengegangen, da sich die Qualität der Datenbänder in einem solchen Maße verschlechtert hat, daß die Daten nicht mehr gelesen werden können.

Im Vergleich zu der bereits geschilderten Revolution der Medien durch die Einführung von Radio und Fernsehen nimmt sich aus Mediensicht die vielbeschworene digitale Revolution eher bescheiden aus. Die Digitalisierung bedeutet in bezug auf den Versand der Informationen primär eine Optimierung der elektrischen Übertragung. Statt mit Spannungsmustern

---

duzieren, erst 1948 erfunden wurde, konnten die damaligen Sendungen nicht aufgezeichnet werden. Demnach waren die meisten Sendungen im Dritten Reich Live-Sendungen. Es gab allerdings ein Verfahren, mit dem es möglich war, normale 16mm-Filme live ins Fernsehen einzuspielen. Einige dieser Filmrollen sind erhalten geblieben und vermitteln heute noch einen Eindruck aus dieser frühen Zeit des Fernsehens.

zu arbeiten, ermöglicht die Reduktion der Informationen auf zwei Zustände (0 und 1, Strom an – Strom aus) eine wesentlich schnellere Übermittlung der Informationen, in Abhängigkeit von der genutzten Taktung. Es handelt sich also um eine quantitative und nicht um eine qualitative Revolution; denn die Zerlegung von Schallwellen und die Zerstückelung von Bildern in Bildpunkte und deren Umsetzung in Zahlenwerte kann immer nur eine Annäherung an die abgebildete Wirklichkeit darstellen. Qualitativ sind die analogen Medien wie Schallplatte, Tonband, klassische Fotografie und Film nicht zu schlagen; und daran wird keine Steigerung der Prozessorleistung je etwas ändern können. Die digitalen Medien sind eben lediglich schneller und damit in einer auf Beschleunigung ausgerichteten Zeit praktischer. Neben dieser Beschleunigung hat die Digitalisierung im Medienbereich eigentlich nichts verändert. Lediglich die Gleichschaltung verschiedener Ursprungsinformationen auf einen Informationscode (den binären Code, bestehend aus Nullen und Einsen) machte es möglich, unterschiedliche Medien, die bisher nur mit großem Aufwand oder gar nicht miteinander verbunden werden konnten, zusammenzuschließen. Die Möglichkeit, Texte, stehende und bewegte Bilder und Töne gleichzeitig oder getrennt über ein und dieselbe Leitung mit ein und demselben Gerät zu übertragen, ist als etwas Neues anzuerkennen. Ob diese Entwicklung mediengeschichtlich wirklich eine echte Revolution darstellt, wird die Zukunft beurteilen.

1.2 Veränderung der vermittelten Inhalte

Neben den Medien selber hat sich natürlich auch die Gruppe der Menschen verändert, die die jeweiligen Medien nutzt – und damit wiederum auch der jeweilige Inhalt der Botschaften. Über den Inhalt der ganz frühen noch erhaltenen Aufzeichnungen der Menschheit kann man nur spekulieren; aber die Inhalte der schriftlichen Dokumente der frühen Hochkulturen und des Altertums sind bekannt. Zum einen finden sich reine Sachinformationen, die sicherlich nicht für die Ewigkeit bestimmt waren und sich lediglich durch die Art ihrer Konservierung (z.B. die Einritzungen auf Tontafeln) bis heute erhalten haben. Dabei handelt es sich um Informationen über Steuereinnahmen und ein- bzw. ausgehende Lagerbestände. Dies alles sind Alltagsdokumente zentralistischer Staaten; denn nur der Umstand, daß die Berichte exakt an andere Orte übermittelt werden sollten, rechtfertigte den Aufwand der schriftlichen Fixierung.

Zum anderen finden sich schriftliche Aufzeichnungen, die eindeutig für die Ewigkeit bestimmt waren. Hierbei handelt es sich um die Darstellungen des Lebens und der Taten der Götter, ihrer Repräsentanten auf Erden und – wie im Falle der spätägyptischen Kultur – auch deren Helfershelfer. Auch wenn uns heute manche dieser Texte profan erscheinen, so sind sie es keineswegs gewesen. Es war eine heilige Handlung, all die Taten eines Menschen, bis hin zu den kleinsten Details des Alltags, aufzuschreiben, z.B. an den Außenwänden der Grabkammern höherer Beamter, damit der Verstorbene den wissenden Nachfahren – also jenen, die des Lesens mächtig waren – ganz in Erinnerung blieb, so wie der Leib durch die Mumifizierung erhalten werden sollte.

Bereits im Altertum findet man dann auch Schriften, die wie persönliche Berichte einzelner Persönlichkeiten anmuten und demnach in subjektivem Licht erscheinen. Hierzu gehören sowohl Reiseberichte wie auch die philosophischen Schriften. Bei beiden Arten von Schriften lassen sich die zwei bereits geschilderten Aspekte wiederfinden. Die Reiseberichte waren entweder wirkliche Berichte an den jeweiligen Kaiser oder die jeweilige Regierung, oder aber es ging darum, die Taten und – was neu war (in bezug auf die philosophischen Schriften) – die Gedanken einzelner Menschen für die Nachwelt zu erhalten. So waren es bezeichnenderweise auch andere Menschen als die Persönlichkeiten selber, die solche Schriften verfaßten. So stammt z.B. unser Wissen über Sokrates, über sein Leben und seine Gedanken, aus den Schriften seines Schülers Platon.

In jedem Fall gilt: Solange Schreiben und Lesen keine allgemeinen Kulturfähigkeiten waren, wurde nur das schriftlich fixiert, was für den Schreiber oder dessen Auftraggeber von entsprechender Bedeutung war. Mit der Ausbreitung der entsprechenden Fähigkeiten ging die Ausweitung der fixierten Inhalte einher. Die Privatisierung der Fähigkeiten brachte es mit sich, daß die entsprechenden Medien auch neue Funktionen übernahmen. Private Notizen und Tagebücher dienten dazu, das eigene Gedächtnis zu entlasten; demselben Zweck dienten auch alle anderen Schriften. Der anthropologische Vergleich zeigt deutlich, daß in schriftlosen Kulturen die Erinnerungsfähigkeiten der Menschen deutlich besser sind als in Schriftkulturen. Menschen in schriftlosen Kulturen – wie z.B. die Eskimos, die Buschmänner und die letzten noch existierenden südamerikanischen Indianerstämme – können ganze Geschichten nach nur einmaligem Hören memorieren und wortgetreu wiedergeben; und das auch, wenn zwischen dem Hören und dem Wiedergeben längere Zeiträume liegen. Es ist schwer zu sagen, wie so häufig in solchen Fällen, was was bedingt hat. Entweder haben die zunehmende Schriftkultur und das daraus resultierende Nachlesenkönnen und Nicht-mehr-erinnern-Müssen dazu geführt, daß die Gedächtnisleistungen nachgelassen haben; oder aber das natürliche Nachlassen der Gedächtnisleistungen ist verantwortlich für das Bedürfnis, sich Schreib- und Lesefähigkeiten anzueignen. Es ist anzunehmen, daß es sich hierbei nicht um eine Entweder-oder-Frage handelt, sondern daß beide Faktoren eine Rolle spielen.

Eine ähnliche Entwicklung wie gerade geschildert findet sich in geraffter Form bei allen Kommunikationsmedien. In ihrer jeweiligen Anfangsphase, während der sie nur wenigen Menschen (und meistens ja zuerst staatlichen und wirtschaftlichen Organisationen) zur Verfügung standen, beschränkte sich der übermittelte Inhalt auf kurze und sachliche Informationen, die von allen Beteiligten für entsprechend wichtig gehalten wurden. Mit der Ausbreitung der jeweiligen Medien und ihrer damit einhergehenden Nutzung durch Privatpersonen veränderte sich auch die Art der Kommunikation und der entsprechenden Inhalte.

Auch für die Informationsmedien ist eine solche Entwicklung zu beobachten. Zuerst wurden vor allem, wenn nicht sogar ausschließlich, offizielle Nachrichten verbreitet; in bezug auf die Printmedien z.B. in Form von Proklamationen. Mit zunehmender Verbreitung und Privatisierung fanden auch andere „Nachrichten" ihren Platz, wie z.B. die Werbung und private Kleinanzeigen.

Etwas anders war es bei Radio und Fernsehen, die ja von Anfang an nicht nur als Informations-, sondern auch als Unterhaltungsmedien gebraucht wurden. Hier sorgte gerade der Unterhaltungsbereich in Form von Musikdarbietungen und Hör- bzw. Fernsehspielen u.a. für die rasche Verbreitung. Beim Fernsehen wurde erst mit der Wiedereinführung nach dem 2. Weltkrieg und der Begründung des Schulfernsehens der Versuch unternommen, den Informations- und Bildungsaspekt des Mediums in den Vordergrund zu stellen. Aber auch in diesen Jahren waren es in der Realität die großen Samstagabend-Shows, Sportübertragungen und vornehmlich Krimis, die die Menschen vor die Bildschirme brachten – und nicht die reinen Informationssendungen.

Zusammenfassend kann man für die Kommunikationsmedien feststellen, daß sich die vermittelten Inhalte jeweils in zwei Richtungen verändert haben. Zum einen wurden die Nachrichten von staatlichem bzw. allgemeinem Interesse durch die Verbreitung und private Nutzung der Medien durch solche Nachrichten ergänzt, die nur von persönlichem Interesse sind. Zum anderen wurden durch die größere Verfügbarkeit und die Senkung der Kosten die Botschaften von der Tendenz her länger. Letzteres sei mit Blick auf das Telefon noch einmal näher betrachtet. Noch bis in die 60er Jahre hinein galt beim Telefonieren der Grundsatz: Fasse Dich kurz!.[3] Das Telefon wurde genutzt, um Verabredungen zu treffen oder auf die Schnelle Fragen zu klären. Erst nach und nach wurde dann das Telefon zum Gesprächsort, wo mit Hilfe des Mediums über Distanzen hinweg geplaudert wurde und wird, mitunter nur des Plauderns wegen.

An dieser Stelle sei auch noch auf eine weitere Entwicklung hingewiesen. Es wurde bereits erwähnt, daß eine Triebkraft für die Entwicklung der verschiedenen modernen Medien in dem Wunsch lag, den Kontakt zu Menschen, mit denen man verbunden war, auch über die Ferne aufrechtzuerhalten. Grundsätzlich waren die Menschen mit ihrer unmittelbaren Umgebung derart verbunden, daß sie gar kein Interesse für überregionale oder gar globale Nachrichten hatten. Vorgänge in anderen Regionen oder Ländern waren nur dann von Belang, wenn es eine persönliche Bindung gab. So wollte man natürlich z.B. wissen, wie es dem Onkel erging, der ausgewandert war, oder was die Eltern auf ihrer Reise erlebten – aber mehr eben auch nicht. Durch die gesteigerte Mobilität, die zunehmende Verstädterung und die stetig ansteigende Flut von Nachrichten und Mitteilungen aus aller Welt hat sich dies dramatisch gewandelt. Viele Zeitgenossen meinen z.B. zu wissen, was gerade im Nahen Osten vor sich geht. Sie machen sich Gedanken über die wirtschaftlichen und politischen Entwicklungen in den USA, pflegen mit Hilfe der Medien regelmäßige Kontakte mit Menschen im In- und Ausland; aber sie haben keine Ahnung, wer ihr gewählter Kommunalvertreter im Landtag ist, und im Zweifelsfall noch nicht einmal, wer ihre unmittelbaren Nachbarn sind. Als Idealbild für diese Entwicklung wird von dem „globalen Dorf" gesprochen, was nichts anderes impliziert, als daß es sich lediglich um eine Verschiebung handelt. Die reale Dorfgemeinschaft habe sich demnach lediglich zu einer virtuellen Dorfgemeinschaft gewandelt, ist dementsprechend individualisiert und nicht mehr an den physischen Raum gebunden, aber an der Qualität und Intensität der Verbindungen habe sich nicht wirklich etwas geändert, sie sei lediglich verlagert. Diese Betrachtungsweise ist insofern ein Idealbild, als sie sehr oberflächlich

---

[3] Nicht zuletzt wegen der damals noch vorhandenen Knappheit von Leitungen, was schnell zu Überlastungen führen konnte, vor allem in den Ballungsgebieten.

ist und mit den Lebensrealitäten der betroffenen „Umsiedler" nichts zu tun hat. Das Leben in der klassischen Dorfgemeinschaft war vor allem dadurch geprägt, daß man ihm ausgeliefert war. Alles, was man tat oder unterließ, wurde wahrgenommen und durch den geltenden sozialen Kodex bewertet. Die Urteile der Gemeinschaft hatten unmittelbare Auswirkungen für den einzelnen. Wer mitmachte, konnte es zu etwas bringen; wer sich querstellte, wurde zumindest partiell zum Außenseiter; und wer sich dem Ganzen entziehen wollte, mußte für immer an einen anderen Ort gehen. Diese Qualitäten sind im „globalen Dorf" nicht zu finden. Hier wird nur derjenige wahrgenommen, der sich einbringt und das auch nur insoweit, wie er sich einbringt. Rückzug und Verstellung bis hin zur puren Lüge sind in allen graduellen Variationen möglich, da die soziale Kontrolle als reale Instanz nicht mehr vorhanden ist. Dies soll kein Plädoyer für eine Rückkehr in die klassische Dorfgemeinschaft sein, sondern lediglich die realen qualitativen Änderungen hervorheben. Damit der Wegfall der sozialen Zwangskontrolle, der „zufälligen" räumlich und zeitlich bedingten Lebensgemeinschaft, zu einem wirklichen Fortschritt wird und nicht einfach nur einen Verlust darstellt, bedarf es der realen – und demnach auch strengen – Eigenkontrolle. Wer in der klassischen Dorfgemeinschaft von morgens bis abends auf dem Dorfplatz stand und mit jedem plauderte, der vorbeikam, und dabei seine privaten und gesellschaftlichen Pflichten vernachlässigte, wurde recht schnell von den anderen darauf aufmerksam gemacht. Wer sich dagegen jeden Tag nur noch in Chatforen im Internet aufhält und darüber seine Pflichten vergißt, ist heute eigentlich auf Selbstwahrnehmung und Eigenkontrolle angewiesen.

Bei objektiver Betrachtung der Zeitverhältnisse und der Zeitgenossen ist es wahrlich fraglich, ob diese eben genannte Bedingung wirklich schon Allgemeingut geworden ist. Solange diese Bedingung aber von dem einzelnen nicht erfüllt wird, stellt der „Umzug" in das globale Dorf allerdings einen Verlust dar. Die Aufgabe der in der klassischen Dorfgemeinschaft sicherlich häufig übertriebenen Kontrollmechanismen nebst den daraus erwachsenden seelischen Zwangskorsetten führt ohne den zeitgemäßen inneren Ausgleich nicht nur in die räumliche Heimatlosigkeit, sondern zwangsläufig auch erst einmal in die innere Haltlosigkeit.

Gerade für die gegenwärtige Pädagogik, die ja die nachfolgenden Generationen auf ein Leben in einer zunehmend globalisierten und virtualisierten Welt vorbereiten muß, stellt sich also die Frage, wie dieser äußere Wandel auch innerlich so vollzogen werden kann, daß die Kinder einen sicheren Platz – wo auch immer der dann sein wird – in der Zukunft finden werden. Hierauf soll im einzelnen im letzten Kapitel eingegangen werden.

1.3 Das Verhältnis zwischen Medium und Anwender

Ein bisher noch ganz außer acht gelassener Gesichtspunkt für die Betrachtung der Medienentwicklung ist das Verhältnis des Nutzers zu den jeweiligen Medien unter dem Gesichtspunkt seiner Aktivität. Solange wir Menschen leben und wach sind, können wir gar nicht anders, als unsere Umgebung wahrzunehmen. Während also klar ist, daß jeder Mensch Wahrnehmungen hat, solange er wach ist, bleibt völlig unklar, wie intensiv diese sind und auf welchen Sinnen sie basieren. Jeder kennt den Schlaf mit offenen Augen, bei dem keine wirkliche Sehwahrnehmung stattfindet, weil sich die Aufmerksamkeit auf andere Wahrnehmungsbereiche verschiebt, so daß die immer noch vorhandenen Seheindrücke für das Bewußtsein fast verschwinden. Das, was wir allgemein die Aufmerksamkeit nennen, entscheidet darüber, welche Sinneswahrnehmungen wir bewußt wahrnehmen. Die Frage, worauf sich die Aufmerksamkeit des einzelnen richtet, hängt dabei aber nicht nur von seiner Intention ab, sondern auch von den einzelnen Eindrücken. Manche Eindrücke – wie z.B. intensive Gerüche – erzwingen unsere Aufmerksamkeit, während andere nur dann von uns wahrgenommen werden können, wenn wir uns ihnen mit voller Konzentration zuwenden. Derartige graduelle Unterschiede bestehen auch bei den einzelnen Medien.

Lesen ist eine Wahrnehmungstätigkeit, die ein hohes Maß an Aktivität vom einzelnen fordert, auch wenn es dem geübten Leser nicht immer so erscheint. Zum einen müssen die Augen bewußt über die Buchstabenreihen geführt werden, wobei durch kleinste Bewegungen der Augen die einzelnen Buchstabengruppen und gegebenenfalls die einzelnen Buchstaben abgetastet werden. Zum anderen müssen diese optischen Sinneseindrücke dann innerlich in sprachliche Eindrücke umgewandelt werden, damit der vermittelte Inhalt bewußt aufgenommen und verstanden werden kann.

Wie schon gesagt, erscheinen diese komplexen Vorgänge für den geübten Leser so selbstverständlich, daß es eigentlich keiner genaueren Analyse bedarf. Gegenwärtig gibt es aber zunehmend Kinder und Jugendliche, die in einzelnen Phasen des Lesevorgangs beeinträchtigt sind. So finden sich Kinder, die nicht oder nur unter größten Mühen in der Lage sind, sich mit ihrer Blickführung in einem gedruckten Text zurechtzufinden. Immer wieder verrutschen sie in den Zeilen und überspringen ganze Wortgruppen. Ihnen fehlt die notwendige Feinmotorik in den Bewegungen der Augen und gegebenenfalls die notwendige Konzentrationskraft, die es braucht, um eine feine koordinierte und differenzierte Bewegung über einen längeren Zeitraum[4] durchzuführen.

Eine andere Form der Lesestörung besteht darin, daß die Kinder zwar den Text als optischen Sinneseindruck wahrnehmen, aber nicht in sprachliche Informationen umwandeln können. Sie sind in der Lage, die einzelnen Formen zu beschreiben, auf Nachfrage auch die Buchstaben zu erkennen; aber beim Lesen des Textes können diese Kinder die optischen Eindrücke nicht fließend in sprachliche Informationen umwandeln. Sie können also weder laut vorlesen, noch können sie einen Text verstehen.

Die dritte Gruppe von Lesestörungen tritt immer häufiger auf. Es sind die sogenannten funktionalen Analphabeten. Sie können ohne weiteres Texte optisch erfassen und in sprachliche Informationen umsetzen; was ihnen aber fehlt, ist die Fähigkeit, den Inhalt bewußt zu erfassen. Sie können Texte laut vorlesen, sind dabei aber nicht in der Lage, den Inhalt des Gelesenen zu erfassen.

Es gibt also vielfältige Möglichkeiten von Störungen, die auftreten können. Wie so häufig wird erst anhand der Störungen erkennbar, wie vielschichtig ein scheinbar so banaler Vorgang wie das Lesen eigentlich ist.

Auch wenn der Leser, von außen betrachtet, mitunter sehr passiv erscheint, setzt also das Lesen ein hohes Maß an innerer Aktivität voraus. Um die Informationen eines Textes aufzunehmen und die Schilderungen in innere Vorstellungen umzuwandeln, muß sich – je nach Schwierigkeitsgrad der Lektüre – mitunter die gesamte Aufmerksamkeit des Lesers auf den Text richten. Die so entstehenden Vorstellungsbilder sind zwar nach den Vorgaben des Textes geformt, aber durch die schöpferische Eigentätigkeit in der Vorstellungsbildung auch entsprechend individualisiert. So sieht eine Romanfigur wie Harry Potter für jeden Leser in der Vorstellung etwas anders aus. Hieran kann man sehen, daß neben der aktiven Auseinandersetzung mit dem Text durch die Eigenaktivität auch Freiräume bleiben bzw. geschaffen werden, in denen der Leser Teile seiner Selbst[5] einbringen kann.

4 Ein längerer Zeitraum ist ja eine relative Angabe und bezieht sich in diesem Zusammenhang auf einen Zeitraum, der länger als 1,5 Minuten ist.
5 Die individualisierten Vorstellungen kommen ja aus den jeweiligen individuellen Lebenser-

Das Verhältnis des Mediennutzers zu dem Medium verändert sich sofort, wenn die Darstellungen bildhaft werden. Natürlich muß von dem Betrachter bei Zeichnungen, Gemälden, Drucken und Fotos noch eine gewisse Konzentration der Aufmerksamkeit aufgebracht werden, aber lange nicht in demselben Maße wie beim Lesen. Die wahrgenommenen Bilder werden gleich eins zu eins in die Vorstellung übernommen und lassen somit keinen Platz für innere Aktivität und Kreativität in der Ausgestaltung. Nur wenn sich an das gesehene Bild weiterführende Vorstellungen anschließen, eröffnen sich neue Freiräume für den Betrachter. Ob es zu weiteren Vorstellungen kommt, die sich an ein wahrgenommenes Bild anschließen oder nicht, hängt zum einen vom Betrachter ab und von seiner Haltung gegenüber dem Gesehenen. Zum anderen kann man eine deutliche Gesetzmäßigkeit beobachten: Je naturalistischer, oder anders ausgedrückt, je mehr das Bild zum Abbild wird, um so weniger regt es den Betrachter an, weiterführende Vorstellungen an das Gesehene anzuschließen. Es liegt also auch an der Gestaltung und am Charakter eines Bildes, ob es den Betrachter zu einer inneren Aktivität verleitet oder in eine rein passive Rolle hineinführt.

Goethe hat in wunderbarer Weise den Unterschied zwischen sprachlicher und bildlicher Darstellung in einem Gedicht zum Ausdruck gebracht:

> *Dummes Zeug kann man viel reden,*
> *Kann man hören und auch lesen,*
> *Wird weder Geist noch Seele töten,*
> *Es wird alles beim Alten bleiben.*
> *Dummes aber vors Auge gestellt*
> *Hat ein magisches Recht,*
> *Weil es die Sinne gefangen hält,*
> *Wird der Geist ein Knecht.*

Vor allem die westlichen Kulturen haben sich im Laufe der vergangenen Jahrhunderte zunehmend zu Bildkulturen entwickelt. Wir sind, wie man es ja auch sagt, Augenmenschen geworden. Täglich begegnen uns unzählige Bilder, von denen viele gar nicht bewußt wahrgenommen werden. Da es aber kaum einer eigenen Aktivität bedarf, um vor allem Abbilder aufzunehmen, wirken sie trotzdem – oder auch gerade wegen der geringen Aufmerksamkeit – prägend auf unser Vorstellungswesen.

---

fahrungen und sind somit wirklich ein Teil der eigenen Persönlichkeit.

Eine Steigerung in der Passivität des Betrachters bewirken die bewegten Bilder. Schon im Kino, wo ja auch heute noch zumindest in den meisten Fällen ganze Bilder in schneller Folge zu sehen sind[6], tritt die Aktivität des Betrachters zurück. Anstatt sich aktiv der Welt zuzuwenden und mit den Blicken die Bilder abzutasten, bewirken die wechselnden Bilderfolgen an einem Ort eine Ruhigstellung der Augenbewegungen[7]. Hierbei gilt der Grundsatz: Je schneller und wechselhafter die dargebotenen Bildfolgen sind, um so passiver wird der Betrachter. Bei heutigen Filmen bleibt auch dem bemühten, besonnenen Zuschauer kaum noch die Zeit, seelisch in die dargebotenen Bilderwelten einzutauchen. Vielmehr dringen die Bilderfluten ungehemmt in das Seelenleben ein und besetzen dort das Vorstellungsleben. Erlebbar wird dies immer dann, wenn ein Zeitgenosse ein neuartiges reales Erlebnis, was ihm entgegentritt, mit den Worten kommentiert: „Das habe ich schon mal irgendwo gesehen...". Diese alltägliche Floskel belegt die prägende Kraft der uns umgebenden Bilderwelten und vor allem jene Kraft der bewegten Bilder; sagt sie doch nichts anderes, als daß als innere Reaktion auf eine äußere „Erstbegegnung" fertige innere Abbilder im Vorstellungsleben erscheinen, die meistens den aufmerksamen, neugierigen Blick auf die Wirklichkeit verstellen oder zumindest trüben.

Eine weitere Steigerung in verschiedener Hinsicht, zu der bereits in bezug auf das Kino geschilderten Reduktion der Aktivität des Zuschauers, stellt das Fernsehen dar – zum einen, zumindest beim noch üblichen Kathodenstrahlmonitor, durch die Art der dargebotenen Bilder. Beim Kathodenstrahlmonitor existiert zu keinem Zeitpunkt ein wirklich geschlossenes Bild auf der Bildschirmoberfläche, da die Bilder durch dahinrasende Bildpunkte erzeugt werden. Lediglich die Trägheit des menschlichen Sehvorgangs läßt auf der Netzhaut ein vermeintlich geschlossenes Bild erscheinen. Da das Bild aber erst im Auge erscheint, ist es nicht verwunderlich, daß die Aktivität noch weiter aus dem Sehvorgang weicht. Eine weitere Steigerung stellt die Fülle der dargebotenen Inhalte dar. Mittlerweile senden etliche Sender rund um die Uhr, ohne Unterbrechung. Ein Knopfdruck genügt, und dem Zuschauer steht eine unendliche Flut von Bildern zur Verfügung. In vielen Haushalten kommt

---

6 Das Kino befindet sich gerade in der Umstellungsphase: Schon jetzt werden in neuen Kinos keine Filmprojektoren mehr benutzt, sondern Beamer, die digitale Bilder von DVDs auf die Leinwand projizieren.
7 Detaillierte Darstellungen zu den Augenbewegungen bei bewegten Bildmedien finden sich in dem Buch „Der gefrorene Blick" von Rainer Patzlaff.

die Möglichkeit hinzu, jederzeit auf Videos oder DVDs zurückzugreifen und das allgemeine Angebot dadurch noch zu erweitern.

Die Wirkung des Monitors geht, wie verschiedenste Untersuchungen nachgewiesen haben, viel tiefer, als daß nur die Augen in ihrer Bewegung ruhiggestellt werden. Auswirkungen finden sich sowohl im Hirnstrommuster als auch im Stoffwechsel des Zuschauers. Zusammenfassend kann man feststellen, daß der gesamte Wille des Menschen herabgedämpft wird, sobald er sich vor einem Monitor aufhält, egal, welche Inhalte er betrachtet und wie stark er durch die dargebotenen Bilder und Inhalte emotional ergriffen wird. So gibt es eben einen erklärbaren Grund dafür, warum es so einfach ist, ein Bildschirmmedium einzuschalten, und warum es so schwerfällt, es wieder abzuschalten: Es liegt am Medium selbst.

Auch die Tonmedien, allen voran das Radio, haben in den letzten hundert Jahren eine Entwicklung durchgemacht, die den Zuhörer zumindest von der Tendenz her immer mehr in die Passivität bringen. Am Anfang standen neben den musikalischen Darbietungen Berichte und Geschichten in Form von Hörspielen im Vordergrund. Man rechnete mit dem aktiv zuhörenden, interessierten Menschen. Im Laufe der Jahre haben sich viele Sender zu Unterhaltungssendern entwickelt. Sie bieten zwar auch weiterhin Informationen in Form von aktuellen Nachrichten, aber ihr Schwerpunkt liegt in der Berieselung der Zuhörer mit Musik. Hörspiele im eigentlichen Sinne sind nur noch auf wenigen Sendern zu finden; und keiner von diesen gehört zu den populären. Aus den einstmals so beliebten Hörspielen wurden bei den populären Sendern kurze Comedy-Einlagen, die – wie die Werbung – das permanente Musikprogramm durch sprachliche Einlagen auflockern. Die gesamte Programmgestaltung vieler Sender ist nicht darauf ausgelegt, daß die Zuhörer die ganze Zeit konzentriert bei der Sache sind, sondern bietet, um es einmal positiv auszudrücken, jedem Zuhörer die Freiheit der selektiven Wahrnehmung. Als Folge davon haben sich aber im Laufe der Jahrzehnte viele junge Menschen an eine permanente akustische Untermalung gewöhnt; gefördert auch dadurch, daß viele Geschäfte und Kaufhäuser begannen, ihre Geschäftsräume zu beschallen. Genauso gestatteten viele Arbeitgeber den Mitarbeitern, bei der Arbeit ein Radio laufen zu lassen. Es gibt nicht wenige Zeitgenossen, die wirklich permanent von medial vermittelter Musik und Sprache beschallt werden. Für sie beginnt der Tag mit dem Radiowecker. Sowohl im Badezimmer als auch in der Küche finden sich Radios, so daß bei den morgendlichen Ritualen das Programm nicht unterbrochen wird.

Auf dem Weg zur Arbeit läuft das Autoradio, und am Arbeitsplatz steht eventuell auch ein Gerät, das die ganze Zeit eingeschaltet ist. Auf dem Weg nach Hause läuft wieder das Autoradio, und der Abend wird dann radiofrei vor dem Fernseher verbracht. Schnell wird eine derartige permanente Beschallung zur Gewohnheit – und damit jeder Moment der Stille nicht nur zur Ausnahme, sondern regelrecht zur Bedrohung.

Gefördert wird diese Entwicklung durch Film und Fernsehen. Die Musikuntermalung ist bei Filmen ein wichtiges Element; denn es ist die Musik, die den Bildern ihren Charakter verleiht. Es ist die musikalische Untermalung, die aus den Bildern eines Menschen, der einen Flur entlanggeht, entweder eine Romanze, einen Krimi oder sogar einen Horrorfilm macht. So sind auch in Filmen heute kaum noch Momente echter Stille zu finden. Allerdings beginnen einige Filmemacher damit, bewußt Momente der Stille in Filme einzubauen, um sich von den Mainstream-Produktionen abzusetzen. Auch die banalsten Alltagsszenen sind in Filmen entweder mit Sprache oder mit Musik unterlegt – oder sogar mit beidem. Mittlerweile werden auch zunehmend Berichte und Reportagen auf diese Weise „bereichert" und durch musikalische Untermalungen „aufgewertet". Im Gegenzug wird der eigene Alltag im Erleben zunehmend entwertet. Vor allem die tragbaren Empfangs- und Abspielgeräte versprechen hier die Lösung. Dank tragbarer Radios, dem Walkman, dem Discman und neuerdings den MP3-Playern kann jeder, der will, seinen tristen Alltag durch entsprechende Musikuntermalung aufwerten und vor allem in Momenten des Alleinseins der drohenden Stille entgehen.

Durch die permanente Beschallung wird von den meisten nur ein sehr geringer Teil des Gehörten bewußt aufgenommen, was – wie schon bei den Bildern besprochen – nicht bedeutet, daß der Rest nicht wirken würde. Etliche Zeitgenossen, die den ganzen Tag bei der Arbeit Radio hören, sind nicht in der Lage, sich auf Nachfrage an die stündlich oder sogar halbstündlich gehörten Nachrichten zu erinnern oder die Liedtexte häufig gehörter Lieder inhaltlich wiederzugeben. Daß aber dennoch – oder gerade deswegen – eine prägende Wirkung stattfindet, kann man daran erleben, daß Lieder, die man eigentlich nicht kennt (also nicht bewußt kennt, aber häufig genug im Hintergrund gehört hat), als sogenannter Ohrwurm wieder auftauchen. Auch häufig unbewußt oder halbbewußt gehörte Werbemelodien und Slogans beeinflussen entweder unbewußt das Konsumverhalten oder treten sogar in das Bewußtsein, wenn man dem Produkt z.B. beim Einkaufen begegnet.

Während also, wie am Anfang dieses Kapitels gezeigt wurde, eine treibende Kraft für die Entwicklung und Verbreitung der Medien das aktive Bedürfnis der Konsumenten nach Informationen und Horizonterweiterung war, haben nicht zuletzt das Überangebot und die permanente Präsenz der Bild- und Tonmedien den Nutzer zunehmend in die Passivität geführt. Am Anfang ihrer jeweiligen Entwicklung waren die Begegnungen mit den einzelnen Medien etwas Besonderes, wodurch sie die ungeteilte Aufmerksamkeit der Nutzer auf sich zogen. Der erste Film im Lichtspielhaus, das erste Radio in der Nachbarschaft oder gar in der eigenen Familie, der erste Fernseher etc. waren Aufmerksamkeitsmagneten, und viele Vorstellungen über den Bildungswert der jeweiligen Medien lassen sich auf diesem Hintergrund verstehen. Mit der zunehmenden Verbreitung und dem stetig steigenden Angebot ist der Reiz des Neuen schnell verblaßt – und mit ihm der vermeintliche automatische Bildungswert der jeweiligen Medien. Aktuell kann man diesen Wandel in der Bewertung eines Mediums in bezug auf den Computer erleben. Es gibt zwar noch immer einzelne, die aufgrund der Faszination des relativ neuen Mediums glauben, es könne allein aus sich heraus die Bildung revolutionieren und die klassischen Bildungsansätze ersetzen – aber eben auch nur noch einzelne. Bei allen anderen ist die Ernüchterung bereits eingekehrt und damit zumindest theoretisch der Blick wieder frei für eine objektive Betrachtung des Bildungswertes der Computer, unter Berücksichtigung der Chancen und Gefahren, die mit den neuen Möglichkeiten verbunden sind.

Daß die Bild- und Tonmedien den Menschen, wie dargestellt wurde, in die Passivität führen, bedeutet natürlich nicht, daß sie nicht zur Informationsbeschaffung und damit zur Wissensvermehrung genutzt werden könnten. Vielmehr bedeutet es, daß der Bildungswert nicht automatisch gegeben ist. Informationen, die rein passiv aufgenommen werden, gelangen nicht ins wache Bewußtsein; demnach können sie auch nicht bedacht und durch Verknüpfung mit anderen Informationen zu Wissen werden. Sie gehen ins Unterbewußtsein, bleiben hier erhalten und stellen sich, wie gezeigt wurde, meist durch assoziierte Erinnerungen vor das wache Vorstellungsleben, wodurch sie dieses dann blockieren. Insofern sind passiv aufgenommene Informationen immer manipulativ, unabhängig davon, ob sie richtig sind oder nicht.

1.4 Auswirkungen der Passivität

Je weniger Aktivität die Medien vom Nutzer fordern, um so mehr muß er sie aus sich heraus aufbringen. Nur so kann er sich gegen die medienbedingten Manipulationen behaupten und sie zur Wissensvermehrung benutzen. Der Schlüsselbegriff in diesem Zusammenhang ist das Interesse, also die gerichtete offene Aufmerksamkeit. Wenn das Interesse nicht durch eine Wahrnehmung erzwungen wird, muß es von innen her erzeugt werden; ansonsten steht die Wahrnehmung dem Bewußtsein nicht zur Verfügung. Um es an einem konkreten Beispiel deutlich zu machen: Wer sich passiv einen Tierfilm anschaut, wird relativ wenig von den dargebotenen Informationen aufnehmen. Es ist aber sehr wahrscheinlich, daß in diesem Menschen sofort die so gesehenen Bilder mit dem schon geschilderten „Das-kenn-ich-schon-Effekt" wieder auftauchen, sobald ihm jemand später einmal von diesen Tieren erzählt. Hingegen wird jemand, der sich mit einem bereits vorhandenen Interesse für eine bestimmte Tierart eine Dokumentation anschaut, die Informationen wach aufnehmen, diese mit bereits Bekanntem verbinden und daraus neues Wissen schaffen, wobei Platz bleibt für zukünftige Informationen zu diesem Thema.

Die natürliche Gegenkraft zu dieser Art Interesse, das nur aus eigener innerer Aktivität erwachsen kann, ist die Bequemlichkeit. Dabei ist die Bequemlichkeit keine Folge der Medienentwicklung, sondern eine im Menschen liegende Veranlagung, die mit der Medienentwicklung korrespondiert. Und nicht nur mit der Medienentwicklung! Die Ideen für viele – um nicht zu sagen für alle – kulturellen Errungenschaften der Menschheit haben ihre Wurzeln in dem Streben nach Bequemlichkeit. Warum soll man Zeitung lesen, wenn einem der freundliche Nachrichtensprecher die aktuellen Nachrichten vorliest? Warum soll man ein Buch lesen, wenn man sich eine Verfilmung anschauen kann? So stark in unserer Zeit das Streben nach Bequemlichkeit auch ist, so ist es doch nicht der einzige Antrieb, den wir Menschen haben. Das menschliche Leben ist ja gerade durch seine Vielfältigkeit und Unbestimmtheit gekennzeichnet. Und wie es eben das Streben nach Bequemlichkeit gibt, so gibt es auch die natürliche Neugier und den jedem Menschen innewohnenden Tatendrang. Ein gesundes Leben bewegt sich permanent in dem Spannungsfeld dieser gegensätzlichen Bestrebungen. Sobald es zu einer anhaltenden Einseitigkeit kommt, führt dies zuerst zu Unzufriedenheit und dann zu Krankheiten.

Die Entwicklung der Neuzeit hat viele Menschen von früheren Notwendigkeiten befreit und vor allem das Streben nach Bequemlichkeit gefördert. Dadurch wurde das früher durch eine gegebene Anbindung des einzelnen an die Natur und an eine von außen kommende verbindliche Ordnungsstruktur vorhandene lebendige Gleichgewicht zwischen den Kräften gestört. Und hierin liegt unter anderem, neben den Vergiftungen der Umwelt durch die Industrialisierung, die Ursache für die meisten sogenannten Zivilisationskrankheiten. Wie gesagt, kommt vor der manifestierten Krankheit das bewußt oder unbewußt erlebte Gefühl der Unzufriedenheit; und genau an diesem Punkt kann durch eine Änderung des Verhaltens, durch eine Förderung der vernachlässigten Kräfte, die eigentliche Krankheit noch verhindert werden.

In bezug auf die Medien sind es vor allem die jungen Menschen – all jene, die sich nicht an eine Zeit ohne Radio, Musikanlage, Kino und Fernsehen erinnern können –, die mit der Passivität, die ihnen die Medien bringen, eigentlich unzufrieden sind. Gerade bei Jugendlichen ist diese Unzufriedenheit natürlich hauptsächlich unbewußt. Das meistbeschriebene Symptom dieser Unzufriedenheit ist die erlebte und gelebte Langeweile – nicht trotz, sondern gerade wegen der Überfülle an medialen und anderen Konsumangeboten. Was steht denn hinter dieser erlebten Langeweile? Nichts anderes als der tief im Menschen verankerte Wunsch, etwas tun zu wollen! Die Langeweile manifestiert sich immer dann, wenn der Betroffene keine Möglichkeit sieht oder findet, dieses Bedürfnis zu befriedigen. Konsum jeglicher Art befriedigt zwar das Bedürfnis nach Bequemlichkeit, aber nicht das Bedürfnis nach tätigem Handeln. Beim Konsum geht es um das Haben und nicht um den Weg dahin, um das Verbrauchen und nicht um das Schaffen. Deshalb kann das der Langeweile zugrunde liegende unbeantwortete Bedürfnis, selber tätig sein zu wollen, nie durch Konsum befriedigt werden.

Das Gefühl der Langeweile ist also eigentlich eine sehr gesunde Reaktion auf die gegenwärtig gesellschaftlich etablierten Einseitigkeiten. Und wie wird von seiten der Gesellschaft und der Betroffenen auf dieses Signal reagiert? In jedem Fall nicht so – oder noch nicht so –, daß das erlebbare Problem und die sich daran anschließenden Folgen behoben werden. Dabei werden die Zusammenhänge eigentlich durchaus von allen Beteiligten gesehen, aber die wirklichen Konsequenzen werden nicht nur gescheut, sondern von etlichen Zeitgenossen geradezu gefürchtet.

Eigentlich ist es doch ganz einfach: In einer Zeit und in einer Gesellschaft, in der niemand mehr den größten Teil seiner Zeit darauf verwenden muß, sein tägliches Überleben zu sichern, in der eigentlich allen Menschen zivilisatorische Errungenschaften zur Verfügung stehen, die nicht nur das Überleben sichern, sondern auch das Leben erleichtern, bedarf es neuer Gestaltungsräume, in denen der einzelne physisch oder geistig tätig werden kann, gemäß seinen Fähigkeiten und Veranlagungen. Nur echt muß es sein; und das ist das Problem. Früher war der körperliche wie geistige Arbeiter wenn auch nicht immer Schöpfer, so doch zumindest Gestalter. Beruf war immer auch Berufung (solange es sich nicht um einen Sklaven- oder Frondienst handelte); denn die Tätigkeit bot immer auch die Möglichkeit, eigene Impulse einzubringen. Durch die Industrialisierung und Bürokratisierung ist dieser Zusammenhang zunehmend aufgehoben worden. Der Anteil derjenigen, die in ihrer Arbeit einen individuellen Gestaltungsrahmen haben, wird immer kleiner. Deshalb ist für viele der Beruf nicht mehr Berufung, sondern Mittel zum Zweck. Die berufliche Tätigkeit dient vornehmlich bis ausschließlich dem Gelderwerb. In Zeiten sinkender Realeinkommen und steigender Arbeitslosigkeit nimmt der Anteil derjenigen Menschen – und vor allem auch der Kinder und Jugendlichen –, die nicht im gleichen Umfang wie andere am Konsumleben teilnehmen können, stetig zu. Unter dieser neuen Armut leiden nicht nur die Binnenwirtschaft, sondern vor allem auch die Betroffenen. Es ist allerdings unleugbar, daß sich die allgemeinen Ansichten über dasjenige, was ein Mensch braucht, und das, was Luxus ist, in den letzten Jahren deutlich gewandelt haben. So gehört der Fernseher hierzulande gesetzlich zu den unabdingbaren Gegenständen, d.h. ein Gerichtsvollzieher muß im Falle einer Pfändung zumindest ein Gerät im Haushalt belassen. Im Bedarfsfall übernimmt das Sozialamt nicht nur die Fernsehgebühren, sondern stellt auch kostenlos ein Gerät zur Verfügung.[8]

Für viele Menschen bildete das Hobby den Ausgleich für diese Entwicklung. Hier konnten sie sich alleine oder in Vereinen Räume erschließen, in denen sie – gemäß ihren individuellen Begabungen und Neigungen – schöpferisch oder gestalterisch tätig werden konnten. Die Konsum- und Freizeitindustrie hat in den letzten Jahrzehnten auch diese Bereiche immer weiter eingeschränkt. Aus Bastlern und Tüftlern wurden

---

8 Aus dem Blickwinkel früherer Zeiten und armer Menschen anderer Länder muß eine solche Regelung geradezu absurd erscheinen.

immer mehr Sammler – und damit aus tätigen Menschen Konsumenten. Daß die Sammelleidenschaft sich bis zur Sucht steigern kann, liegt unter anderem darin begründet, daß es auch hier nur zu einer Scheinbefriedigung kommt, da der gestalterische Impuls umgangen wird. Auch in dieser Entwicklung kann man den Sieg der Bequemlichkeit erkennen. Es gibt ja auch heute noch Bastler, Tüftler und tätige Vereinsmitglieder, aber ihre Zahl nimmt immer mehr ab, und damit nimmt der innere Kraftaufwand, es dennoch zu tun, immer mehr zu. Warum soll ich ein Modellflugzeug zusammenbasteln – was mir beim ersten Mal ja nur leidlich gelingt –, wenn ich ein fertiges kaufen kann? Das Überangebot fertiger materieller und virtueller Produkte und Angebote frönt der menschlichen Bequemlichkeit und erzeugt gleichzeitig in bezug auf den menschlichen Gestaltungswillen ein Mangelerlebnis, das die Ursache von Langeweile und Suchtverhalten bildet. Dieser Entwicklung kann nicht durch ein konservativ-nostalgisches Verhalten begegnet werden, sondern nur dadurch, daß nach den zeitgemäßen neuen Gestaltungsräumen gesucht wird und den nachfolgenden Generationen durch eine entsprechende Erziehung die grundlegenden Techniken und Fähigkeiten mit auf den Weg gegeben werden, diese Gestaltungsräume zu suchen und zu nutzen.

Wie reagieren nun die Medien und ihre Konsumenten auf diese erlebte Mangelsituation? Indem sie im Rahmen ihrer Möglichkeiten die Bedürfnisse aufnehmen. Der Wunsch nach Aktivität führte z.B. beim Fernsehgucken zum „Zappen", dem planlos planvollen Wechseln der Kanäle. Hierdurch wird aus dem vorgegebenen Programm eine individuelle Mischung. Dabei empfinden viele Zapper das Umschalten nicht nur als Tat, sondern auch als eine Machtäußerung. Sie haben das Gefühl, vom passiven Konsumenten durch Knopfdruck zum Bestimmer zu werden. Die Fernbedienung wird zum Zauberstab, und sie werden zu Zauberern, die über Wohl und Wehe der Sender entscheiden. Die Anbieter reagieren auf diese Entwicklung auf ihre Art. Beiträge werden immer kürzer; sogenannte Appetizer (meist wilde Bilderfolgen oder Szenenfragmente) werden in die Werbeblöcke eingebaut, die vorbeischauende Zapper zum Verweilen verleiten sollen, und das Programm wird immer „sensationeller" gestaltet. Das bedeutet, daß auch die Nachrichtensendungen mancher privater Sender immer weniger informieren, im Sinne von Wissen schaffen. Vielmehr dienen sie dazu, durch die dargebotenen Bilder und die Art der Präsentation niederste Triebe wie Ekel und Lust zu stimulieren. Dabei ist eigentlich jedem denkbegabten Menschen einsichtig, daß dies nur Scheinbefriedigungen für reale Bedürfnisse sind und keine Lösungen. Und es sind bekanntermaßen die Scheinbefriedigungen, die zu Suchtverhalten führen.

Eine weitere Reaktion auf die Mangelerlebnisse ist neben dem Zappen die wirkliche individuelle Programmgestaltung. Statt sich den Vorgaben der Programmacher unterzuordnen, werden Videos und DVDs geschaut; und statt Radio zu hören, werden Kassetten, CDs oder MP3-files gehört. Das Manko dieser Emanzipation von den Vorgaben ist, daß die eingestreuten Informationen auf der Strecke bleiben. Im Kampf um die Zuschauer wird fieberhaft an Lösungen für dieses Problem gearbeitet. Hoffnung machen in diesem Zusammenhang das digitale Fernsehen und die neuen digitalen Aufnahmegeräte. Auf diesem Wege soll es in Zukunft möglich sein, das Fernsehprogramm nach Belieben abzurufen; d.h. der Konsument entscheidet, wann er eine Sendung sieht, unabhängig von vorgegebenen Sendezeiten. All diese Ansätze stellen natürlich für sich genommen keine Lösung der Situation dar. Denn wenn der Nutzer nur bestimmt, wann er etwas sieht, ist er noch nicht wirklich tätig geworden.

Der Computer im allgemeinen und die multimedialen Angebote im besonderen werden als Lösung der Situation gepriesen. Hier, so heißt es, wird der Konsument zum Handelnden. Das Zauberwort ist Interaktion. Statt nur zu konsumieren, greift der Nutzer aktiv in das Geschehen ein und bestimmt durch seine Handlungen den Verlauf. Welch schöner Traum! Das ist doch die Lösung, die den passiven Zuschauer zum Akteur macht, oder? Schön wäre es ja, aber wie sieht die Realität aus? Mit Interaktion im eigentlichen Sinne hat das Ganze in jedem Fall nichts zu tun. Auch bei dem besten Computerspiel kann der Spieler nur aus einer Summe von vorgegebenen Handlungen wählen; es gibt keinen Platz für schöpferische Handlungen. Auch wenn bei sehr komplexen Spielen der Ablauf nicht mehr klassisch linear ist und vielfältige Verläufe möglich sind, so sind sie eben nur vielfältig und nicht unendlich, und das Verhältnis des Spielers zum Spiel bleibt ein Reaktives. Er kann die Regeln nicht ändern, die Szenarien und Figuren nicht für etwas ganz anderes benutzen; und vor allem kann er nichts wirklich Eigenes schaffen. Auch hier handelt es sich also letztendlich um nichts anderes als eine Scheinbefriedigung, auch wenn es für den ersten oberflächlichen Blick wie eine Lösung aussieht.

Neben diesen Reaktionen der Medienproduzenten reagiert auch die Freizeitindustrie auf die Symptome unserer Zeit. Mit Freizeitparks und

Eventangeboten jeglicher Art stellt sie echte Erlebnisse neben die zunehmend virtuellen Erlebnisräume der jungen Menschen. So echt diese Erlebnisse auch sind – in dem Sinne, daß sie einem wirklich passieren und mit mächtigen, die Aufmerksamkeit erzwingenden Sensationen gearbeitet wird –, kommt ein Großteil von ihnen doch ohne aktive Eigenbeteiligung aus. Die Achterbahnfahrt wird passiv erlebt, und nur die extreme Belastung sorgt für den Kick. Auch beim Bungee-Sprung endet die eigene Aktivität mit dem einen Schritt nach vorne.

All diese Scheinantworten auf den realen Hilferuf der Zeitgenossen in den Konsumgesellschaften sind nicht wegen der Macht der Anbieter so populär – und schon gar nicht, weil etwa die Konsumenten nicht in der Lage wären, die Zusammenhänge zu durchschauen. Bewußt oder unbewußt ist der Scheincharakter der Lösungsangebote den meisten schon klar; aber das Angebot, die Versprechen sind einfach zu verlockend. Und für den Moment – den einen Moment, in dem man von den Eindrücken überwältigt ist – scheinen die Versprechen ja auch zu gelten. So stark das innere Verlangen nach Tätigkeit auch sein mag: Es bleibt eben unbewußt, zumindest im Verhältnis zu der kultivierten Bequemlichkeitskultur. Und alle diese Scheinlösungen versprechen eine Aufhebung des Mangelerlebnisses ohne allzuviel eigene Aktivität gegen Bezahlung. Warum ein Problem selber lösen, wenn man andere dafür bezahlen kann? Dies könnte im schlimmsten Fall die letzte Frage einer vor lauter Bequemlichkeit handlungsunfähigen Gesellschaft sein; vor allem dann, wenn es keine „anderen" mehr gibt.

Welche Möglichkeiten bestehen, wirklich aus den Fallen der Passivität herauszukommen, und wo sich die neuen Gestaltungsräume verbergen und unter welchen Bedingungen wir in ihnen tätig werden können, soll in späteren Kapiteln betrachtet werden.

2
DIE JUGEND IM WECHSELSPIEL MIT DEN MEDIEN

Die Nutzung der meisten Medien war in ihrer jeweiligen Anfangszeit den Erwachsenen vorbehalten, nicht zuletzt wegen ihrer anfangs geringen Verbreitung und der damit verbundenen Kostbarkeit. Aber auch die Mediengestalter sahen lange Zeit in den Jugendlichen und Kindern keine Zielgruppe. Es waren die Eltern, die über die Anschaffung neuer Geräte entschieden und die dementsprechend beworben und überzeugt werden mußten. Vor allem seit den Wirtschaftswunderjahren hat sich durch die steigende Kaufkraft der Jugendlichen und durch andere gesellschaftliche Veränderungen dieses Bild geändert. Seit einigen Jahren nun stehen die Jugendlichen und Kinder zunehmend im Brennpunkt der Medienindustrie.

Mittlerweile ist eine radikale Veränderung zu den Anfängen zu erleben. Es sind vor allem die Jugendlichen, die sich begeistert mit den Medien beschäftigen. In vielen Familien sind sie die „Experten", die ihre Eltern bei der Anschaffung neuer Geräte beraten und sie sogar zu Anschaffungen überreden. Besonders deutlich wird dieser radikale Wechsel vor allem bei den Kommunikationsmedien.

Lange Zeit war das Telefon den Erwachsenen vorbehalten, denn es diente hauptsächlich geschäftlichen Gesprächen. Selbst als der Anteil der privaten Gespräche stieg, waren es vornehmlich die Erwachsenen, die das Telefon nutzten, um mit entfernt lebenden Verwandten und Freunden zu sprechen. Die Jugendlichen und Kinder sahen sich in der Schule und auf der Straße und trafen dort ihre Verabredungen. Besaßen sie entfernt lebende Freunde, pflegten sie den Kontakt durch Briefe, denn das Telefonieren wurde ihnen nur in Ausnahmefällen gestattet, oder es war ihnen nur aus Telefonzellen möglich, wobei die Eltern sowohl der Anrufer wie der Angerufenen meist darauf achteten, daß die Gespräche nicht zu lang wurden. Da die Telefone noch alle mit Kabeln versehen waren, war diese Überwachung auch nicht schwer – stand doch das Telefon entweder im Flur oder im Wohnzimmer, so daß alle anwesenden Familienmitglieder mitbekamen, wer wie lange telefonierte und was er oder sie sagte. Mittlerweile sind es vor allem die Jugendlichen und Kinder, die für hohe Telefonrechnungen in den Familien sorgen und die Eltern überreden, zur Kostenersparnis in Breitbandtarife (ISDN oder DSL) mit Festpreisen, sogenannten Flatrates, zu wechseln.

Wie am Anfang des ersten Kapitels dargestellt wurde, gab es nach Einführung der Handys einen nicht geahnten Boom in der Verbreitung, für den vor allem auch die Jugendlichen verantwortlich waren. Einer der Gründe für den Wunsch, endlich ein Handy zu haben ist der Wunsch nach der eigenen Rufnummer. Auch heute noch weigern sich viele Familien, den Kindern und Jugendlichen private Telefonanschlüsse in die Zimmer zu legen. Auch wenn dank schnurloser Telefone ein Belauschen der Gespräche nicht mehr stattfindet, da sie im eigenen Zimmer geführt werden, gibt es immer noch eine Kontrolle, was die Länge der Gespräche angeht. Und zu allem Ärger wollen eventuell andere Familienmitglieder auch einmal telefonieren oder bestehen sogar darauf, daß die Leitung auf längere Zeit freigehalten wird, weil sie auf einen Anruf warten. Diese „Schikanen" sind durch Anschaffung eines Handys schlagartig beseitigt; denn auch wenn das eigene Geld nicht reicht, um lange Gespräche zu führen, sind die Kinder immer für ihre Freunde erreichbar. Die eigene Rufnummer steht für eine Autonomie, die bisher nur den Erwachsenen vorbehalten war; zumal es nun auch nicht mehr vorkommen kann, daß Anrufer zufällig die Eltern oder Geschwister erreichen, so daß auch die Kontrolle darüber, mit wem man telefoniert, verschwindet. In diesem Sinne ist nicht nur das Handygerät ein Statussymbol, sondern auch schon der Umstand, eine eigene Rufnummer zu haben, ist wichtig.

Im folgenden soll es darum gehen, verschiedene Faktoren, die zu der radikalen Wandlung im Verhältnis der Jugendlichen zu den Medien geführt haben, näher zu betrachten.

2.1 Von der Gemeinschaft über die Familie zum Individuum

Einhergehend mit der neuzeitlichen Entwicklung und der Industrialisierung haben sich vor allem auch die familiären Situationen nachhaltig gewandelt. Verantwortlich hierfür ist, neben der zunehmenden Abwanderung der Landbevölkerung in die Städte, die gesteigerte Mobilität. Nicht nur die Mehrere-Generationen-Familie wurde auf diese Weise zunehmend aufgelöst, sondern auch die verschiedenen Lebensbereiche von Arbeit, Bildung und Freizeit wurden immer weiter räumlich getrennt. All diese Veränderungen waren dabei nicht so radikal, wie sie aus heutiger Sicht schnell erscheinen, sondern vielmehr schleichend. Die Menschen waren geprägt durch ihre erweiterten Lebensgemeinschaften;

und das nicht nur so lange, wie sie in Dörfern lebten. Die Erziehung der Kinder oblag nicht nur den konkreten Familienmitgliedern, sondern auch dem „Personal" – den Verwandten, Nachbarn und Freunden. Gerade in bezug auf das Personal hat sich durch Romane und Verfilmungen eine sehr verschrobene Vorstellung durchgesetzt. Natürlich waren die entsprechenden Menschen unter heutigen Gesichtspunkten vieler Rechte beraubt und wurden auch mitunter aktiv unterdrückt; aber in den weitaus meisten Fällen waren sie in die Arbeits- und Lebensgemeinschaft integriert. Sie waren Bestandteil der Familie, und das nicht nur in passiver Form. Häufig waren es gerade die Mägde und Knechte, die sich immer wieder intensiv um die Kinder kümmerten und damit einen prägenden Einfluß auf ihre Entwicklung hatten.

Diese Modelle verschwanden nicht sofort mit der Urbanisierung. Zwar schmolz die Mehrere-Generationen-Familie vor allem in der Arbeiterschaft schnell zu der sogenannten Kernfamilie – bestehend aus Eltern und Kindern – zusammen; aber das Leben fand immer noch in erweiterten Lebensgemeinschaften statt. Die Funktion des Dorfes wurde jetzt durch das Viertel übernommen, was sich durchaus zumindest in einigen Gebieten und Wohnvierteln bis in die 70er Jahre des letzten Jahrhunderts gehalten hat und manchmal, wenn auch ganz selten, sogar heute noch (oder zum Teil schon wieder) zu finden ist. Das Wesentliche dieser erweiterten Lebensgemeinschaften ist ein Mindestmaß an Kontinuität. Die Nachbarn kennen sich und nehmen sich mit gegenseitigem Interesse wahr, und nicht nur mit kritischer Neugier. Der einzelne fühlt sich mit dem Ganzen zumindest in gewissem Rahmen verbunden und ist dementsprechend bereit, Verantwortung zu übernehmen, was sich dann z.B. in vorbehaltloser Hilfsbereitschaft äußert. Zu den rein räumlichen Verbindungen kommen weitere hinzu, wie etwa die Arbeit in der gleichen Fabrik oder Firma, die Mitgliedschaft in Vereinen etc. Erst die zunehmende Zergliederung dieser Zusammenhänge durch räumliche Trennung hat die Familien in die heute häufig wahrnehmbaren Isolationen geführt.

Einen nicht unerheblichen Einfluß auf diese Entwicklung hat die Schule geleistet. Die Einführung der Schulpflicht und damit der allgemeinen Volksschulen brachte zunächst nur zwei kleine Veränderungen. Zum einen wurde die Erziehung der Kinder eines oder sogar mehrerer Lebensgemeinschaftsräume an einem Ort für einen Teil des Tages gebündelt; zum anderen wurde dadurch zum ersten Mal der Tag der Kinder zumindest für diese Zeit des Tages einheitlich strukturiert. Entscheidender war aber die an die Volksschule anschließende Differenzierung in verschiedene Schultypen. Da die weiterführenden Schulen mitunter größere Gebiete abdeckten, wurden die räumlichen Bezüge der Kinder auf diese Weise zwangsweise erweitert, was durch die Differenzierung auch stark auf ihre lokalen sozialen Bezüge zurückwirkte. Zu den Freunden aus der unmittelbaren Nachbarschaft kamen die Klassenkameraden, die in Relation zu der eigenen Mobilität mitunter weit entfernt lebten und allein schon deshalb aus ganz anderen Zusammenhängen kamen. Diese den Kindern von außen verordnete Entwicklung fand aus anderen Gründen auch zunehmend bei den Eltern statt. Lange Zeit war der Wohnraum an den Arbeitsraum gebunden, was sich aber durch die rasanten wirtschaftlichen Entwicklungen und Krisen immer mehr änderte. So wurde zwar mit steigender Mobilität die Arbeit gewechselt, aber der Wohnort wurde beibehalten. Auf diesem Wege wurden schleichend aus den Lebensgemeinschaften, die durch vielfältige Bezüge geprägt waren, zunächst einmal Sozialgemeinschaften, die durch die Zugehörigkeit zu einer bestimmten Schicht geprägt waren.

Durch die Verknüpfung von Arbeit und Lohn und die bereits im letzten Kapitel angesprochene Trennung von Arbeit und Freizeit durch den Verlust des Bezugs des Arbeiters zu seinem Produkt spiegelte sich die Leistungsdifferenzierung des Schulwesens bis tief in die sozialen Bezüge hinein. Selbstverständlich waren auch die früheren Lebensgemeinschaften in sich sehr differenziert, aber eben auf eine natürliche Art und Weise. Der Kaufmann, der Lehrer, der Apotheker und der Arzt waren gebildeter, verdienten mehr und lebten durchaus besser als andere, aber eben doch am gleichen Ort, mit festen, über das berufliche hinausgehenden Bezügen zu der erweiterten Lebensgemeinschaft. Die Differenzierung in schichtbezogene Sozialgemeinschaften durch die gesteigerte Mobilität und die damit einhergehende Vorstadtflucht der Besserverdienenden führte unter anderem auch zu einem zunehmenden Konkurrenzdenken innerhalb der Lebensgemeinschaften.

Diese Entwicklung ist einer der Hauptgründe, warum die Familien begannen, sich voneinander abzuschließen. Die nachbarschaftlichen Verbindungen traten zunehmend in den Hintergrund; wichtiger wurden auf der einen Seite die Arbeits- und Interessensgemeinschaften und auf der anderen Seite die konkrete Familiengemeinschaft.

Begleitet und gefördert wurden diese Tendenzen durch die Entwicklung der Medien. Der Einzug der Medien in die Wohnstuben führte die

Familien näher zusammen und löste sie gleichzeitig zunehmend aus den lokalen Bezügen. Dies gilt vor allem für die Ton- und Bildmedien. War man vorher an das lokale Kulturangebot gebunden, was Musik- und Theaterdarbietungen angeht, so brachte schon das Radio die Möglichkeit, sich davon zu emanzipieren. Dabei handelte es sich allerdings lange Zeit noch um wirkliche Gemeinschaftserlebnisse. Gerade auch in der Anfangszeit des häuslichen Fernsehens in den 50er Jahren, aber auch in der Frühzeit des Radios, versammelte sich die ganze Familie inklusive eingeladener Verwandter und Freunde vor dem Apparat und genoß die private Darbietung. Anschließend an das Gehörte oder Gesehene fanden rege Gespräche über das gemeinsam Erlebte statt.

Es wäre jetzt zu kurz gegriffen zu sagen, daß vor allem das Fernsehen die Familien in die räumliche Isolation geführt hätte. So richtig dieser Gedanke in dem bisher geschilderten Kontext ist, hat das Fernsehen, wie andere Medien auch, den Raum auch in verschiedener Weise erweitert und damit neue Räume geschaffen. Zum einen dadurch, daß räumlich entfernte Ereignisse in die eigenen vier Wände Einzug hielten, indem man eben, ohne den Raum zu verlassen, in die Ferne sehen konnte. Zum anderen aber auch dadurch, daß man trotz räumlicher Trennung mit den Menschen, mit denen man familiär, kollegial oder freundschaftlich verbunden war, die gleichen Erlebnisse teilen konnte. Saß man früher mit den Menschen, die zum Umfeld der Kernfamilie gehörten, im gleichen Theater, sah man jetzt räumlich getrennt, aber zeitgleich, die gleiche Sendung und konnte sich so über das gemeinsam Erlebte bei der nächsten Begegnung austauschen. Die einzelnen Sendungen wurden so zwar im kleinen Kreise gesehen, aber eben doch auch von einer großen Gemeinschaft. Und anders als bei Theateraufführungen oder Konzerten, wo man sich nur mit den Menschen darüber austauschen konnte, die auch räumlich mit anwesend gewesen waren, konnte man jetzt mit vielen Menschen, die man an anderen Orten traf, über das Gesehene und Gehörte sprechen. Die Speichermedien – wie die Schallplatte, das Tonband und der Videofilm – machten es sogar möglich, die Gleichzeitigkeit aufzuheben, so daß es möglich wurde, Erlebnisse nicht nur zu wiederholen, sondern sie auch nachzuholen, um mitreden zu können.

Schließlich ist auch die Erweiterung der Programmvielfalt nicht nur als Ursache für die weitere Isolierung der Familiengemeinschaft zu sehen, sondern auch als Spiegel des bereits angesprochenen Bedürfnisses nach Differenzierung. Zusätzliche Programme machten es möglich, bewußt etwas anderes zu sehen als die Nachbarn, um sich von ihnen abzuheben.

Im Laufe der letzten Jahre haben sich diese Tendenzen konsequent fortgesetzt. Die Medien haben ihren festen Platz in der Gesellschaft und den Familien gefunden. Die lokalen Bezugspunkte haben sich immer weiter verteilt. Das Leben findet an vielen verschiedenen Orten statt, und ein nicht unerheblicher Teil der Lebenszeit wird mit Fahrten zwischen den verschiedenen Orten verbracht. Selbst Kinder sind heute im höchsten Maße mobil und damit in ihrer Zeitgestaltung verplant. Selbst die Verabredungen mit den Freunden müssen in vielen Fällen geplant und organisiert werden und sind gebunden an die Angebote der öffentlichen Verkehrsmittel oder die zeitlichen Kapazitäten der Eltern, die für den privaten Transfer sorgen. Selbst in den sogenannten intakten Familien – also Familien mit zwei Elternteilen – ist durch den hohen zeitlichen Aufwand, der an die gesteigerte Mobilität gekoppelt ist, die gemeinsam verbrachte Zeit dahingeschmolzen und ein gemeinsamer Rhythmus kaum noch zu finden. Diese sich steigernde Differenzierung haben auch die Medienangebote mitgemacht: Die Fülle der Radio- und Fernsehsender macht es möglich, sich auch innerhalb der Familie zu differenzieren, so daß auch die gemeinsamen Fernsehabende zunehmend der Vergangenheit angehören; vorausgesetzt, es stehen genug Geräte zur Verfügung. So ist es kein Wunder, daß in vielen Familien, die nur über *einen* Fernseher verfügen, immer wieder die Frage, welche Sendung geschaut wird, zum Streitpunkt wird – unter der Voraussetzung, daß gleiche Mitspracherechte bestehen. Denn es wird gerade für die Kinder scheinbar immer wichtiger, das „Richtige" zu sehen, um mitreden zu können. Alles in allem ist diese Entwicklung kein Wunder; denn wenn es immer weniger wirkliche – im Sinne von zeitlich und räumlich gleichzeitig gemachte – gemeinsame Erlebnisse gibt, werden die *irgendwie* gemeinsam gemachten Erlebnisse immer wichtiger.

Die sogenannte Kernfamilie war in diesem Sinne vor allem in der Mitte des letzten Jahrhunderts ein Durchgangsstadium in einer fortschreitenden Entwicklung. Die zunehmende Emanzipation und Abgrenzung von sozialen Zusammenhängen durch gesteigerte Mobilität und zunehmende Privatisierung von Informationen und Unterhaltung hat bei der Kernfamilie nicht haltgemacht. Vielmehr hat sie sich fortgesetzt und führt zunehmend in die wirkliche Individualisierung. Tatsache ist, daß der Mensch ein Sozialwesen war, ist und bleiben wird und daß es mit der zunehmenden Individualisierung für den einzelnen immer schwieriger wird, das soziale Leben zu gestalten.

Diese Aussage, daß die Zeit der Kernfamilie vorbei ist, bedeutet natürlich nicht, daß es keine Familie mehr gibt. Genauso, wie es in der Zeit der geschilderten erweiterten Lebensgemeinschaften klar war, wer zur Familie gehört und wer in dieselbe aufgenommen ist, gibt es auch heute noch klare Zuordnungen. Familie war, ist und bleibt der Verbund der voneinander abstammenden Menschen. Aber das Modell der Kernfamilie, bestehend aus Vater, Mutter und mindestens einem Kind, ist zumindest gegenwärtig aufgrund der weiterhin zunehmenden Individualisierung ein Auslaufmodell. In der Realität nehmen die Teil- und Patchworkfamilien, aber auch die Paar- und Singlehaushalte permanent zu, und eine wirkliche Wende ist bei aller Romantik und Nostalgie im Moment nicht zu erkennen.

2.2 VOM WOHNZIMMER IN DIE SCHLAFRÄUME UND KINDERZIMMER

Es wurde gezeigt, welcher Zusammenhang zwischen dem Einzug der Medien in die Familien, der Industrialisierung und der zunehmenden Mobilität besteht. Wie bereits am Ende des letzten Teilkapitels angedeutet, hat sich die dahinterstehende Dynamik weiter – und das heißt innerhalb der Familien – fortgesetzt. Als die jeweiligen Medien in die Haushalte einzogen, stellten sie meist einen Zentralpunkt dar, um den sich die Familienmitglieder versammelten. Grund hierfür war die dem jeweiligen Medium entgegengebrachte Wertschätzung, die zum einen im realen materiellen und zum anderen im ideellen Wert lag. Jedes Medium hat im wahrsten Sinne des Wortes seinen Preis, und der liegt vor allem in der Anfangszeit sehr hoch. Allein deshalb wurden viele Geräte zu Statussymbolen, was das Verlangen schuf bzw. steigerte, auch ein solches Gerät zu besitzen, unabhängig davon, ob es für den einzelnen einen realen Bedarf gab oder nicht.

Ein weiterer Gesichtspunkt für die zentrale Position der Medien innerhalb der Familien ist ihre physische Größe bzw. die zunehmende Anzahl derselben Geräte in einem Haushalt. Vor allem in der jeweiligen Anfangszeit nahmen die Geräte viel Platz ein. Grammophon, Radio, Fernseher und die ersten Telefone waren geradezu eigene Möbelstücke, die alleine durch ihre Präsenz im Raum einen Blickfang bildeten. Bis auf den Fernseher wurden im Laufe der letzten Jahrzehnte und Jahre alle Geräte immer kleiner und gleichzeitig durch die zunehmende Verbreitung immer kostengünstiger. Der Fernseher hingegen nahm an Größe zu und beanspruchte dadurch auch immer mehr Raum in den Wohnungen, was seine zentrale Bedeutung unterstrich und förderte. In vielen Familien sind die Wohnzimmer in ihrer Gestaltung auf den Fernseher ausgerichtet: So sind zumindest alle bequemen Sitzmöbel dem Gerät zugewandt, wodurch der Fernseher auch in ausgeschaltetem Zustand im Mittelpunkt der Aufmerksamkeit steht.

Es soll nun anhand des Radios noch einmal genauer der Weg der Verbreitung nachgezeichnet werden. Wie schon gesagt, waren die ersten Radios teure, platzeinnehmende Möbelstücke. Die Größe war unter anderem durch die damals übliche Röhrentechnik bedingt. Die Röhren werden im Betrieb stark erhitzt, da die Gehäuse der Geräte aus Holz bestanden, mußte genug Platz innerhalb des Gehäuses zur Verfügung stehen, um eine Überhitzung auch bei längerem Betrieb zu vermeiden. Aufgrund dieser technischen Bedingungen war das Radio an einen Ort gebunden. An einen mobilen Einsatz, zum Beispiel in einem Auto, war überhaupt nicht zu denken. Das Einschalten der Geräte kam einem Ritual gleich, die Röhren fingen an zu leuchten, und wenn genug Spannung innerhalb der Schaltungen aufgebaut war – was einige Sekunden dauerte –, wurden die Sendungen wiedergegeben. Erst die Erfindung des Transistors revolutionierte die Radiotechnik. Die Transistoren waren nicht nur wesentlich kleiner als die Röhren, sie brauchten auch wesentlich weniger Strom. Dadurch wurde es nicht nur möglich, immer kleinere Empfangsgeräte zu bauen, sondern da Batterien für den Betrieb ausreichten, konnten diese nun auch mobil eingesetzt werden. Die Transistorradios haben ab Mitte der 50er Jahre des letzten Jahrhunderts das Freizeitverhalten der Menschen und vor allem auch der Jugendlichen in den westlichen Gesellschaften nachhaltig verändert. Mußten sich vorher noch alle Familienmitglieder auf ein Programm einigen, bekamen nun die Jugendlichen nach und nach ihre eigenen Geräte und konnten sich damit in ihre Räume zurückziehen. Die Sender reagierten durch eine Erweiterung ihres Programmangebots auf diese Entwicklung und stellten sich schnell auf die neuen Zielgruppen ein. Die Autoradios und mobilen Geräte machten es möglich, auch außer Haus die relative natürliche Stille – ohne eigene Anstrengung durch Gesang und Gespräch – mit Musik und Unterhaltung zu füllen.

Viele weitere technische Entwicklungen stellen letztendlich nur eine Verfeinerung dar. Der tragbare Kassettenrecorder, der sich weiter zum Walkman verkleinerte, und später der Discman, das tragbare CD-Abspielgerät – sie stellen lediglich eine Emanzipation von dem Angebot der

Rundfunksender dar und spiegeln eine Zunahme der Individualisierung wider. Im Zuge dieser Entwicklung ist für viele Zeitgenossen Stille zu einer zunehmenden Bedrohung geworden. Der gestiegene Medienkonsum liegt auch darin begründet, daß ein Bedürfnis vorhanden ist, entstehende Momente der Stille durch mediale Berieselung beseitigen zu müssen, wobei in diesen Fällen den vermittelten Inhalten eine untergeordnete Rolle zukommt.

Auch in bezug auf den Fernseher spiegelt sich die zunehmende Individualisierung wider. Das steigende Programmangebot führte zunehmend zu Auseinandersetzungen innerhalb der Familien darüber, welches Programm angesehen werden sollte. Die schon besprochene Gemeinschaftsbildung durch gleiche Medieninhalte erschwerte dabei diesen Prozeß für die Familien. So wurde der Streit um das Fernsehprogramm sowie der Streit um die jeweilige Fernsehdauer in vielen Familien zu einem Feld stetiger Auseinandersetzungen, auf dem alle Beteiligten versuchten, ihre Machtposition innerhalb der Familien zu behaupten oder sogar zu verstärken. Die einfachste Art, mit dieser Situation umzugehen, bestand und besteht darin, alle mit einem eigenen Gerät zu versorgen, um so den Konflikten auszuweichen. Statistisch drückt sich das Ergebnis dieser Entwicklung darin aus, daß nach Angaben des statistischen Bundesamtes im Jahre 2000 in Deutschland im Durchschnitt 1,73 Personen in einem Haushalt leben und 2,45 Fernsehgeräte vorhanden sind.

Die Geräte haben sich in den einzelnen Wohnungen verteilt und sind mitunter auch in den Jugend- und Kinderzimmern eingezogen, wodurch sich sowohl das Spektrum der Zuschauer als auch der gewünschten Sendungen erweiterte. Die Programmgestalter haben durch die Erweiterung ihres Programmangebots also zum einen auf diese gesellschaftliche Entwicklung reagiert und sie zum anderen gefördert. Hinzu kommt, daß die Medien nicht nur Informations- und Unterhaltungslieferanten sind, sondern in hohem Maße auch Statussymbole. War es am jeweiligen Anfang wichtig, überhaupt ein Gerät zu haben, kommt es in der weiteren Entwicklung immer mehr darauf an, wie viele und welche Geräte man besitzt.

Die zunehmende freie Verfügbarkeit der Medien für Jugendliche und Kinder, das Eindringen der Medien in die kindlichen Lebensräume und die Entwicklung der Medieninhalte stellen die Erziehung vor immer größere Herausforderungen. Dabei sind die medialen Entwicklungen, wie diese Betrachtungen gezeigt haben, nicht nur Ursachen, sondern auch Symptome einer allgemeinen menschheitlichen Entwicklung.

Die wahrnehmbare Individualisierung, die in übersteigertem Maße in die soziale Isolation führen kann, wird durch die Medien ohne Frage gefördert. Aber daß die Medien sich so und nicht anders entwickelt haben, daß manche technische Entwicklungen sich durchsetzen konnten und andere keine Beachtung fanden, hängt auch mit den bereits vorhandenen Wünschen der Konsumenten zusammen. Und obwohl die Medien die Individualisierung fördern, wird von ihnen gerade in den Medien – oder zumindest über den Weg der Medieninhalte – ein Weg gesucht (und unter entsprechenden Bedingungen ja auch gefunden), um die drohende Isolierung zu überwinden. Gerade auch auf diesen Gesichtspunkt soll im nächsten Kapitel eingegangen werden.

3
DAS WECHSELSPIEL ZWISCHEN WAHRNEHMEN UND WAHRGENOMMENWERDEN

Die Medien bringen uns die Welt nach Hause; zumindest Teile, Ausschnitte, Fragmente der Welt. Statt hinauszugehen und uns umzuschauen, können wir im Zimmer bleiben und trotzdem „Fern-sehen". Das Ausschnitthafte der dargebotenen Informationen wird durch die Flut derselben überspielt. Man kann eben gar nicht alles sehen und hören, weder in der echten Welt noch in der medialen Welt. So scheint es, vor allem aus der Perspektive des Vielsehers, fast gleichgültig zu sein, ob seine Sicht dadurch beschränkt ist, daß er nicht jeden Ort der Erde aufsuchen kann, schon gar nicht zeitgleich, oder weil nicht alles durch die Medien vermittelt wird. Aber eben doch auch nur fast; denn zumindest gefühlsmäßig und meistens unbewußt wird ein deutlicher Unterschied in der Qualität der realen und virtuellen Weltbegegnung erlebt.

Wenn ich der Welt begegne, steht mir nur jener Teil der Welt gegenüber, der sich im Radius meiner Sinne befindet. Aber damit nicht genug. Wie schon im ersten Kapitel besprochen wurde, wird dieser Ausschnitt weiter durch unsere Aufmerksamkeit beschränkt. Wir selektieren bewußt oder unbewußt, welche Aspekte der Umwelt in unser Bewußtsein vordringen und welche uns verborgen bleiben. Hierbei handelt es sich um einen aktiven Vorgang, in dem unser Ich[1] voll zum Tragen kommt; denn die Frage, welche Teile für uns eine Rolle spielen und welche nicht, hängt stark zusammen mit unseren bisherigen Lebenserfahrungen, unseren daraus gebildeten Interessen und unserer momentanen Gestimmtheit. All diese Faktoren fallen bei den Medien weg. Es sind andere, die bestimmen, welche Teile der Welt dargestellt werden. Aus dem eigenen Erleben wissen wir, daß diese Auswahl auch immer eine Wertung darstellt. Das Nicht-Wahrgenommene ist zumindest im Moment Nebensache und dementsprechend auch nicht so wichtig. Vor allem im Sozialen erleben wir diesen Zusammenhang häufig nur allzu deutlich. Wenn immer andere die Aufmerksamkeit der Lehrer oder, noch schlimmer, der Eltern bekommen, erleben wir dies als Mißachtung, als Bewertung im Sinne einer Abwertung.

Durch diese uns innewohnende Kenntnis der Zusammenhänge von Auswahl und Wertung bekommen auch die Medien einen Großteil ihres

---

1 In welchem Sinne hier von dem Ich gesprochen wird, wird im 7. Kapitel detailliert ausgeführt.

Foto: Michael Rieth

Stellenwertes, sowohl für den einzelnen als auch für die Gesellschaft. Was auch immer in den Medien erscheint, *muß* ja wichtig sein, sonst würde es nicht berichtet werden! Auch wenn wir bei vielen Beiträgen und Sendungen überhaupt nicht erkennen können, welchen Wert diese Beiträge für uns haben sollen, bleibt das unbestimmte Gefühl einer Bedeutung, eines Wertes, der uns aber verborgen bleibt. Wer diesen Aspekt verfolgt, kann auch verstehen, warum gerade für starke Medienkonsumenten alles, was nicht in den Medien erscheint, zunehmend an Bedeutung verliert. Sie übernehmen zum größten Teil unbewußt das Bewertungsschema der von ihnen bevorzugten Anbieter – und was nicht gesendet wird, ist dementsprechend auch nicht so wichtig.

Und dann kommt der Tag, an dem denjenigen, die einen großen Teil ihrer eigenen Aufmerksamkeit den Medienangeboten widmen, auffällt, daß die Medien nie über sie selber berichten, sondern immer nur über andere, und daß sie dementsprechend unwichtig sind.

3.1 Wahrgenommenwerden als Lebensziel in der Mediengesellschaft

Viele Zeitgenossen – und nicht nur Kinder und Jugendliche – erleben einen Mangel an Aufmerksamkeit. Sie fühlen sich nicht oder nur ungenügend wahrgenommen durch ihre Umgebung; vor allem, solange alles in Ordnung ist. Wer auf den ersten Blick keine Probleme hat und macht, wer sein Pensum in durchschnittlichem Rahmen erfüllt, tritt schnell in der Wahrnehmung der Lehrer und Eltern hinter jene zurück, die durch besonders gute oder schlechte Leistungen und Verhaltensweisen auffallen. Gerade als Lehrer ist es ja schier unmöglich, allen Menschen, mit denen man zu tun hat – Schülern, Eltern, Kollegen, der eigenen Familie, Verwandten und Freunden –, die entsprechende Aufmerksamkeit zukommen zu lassen. Allein schon in diesem Sinne findet in unserer Welt ein permanenter Kampf um unsere Aufmerksamkeit statt. Hinzu kommen alle Angebote der Medien, die auch um Teile unserer Aufmerksamkeit buhlen. Die tägliche Informationsflut ist so groß geworden, daß niemand in der Lage ist, alle Informationen aufzunehmen, geschweige denn, sie auch noch zu bewerten und zu verarbeiten.

Wir erleben also permanent, daß andere unsere Aufmerksamkeit einfordern oder sich in das Blickfeld unserer Aufmerksamkeit drängen. Umgekehrt fordern wir die Aufmerksamkeit der anderen Menschen permanent ein. Wir wollen nicht nur von unseren Familienmitgliedern und Freunden, sondern von jedem Menschen mit dem wir in Kontakt treten – z.B. auch von einem Verkäufer –, beachtet und ernstgenommen werden; und das eigentlich nicht nur in unserer Funktion als Bruder, Spielpartner oder potentieller Kunde, sondern als eigenständige Individualität.

Im Zwischenmenschlichen ist dieser Wunsch, wahrgenommen zu werden, in keiner Weise nur Ausdruck eines Geltungsbedürfnisses. Vielmehr ist die Wahrnehmung durch andere ein unverzichtbarer Faktor für die Entwicklung der eigenen Persönlichkeit. Die Entwicklung einer gesunden Selbsteinschätzung und damit die Ausgestaltung und Festigung unserer Persönlichkeit ist nur durch das Wahrgenommenwerden durch andere und die sich daran anschließende verbale oder nonverbale Rückmeldung möglich. Nur durch die Begegnung und Auseinandersetzung mit anderen Menschen können wir zu uns selber finden. Findet die Rückmeldung durch andere nicht oder nur eingeschränkt statt, oder ist sie nicht wahrhaftig, so kommt es zu Fehlentwicklungen in der Persönlichkeitsbildung. Ist die eigene Persönlichkeit von der Veranlagung her stark, wird es zu einer unangemessenen bis krankhaften Selbstüberschätzung kommen. Ist die Persönlichkeit schwach veranlagt, kommt es zu unangemessenen bis krankhaften Minderwertigkeitsgefühlen. In der Übersteigerung führt das eine in den Größenwahn, das andere in die Depression.

Das in unserer Gesellschaft heute wahrnehmbare allgegenwärtige Wahrnehmungsdefizit ist ein relativ neues Phänomen. Gerade am Anfang des letzten Jahrhunderts, bis in die 70er Jahre hinein, war in einem äußeren Sinne in vielen Fällen geradezu das Gegenteil der Fall. In den schon geschilderten räumlich zusammenschrumpfenden Lebensgemeinschaften litten viele an einem realen oder vermeintlichen Übermaß an Aufmerksamkeit. Die lokalen Zusammenhänge wurden zunehmend als beengend erlebt. Die Wahrnehmung durch die Familienmitglieder, Nachbarn, Lehrer und Kollegen wurde nicht als Segen, sondern als Aufdringlichkeit und Belastung erlebt. Und es war dieses Erlebnis von Enge, das gerade viele junge Menschen dazu bewog, ihren lokalen Lebensraum zu verlassen, auszubrechen aus dem Mief der Dörfer und Kleinstädte oder dem Wohnviertel, um endlich man selber sein zu können, unabhängig von den familiären und sozialen Wurzeln.

Diese Entwicklung war Ausdruck und Förderer der fortschreitenden Individualisierung. Die vorgegebenen sozialen Anbindungen wurden auf diesem Wege zunehmend durch selbstgewählte Beziehungen abgelöst. Durch die damit einhergehende räumliche Erweiterung dieser selbstgewählten sozialen Bezüge waren sie zwangsläufig nicht so fest und damit auch nicht so verbindlich wie die bisherigen. Die steigende Mobilität und die Verbreitung der Kommunikationsmedien ermöglichten es, Kontakte ich-bestimmt zu gestalten. Da man sich auf diesem Wege der permanenten Wahrnehmung durch Verwandte, Freunde und Kollegen entzog, konnte der einzelne bestimmen, was die anderen jeweils von ihm erfuhren. Diese Entwicklung stellte ohne Frage einen Zugewinn an individueller Freiheit dar. Aber eine Zunahme an Freiheit geht immer einher mit einer Zunahme an Verantwortung, was in diesem Fall konkret bedeutet, daß sich der einzelne immer mehr selber mitteilen muß.

Wer sich der unmittelbaren Wahrnehmung durch andere entzieht, muß sich mitteilen, wenn er wahrgenommen werden will. Hier liegt ein wesentlicher Grund für die explosionsartige Verbreitung und Nutzung von Informations- und Kommunikationsmedien. Da die Wahrnehmungskapazitäten des einzelnen auf natürliche Weise beschränkt sind[2], die Mengen der Informationen, die an einen herangetragen werden, aber immer größer werden und ihr Charakter dabei immer bruchstückhafter, führte diese Entwicklung zwangsläufig zu dem angesprochenen Wahrnehmungsdefizit.

Verheerend an dieser Entwicklung ist der Umstand, daß sie sich nicht auf die individuelle Biographie bezieht, sondern in der gesamten Gesellschaft zum Tragen kommt. War diese Explosion der Medien für die heutige Elterngeneration, die noch die alte Enge erlebt hat, eine Befreiung, so bedeutet sie für die nachfolgenden Generationen, die schon ihre Kindheit in einem solchen neuen Umfeld, in dem man um die Aufmerksamkeit der anderen Menschen buhlen muß, erleben, schlichtweg eine Überforderung. Je jünger Kinder sind, um so weniger können und wollen sie sich mitteilen, um so mehr wollen und müssen sie wahrgenommen werden, und zwar ganzheitlich. Das Kleinkind erwartet, daß sein unmittelbares Umfeld weiß, was es braucht, wie es ihm geht und was ihm fehlt. Und es gehört zu den schmerzlichen Erfahrungen der Kindheit und des Heranwachsens, zu erleben, daß es nicht so ist, daß man nicht verstanden, ja mitunter gar nicht wahrgenommen wird. Die vielbeschworene glückliche Kindheit zeichnet sich nicht dadurch aus, daß man im materiellen Sinne alles bekommt, was man sich wünscht, sondern dadurch, daß man sich in seinen Bedürfnissen und Wünschen wahr- und ernstgenommen fühlt.

Je größer die Konkurrenz um die Wahrnehmung wird – je mehr man sich also mitteilen muß, um überhaupt wahrgenommen zu werden –, um so lauter, im quantitativen wie qualitativen Sinne, muß man werden. Viele äußerliche und innerliche Auffälligkeiten bei Kindern und Jugendlichen sind auf diesem Hintergrund zu verstehen, auch wenn sie in ihrer jeweiligen Erscheinungsform völlig unterschiedlich sind. So dient z.B. sowohl der hysterische Schrei- und Wutanfall als auch das Sich-ganz-nach-innen-Zurückziehen dem gleichen Zweck: Es geht darum, die Aufmerksamkeit des Umfeldes zu bekommen. Und beide Strategien funktionieren, zumindest kurzfristig. Wenn diese Mechanismen nicht erkannt werden, wenn die Aufmerksamkeit sich nur so lange auf einen richtet, wie der laute oder stumme Schrei erklingt, ist eine Forcierung des sozialen Fehlverhaltens unumgänglich. Dabei leiden vor allem die Betroffenen unter dieser sich spiralförmig steigernden Entwicklung. Immer wieder erleben sie, daß

---

2 Z.B. allein dadurch, daß wir nur eine begrenzte Zeitlang wach sein können.

sie nur Aufmerksamkeit bekommen, wenn sie sich danebenbenehmen oder wenn es ihnen schlecht geht. Sobald sie sich normal verhalten oder es ihnen besser geht, wird ihnen die zuteil gewordene Aufmerksamkeit entzogen, und es bleibt ihnen nichts anderes übrig, als noch lauter, noch nachhaltiger die Aufmerksamkeit einzufordern.

Je größer die Rolle eines einzelnen Mediums oder mehrerer Medien im eigenen Leben ist, um so eher wird auch in bezug auf die Medien das Aufmerksamkeitsdefizit erlebt. Die Bedeutung der Medien hängt dabei nicht nur von einer quantitativen Menge ab, sondern vielmehr von dem subjektiven Stellenwert. Wenn eine bestimmte Serie oder Soap opera[3] zum zentralen Aufmerksamkeitsinhalt wird, kann trotz kurzer Verweildauer vor dem Fernseher das gesamte persönliche Erleben und Leben nachhaltig beeinflußt werden. Wie eingangs dieses Kapitels geschildert wurde, kommt es so auf kurz oder lang zu dem Erlebnis, nicht wichtig – oder zumindest nicht wichtig genug – zu sein. Wie nun auf dieses Erlebnis reagiert wird, ist individuell unterschiedlich und hat nicht zuletzt mit der eigenen Persönlichkeitsstruktur zu tun. Steht neben dem Erlebnis, von den Medien nicht beachtet zu werden, ein starkes Selbstwertgefühl, kann es zu einer partiellen Abkehr von den Medien kommen, wodurch diese ihren zentralen Stellenwert verlieren. Bei schwächer ausgeprägtem Selbstwertgefühl kann es entweder zu einer weiteren Verminderung desselben kommen, was in aller Regel dazu führt, das sich die oder der Betroffene immer weiter aus seinen realen Lebenszusammenhängen zurückzieht, da das an den Medien erlebte Minderwertigkeitsgefühl auch auf die Realität übertragen wird. Oder es führt zu einem Wetteifern mit den medialen Vorbildern, in dem Bestreben, auch in den Medien in Erscheinung zu treten und so von ihnen und ihren Zuschauern wahrgenommen zu werden. Viele Medienangebote der letzten Jahre haben bewußt oder unbewußt auf diesen Zusammenhang Rücksicht genommen. Im folgenden sollen einige dieser Angebote genauer unter die Lupe genommen werden.

3.1.1 DIE EIGENE HOMEPAGE

Das Internet liefert jedem Nutzer nicht nur eine unübersehbare Flut von Informationen, sondern es bietet ihm auch die Möglichkeit, jede

---

[3] Im Gegensatz zu Serien haben die einzelnen Folgen von Soap operas immer ein offenes Ende, das beim Zuschauer eine offene Frage hinterläßt. Der Begriff stammt aus Amerika, wo die Seifenindustrie in den 50er Jahren des letzten Jahrhunderts rund um ihre Werbung solche Sendungen gestaltete.

beliebige[4] Information ins Netz zu stellen und damit allen anderen Nutzern zugänglich zu machen. Man kann also jederzeit und mittlerweile ohne großen technischen Aufwand und fachliche Kenntnisse selber in der virtuellen Welt des Internets präsent sein. Das Internet kommt damit dem Bedürfnis entgegen, wahrgenommen zu werden, präsent zu sein in der Medienwelt. Es gibt aber einen Haken, und der besteht in der unübersehbaren Fülle der Angebote im Netz. Nur diejenigen, die es schaffen – in welchem Sinne auch immer –, ungewöhnliche Angebote ins Netz zu stellen, die dazu führen, daß sie bei entsprechenden Anfragen bei Suchmaschinen aufgelistet werden, haben eine Chance, daß ihre Angebote von Fremden wahrgenommen werden. Alle anderen erleben, daß sie zwar im Netz präsent sind, aber hier (auch) nicht wahrgenommen werden. Es liegt dann wieder an ihnen, ihre Verwandten, Freunde oder Bekannten auf ihre Seite aufmerksam zu machen und sie persönlich zu ermuntern, sich – wenn vorhanden – in das Gästebuch einzutragen. Nur allzu schnell haben viele in bezug auf das Internet das gleiche Erlebnis wie in bezug auf die reale Welt: Sie sind zwar präsent, werden aber nur bedingt bis gar nicht wahrgenommen, wenn sie nicht auf sich aufmerksam machen. Erkennbar ist dies an den Aktualisierungsangaben[5] vieler privater Internetseiten, die schnell einige Monate zurückliegen. Das spricht dafür, daß derjenige, der die Seite eingerichtet hat, seine Internetpräsenz nicht pflegt, wie man so schön sagt. Warum auch, wenn keiner – oder kaum einer – vorbeischaut!

Gerade Jugendliche weisen einen immer wieder gerne auf ihre Internetseiten hin mit der Bitte, sich die Seite einmal anzuschauen, und dem damit verbundenen Wunsch, sich dazu zu äußern. Vor allem, wenn man diesem Wunsch unmittelbar in ihrer Gegenwart nachkommt, entstehen immer wieder spannende Dialoge, wie etwa der folgende:

„Ja, das ist meine Seite!" – „Sie haben aber viele Menüpunkte, das war sicher viel Arbeit, ist ja ganz übersichtlich gestaltet. Mal sehen, was

---

4 Auf nationaler Ebene können einzelne Angebote illegal sein, wie in Deutschland z.B. Kinderpornographie und explizite Aufrufe zu Gewalt- und Straftaten. Entscheidend für das Verbot von Angeboten ist der physische Aufenthaltsort der Informationen bzw. Daten. Sind diese Daten also in Deutschland gespeichert, macht sich der Anbieter strafbar; befinden sie sich auf einem Computer in einem Land, in dem die jeweiligen Daten nicht verboten sind, gibt es keine juristische Handhabe gegen das Angebot. Aus diesem Grunde nutzen wissende kriminelle Anbieter im Netz ausländische Server für die Verbreitung ihrer Informationen.
5 Die letzte Aktualisierung einer Internetseite kann durch Aufrufen des Menüpunktes „Eigenschaften" von jedem Besucher eingesehen werden. Wie dies im einzelnen geht, hängt von dem jeweils verwendeten Browser ab.

für Fotos Sie in Ihrem Album haben..." – „Äh, das habe ich noch nicht fertig. ... Ich habe nur die Unterseite schon eingerichtet. ... Ach so, ... ja, auch unter Aktuelles steht jetzt noch nichts, aber das kommt noch. Wie finden Sie denn das Layout der Seite?" – „Ganz ansprechend. Was verbirgt sich denn hinter Humorvolles? Ah, *ein* Witz?!" – „Ja, da will ich dann noch welche sammeln, die Besucher können auch welche ins Gästebuch schreiben, die ich dann übernehme..." – „Ach ja, das Gästebuch...Oh, schon drei Einträge. ..." – „Na ja, die Seite ist ja auch noch nicht fertig. ... Sie können sich ja auch eintragen, wenn Sie wollen."

Aus Erfahrung habe ich es mir abgewöhnt, im Beisein der Jugendlichen nach dem letzten Aktualisierungsdatum zu schauen; denn entweder ist es vom letzten Tag, weil sie wirklich dabei sind, die Seite aufzubauen, oder schon älter, was darauf hindeutet, daß sie selber das Interesse an ihrer Seite mangels Rückmeldung bereits verloren haben. Auch bei vielen derjenigen, deren Seiten frisch erstellt waren, mußte ich bei einem späteren Besuch derselben, bei dem ich die Fortschritte bewundern wollte, häufig feststellen, daß sich nichts mehr verändert hatte. Die Verlockung, sich im Internet zu präsentieren, in der Weltöffentlichkeit aufzutreten, ist da. Aber mangels Resonanz kommt die Ernüchterung nur allzu schnell. Dabei sind die meisten eigentlich auf diesen Moment der Ernüchterung vorbereitet, um nicht zu sagen eingestellt. Wenn man mit ihnen über ihr Verhalten im Internet spricht, stellt sich schnell heraus, daß sie viel Zeit auf Seiten offizieller oder kommerzieller Anbieter verbringen und nur selten private Homepages besuchen. Und wenn sie es doch tun, dann meistens, um sich über die Seiten und vor allem die privaten Bilder lustig zu machen.

Es kann natürlich auch ganz anders sein, und zwar dann, wenn der einzelne etwas zu bieten hat. Informationen und Angebote, die andere interessieren und die über die letzten privaten Urlaubsbilder hinausgehen. Wer Themen ins Internet stellt und sie mit Informationen füllt, Angebote sammelt und durch sogenannte „Linklisten"[6] inhaltliche Verknüpfungen herstellt und seine Seite damit zu einem themenzentrierten Knotenpunkt im Netz macht, wird auf diesem Wege ohne Frage auf Menschen mit ähnlichen oder gleichen Fragen, Hobbys oder Anschauungen treffen. Gerade für Menschen mit ausgefallenen Interessen und Hobbys schafft

---

6 Durch „Links" (Verknüpfungen) werden verschiedene Internetseiten miteinander verbunden. In der Regel verbergen sich Links auf Internetseiten hinter unterstrichenen Worten. Ein Klick auf dieselben öffnet eine weitere Internetseite, die vom gleichen oder einem anderen Autor stammt. Links können nur von dem Autor einer Seite eingerichtet werden, so daß er für die Auswahl der angebotenen Links verantwortlich ist – ähnlich wie die Literaturangaben in einem Buch.

das Internet so die Möglichkeit, global Gleichgesinnte zu treffen, die in der unmittelbaren Umgebung nicht zu finden sind.

So ist das Internet ein Spiegel unserer einseitigen Zeitverhältnisse: Wer etwas zu bieten hat, wird wahrgenommen und findet Beachtung; wer einfach nur da ist, spielt keine Rolle. Gleichzeitig fördert das Internet die Zersiedelung der Beziehungen. Man kann, wenn man will, zu allen Themen Gleichgesinnte finden, aber meistens nur an einem virtuellen Ort und nicht im konkreten Lebensumfeld. Das bedeutet: Je mehr Zeit, je mehr Aufmerksamkeit man diesen weit entfernten Freunden zukommen läßt, um so weniger Zeit und Aufmerksamkeit hat man für Menschen in der unmittelbaren Umgebung. So bereichernd der Austausch mit Gleichgesinnten ist: Es besteht in diesen Fällen doch immer die Gefahr, daß die mangelnde Wahrnehmung des unmittelbaren Umfeldes in eine Entfremdung und damit in eine Isolierung führt – mit allen bekannten Folgen.

3.1.2 QUIZSENDUNGEN

In einem gewissen Sinne gilt auch für Quizsendungen im Fernsehen das Leistungsprinzip. Nur wer die Fragen beantworten kann, wer also über das entsprechende Wissen verfügt, kommt ins Fernsehen. Bei entsprechendem Erfolg winken nicht nur die Gewinne, sondern eventuell auch Schlagzeilen in Zeitungen und Zeitschriften.

Im Laufe der letzten Jahre hat es aber bei der Gestaltung der Sendungen einen deutlichen Wandel gegeben. Im Gegensatz zu Sendungen wie „Der große Preis", in denen die Kandidaten über weitreichende Kenntnisse zu einem Spezialthema verfügen mußten, wenden sich die neueren Sendungen an ein wesentlich breiteres Publikum. Dabei spielen sie in mehrfacher Hinsicht mit den Gefühlen der Zuschauer. Zum einen wird es den Bewerbern sehr einfach gemacht: Ein Anruf genügt, bei dem meistens eine sehr einfache Frage gestellt wird, die eigentlich von jedem beantwortet werden kann. Spezielle Kenntnisse zu einzelnen Themenbereichen werden nicht vorausgesetzt. Auch spielt der persönliche Bildungsgrad anscheinend keine Rolle für die Bewerbung, wohl aber für die Auswahl der Kandidaten. Auf diese Weise wird allen Zuschauern das Gefühl vermittelt, daß sie eine reale Chance hätten, in der Sendung mitzuspielen. Zum anderen sind die Sendungen so gemacht, daß sie durch die Studiogestaltung, den Einsatz von Licht und Musik, die Auswahl der Fragen und die Art der

Moderation die Kandidaten bewußt unter Streß setzen. Während so die Kandidaten mitunter auch bei Fragen, die sie unter anderen Umständen problemlos beantworten könnten, zweifeln oder sogar versagen, wird beim Zuschauer bewußt immer wieder das Gefühl der Überlegenheit geschürt. Der Zuschauer, der entspannt vor dem Fernseher sitzt und über jede Frage in Ruhe nachsinnen kann, erlebt so immer wieder, daß er besser ist als der Kandidat im Fernsehen, was ihn dazu ermuntert, sich selber zu bewerben.

Durch dieses gezielte Spiel mit dem Geltungsbedürfnis der Zuschauer in Kombination mit der Möglichkeit gebührenpflichtiger Anrufe sind Quizsendungen für die Sender zu wahren Goldgruben geworden. Gerade der zweite Punkt erklärt den Boom von Quizsendungen. Seit Anfang der 90er Jahre bieten Telefongesellschaften Geschäftskunden die Möglichkeit, über erhöhte Telefongebühren Gelder einzunehmen, wobei die Telefongesellschaften an den Mehreinnahmen beteiligt sind. Die Bewerbungsanrufe für Quizsendungen laufen heute alle über solche Servicerufnummern, so daß die Sender an jedem Anruf verdienen. Da viele Menschen mehrmals anrufen, um die Chance auf eine Teilnahme in der Sendung zu erhöhen, kommen so enorme Summen zustande, die zumindest bei den erfolgreichen Sendungen nicht nur die Kosten und die ausgezahlten Gewinne decken, sondern den jeweiligen Sendern auch noch satte Gewinneinnahmen bescheren. Auf diesem Wege können die Sender aus dem vorhandenen Aufmerksamkeitsdefizit und Geltungsbedürfnis, an deren Entstehung und Vertiefung sie ja nicht ganz unbeteiligt sind, noch Kapital schlagen. Nicht zuletzt aus diesem Grund ist von den Sendern nicht zu erwarten, daß sie aktiv etwas gegen diese gesellschaftlichen Zeitentwicklungen unternehmen werden.

3.1.3 TALKSHOWS

Im klassischen Sinne bieten Talkshows Politikern, Prominenten und Fachleuten die Gelegenheit, sich im Fernsehen zu präsentieren und ihre Ansichten im Gespräch darzustellen. Zusätzlich zu diesem klassischen Profil sind neuere Varianten aber zu dem Sendeformat geworden, das am konsequentesten mit dem Aufmerksamkeitsdefizit der Zuschauer arbeitet. Durch eine Auswahl reißerischer Themen und zumindest scheinbar emphatischer Moderatoren und durch eine Reduktion der Gesprächskultur konnte gerade denjenigen ein Platz im Fernsehen geschaffen werden, die im klassischen Sinne nichts zu bieten haben. Die Themen sind so gestaltet, daß sich jeder dazu äußern kann, wenn er denn will. Hinzu kommt, daß das Niveau der Themen so tief angesetzt ist, daß sich vor allem gebildete Menschen nie öffentlich dazu äußern würden. Auf diese Weise wird gerade bei den schlechtesten Sendungen sichergestellt, daß die Moderatoren den Gästen überlegen bleiben.

Bei einigen Sendungen privater Sender scheint der Grundsatz zu gelten: Je obszöner und einfacher das Thema und die Gäste, je peinlicher ihre Auftritte, um so besser. Man kann eigentlich nur staunen über soviel Menschenverachtung; zumal die Sender ja ihre eigenen Zuschauer auf diese Weise zur Schau stellen und öffentlich diffamieren und lächerlich machen. Viel verwunderlicher ist allerdings, daß sich immer noch Menschen finden, die freiwillig[7] in diese Sendungen gehen; und das, obwohl sie als Zuschauer ja wissen, wie dort mit den Gästen umgegangen wird.

Erklärbar ist dies nur durch das geschilderte Aufmerksamkeitsdefizit. So finden sich unter den Gästen vor allem Menschen, die offenbar einen großen Teil ihrer Zeit vor dem Fernseher verbringen – also Menschen, die kaum die Aufmerksamkeit anderer Menschen bekommen und eben normalerweise noch nicht einmal die der Medien, denen sie so viel ihrer eigenen Aufmerksamkeit zukommen lassen. Sie reagieren wie die mißachteten Kinder, die sich durch Fehlverhalten die Aufmerksamkeit der Erzieher und Eltern besorgen, getreu dem Motto: lieber negative Aufmerksamkeit, als gar nicht beachtet zu werden. Zu dieser Gruppe von Menschen zählen mit Sicherheit all jene, die immer wieder in verschiedenen Talkshows zu den unterschiedlichsten Themen auftauchen und so in einem gewissen Sinne das Sendekonzept für sich instrumentalisiert haben. So trat ein junger Erwachsener in verschiedenen Sendungen auf, einmal zu dem Thema „Ich will keinen Sex vor der Ehe", dann zu dem Thema „Ich habe dich mit einer anderen betrogen, bitte verzeih mir"; und schließlich auch noch zu dem Thema „Ich bin schwul und unglücklich verliebt". In allen Fällen spielte er seine selbstgewählte Rolle überzeugend genug, um die jeweiligen Redaktionen und Moderatoren in die Irre zu führen, und er konnte sich die Lacher und Häme des Publikums als Erfolg für seine schauspielerische Leistung anrechnen.

In einigen Fällen wird aber auch immer wieder die Grenze der Menschlichkeit überschritten, und jeder einzelne dieser Fälle sollte in einem Land

---

7 Es ist ja durchaus bekannt, daß die Sender auch immer wieder Menschen anstellen, die peinliche Auftritte inszenieren und geladene Gäste provozieren, um so die gewünschte Stimmung zu erzielen.

wie der Bundesrepublik Grund genug sein, derartige Sendungen stärker zu reglementieren oder sogar zu verbieten.

Wie ja bereits geschildert wurde, ist eine gesunde Persönlichkeitsentwicklung daran gebunden, daß man von außen wahrgenommen wird und daß einem diese Wahrnehmung gespiegelt wird. Bei einigen der Menschen, die in solchen Sendungen vorgeführt werden, ist zu befürchten, daß sie aufgrund ihrer Biographie und ihrer momentanen Lebenssituation in diesem Sinne kein gesundes Selbstwertgefühl und keine gesunde Selbsteinschätzung besitzen. Zwar wird ihnen endlich einmal mediale Aufmerksamkeit geschenkt – und das gleich von Millionen von Menschen: dem Moderator, den Zuschauern im Studio und allen, die vor den Geräten sitzen. Sie erleben, daß ihnen zugehört wird, daß nachgefragt wird und daß sie es sind, die die Menschen zum Lachen bringen. Und wenn jemand aus dem Publikum sie verbal angreift, macht das nichts; denn derjenige ist weniger wichtig als sie selber. Schließlich sitzen sie auf Einladung auf der Bühne im Scheinwerferlicht, während der andere Eintritt gezahlt hat. Aber ob sie wirklich abschätzen können, wie das Verhältnis zwischen der erlebten medialen Aufmerksamkeit und den sich daran anschließenden Rückwirkungen ihres realen Umfeldes ausfällt, bleibt fraglich; vor allem in den Fällen, in denen sie von seiten anderer Teilnehmer oder sogar des Moderators direkt der Lächerlichkeit preisgegeben werden.

Winterhoff-Spurk hat in seinem Buch „Kalte Herzen" einen Begriff für diesen neuen Menschentypen des Medienzeitalters geprägt, die *histrionische* Persönlichkeit. Merkmal solcher Persönlichkeiten ist, daß sie bereit sind, alles Erdenkliche zu tun, um die Aufmerksamkeit anderer Menschen zu erhalten, auch auf Kosten der eigenen Persönlichkeit. So stellt sich die Frage, ob diese Menschen aufgrund ihrer gerade auch medial bedingten Persönlichkeitsstörung nicht durch reglementierende Eingriffe von seiten des Gesetzgebers gegenüber derartigen Sendungen vor sich selbst geschützt werden müssen. Wünschenswerter wäre es natürlich, wenn die entsprechenden Sender von sich aus auf derartige Angebote verzichten würden und die Anliegen ihrer Zuschauer nicht nur vermarkten, sondern endlich einmal wirklich ernst nehmen würden.

3.1.4 DOKU UND REALITY SOAPS

Mit den recht neuen Sendeformaten, Doku und Reality soaps, wird „normalen" Menschen ein weiterer Zugang zum Fernsehen geschaffen. Diese Formate sind entweder als Spiel gestaltet – wie „Big Brother", bei dem die Zuschauer über den Verbleib der Mitspieler in der Sendung entscheiden –, oder sie berichten aus dem privaten oder beruflichen Leben einzelner Personen. Bedingung zum Mitmachen ist die Bereitschaft, sein Leben öffentlich zu machen, sich darzustellen und vorführen zu lassen. Der Erfolg dieser Sendungen liegt in einem komplizierten Wechselspiel von Motiven auf beiden Seiten der Mattscheibe.

Zum einen wird das voyeuristische Bedürfnis der Zuschauer bedient. Neben der erotischen Seite dieses Voyeurismus scheinen viele Zuschauer Spaß daran zu haben, andere bei alltäglichen Dingen zu beobachten und bei alltäglichen Gesprächen zu belauschen. Erklärbar ist dies durch die schon geschilderte Entfremdung in unserer Gesellschaft. Im eigenen Alltag erlebt man zunehmend, daß man von den Menschen, mit denen man zu tun hat, nur das zu sehen und zu hören bekommt, was sie einem mitteilen wollen, wodurch immer mehr Bereiche für die eigene Wahrnehmung verborgen bleiben. Wer weiß schon, was die Kollegen privat machen? Und was machen die eigenen Kinder in der Zeit, in der man nicht mit ihnen zusammen ist, was ja mitunter der größte Teil der Zeit des Tages ist? Was macht der Partner wirklich, wenn er zu Hause ist oder bei der Arbeit – oder gar auf Dienstreise? All diese Dinge entziehen sich der eigenen Wahrnehmung, was aber nicht bedeutet, daß sie nicht interessieren; es ist nur häufig keine Zeit vorhanden, sich darüber auszutauschen, geschweige denn die Möglichkeit oder die Bereitschaft, dabeizusein. Es ist uns selber ja häufig genug ein Anliegen, daß der andere nicht alles von uns erfährt; wobei wir mitunter gerne mehr über den anderen erfahren würden. Diese unbewußte Sehnsucht macht es attraktiv, anderen bei alltäglichen Dingen zuzuschauen und zuzuhören. So gesehen bedienen die Sender, die solche Sendungen produzieren, wirklich ein reales Bedürfnis der Zuschauer. Und wie neuere Produktionen zeigen, haben sie erkannt, daß die Themen überhaupt nicht spektakulär sein müssen: je mehr Alltag, um so besser! Dieses Prinzip gilt auch für die eigentlichen „Soap operas", die einen Einblick in dann allerdings fiktive private Lebenszusammenhänge ermöglichen.

Fatal an dieser Entwicklung ist, daß die Zeit, die darauf verwendet wird, solche Sendungen zu sehen, wiederum an anderer Stelle für die Wahrnehmung des realen Umfeldes fehlt. Statt sich mit den Kindern, dem Partner oder den Kollegen über die jeweiligen echten Erlebnisse auszutauschen, betrachtet man Ausschnitte aus dem Alltag von Menschen, mit denen man eigentlich nichts zu tun hat. Durch die ungewohnte

Beteiligung am alltäglichen oder scheinbar alltäglichen Leben anderer werden diese Menschen oder Darsteller bald vertrauter als die realen Bezugspersonen. Man lernt sie „besser", im Sinne von umfänglicher, kennen; sie haben weniger Geheimnisse vor einem. Wie bei einem guten Freund teilt man ihre Ängste, Sorgen, Nöte und Hoffnungen. Verlockend daran ist des weiteren, daß ich nicht fragen muß, um all dies zu erfahren; daß ich mich nicht zeigen muß – ich muß einfach nur zuschauen, und schon bin ich im Bilde. Auf diese Weise verstärken derartige Sendungen die bereits vorhandenen Defizite, und sie sind in nicht darauf angelegt oder dazu geeignet, die Defizite zu überwinden.

Ein ganz anderer Gesichtspunkt ist die schon angedeutete Möglichkeit für den Zuschauer, selber ins Fernsehen zu kommen und anders als bei Talkshows einmal ganz wahrgenommen zu werden. Es bedarf schon einer extrovertierten Persönlichkeit oder eines hohen Defizits an Wahrnehmung von außen, um diesen Schritt zu wagen – aber dann wird einem für Stunden, ja im Falle von Big Brother und ähnlichen Sendungen sogar für Wochen und Monate die ungeteilte Aufmerksamkeit der Kameras und der dahinterstehenden Produzenten und Zuschauer zuteil. Nicht jeder kann so viel von außen kommende Aufmerksamkeit ertragen; aber wünschen tun es sich viele, wie die Bewerberzahlen solcher Sendungen belegen.

Der Vorteil für die Produzenten ist, daß derartige Sendungen recht billig produziert werden können und durch die Einbindung der Zuschauer durch Gewinnspiele und Votings, die dann allesamt über 0190er Nummern laufen, neben den Werbeeinnahmen zusätzliche Gewinne bringen. Wegen der hohen Gewinnspanne sind Sendungen dieser Art wirtschaftlich gesehen ein voller Erfolg. So gesehen geht es eben auch nur bedingt darum, die Interessen und Bedürfnisse der Zuschauer zu bedienen. Erst die Verbindung von realen Bedürfnissen der Zuschauer und wirtschaftlichen Gewinnmöglichkeiten sorgt dafür, daß immer mehr dieser Sendungen produziert werden.

Der wirtschaftliche Erfolg liegt in den geschilderten Zeitverhältnissen. Nur weil so viele Menschen ins Fernsehen kommen wollen, gibt es genug, denen der eigene Auftritt mehr oder weniger reicht, so daß für die Produzenten kaum Honorarkosten entstehen. Solche Sendungen funktionieren also nur so lange, wie das geschilderte gesellschaftliche Aufmerksamkeitsdefizit vorhanden ist. Deshalb kann es auch bei den Produzenten dieser Sendungen kein Interesse daran geben, wirklich an der Aufarbeitung und Beseitigung dieses Defizits mitzuwirken. Vielmehr müssen sie, um ihre eigene Position auf dem hart umkämpften Markt zu behaupten oder gar auszubauen, alles dafür tun, daß sich diese Entwicklung weiter fortsetzt. Da die Produzenten wirtschaftlichen Zwängen unterworfen sind, können sie sich nur insoweit den Bedürfnissen der Zuschauer widmen, als diese Bedürfnisse ihren eigenen Interessen förderlich sind. Insofern dürfen sie nur Scheinbefriedigungen schaffen, da sie sich sonst die eigene Existenz entziehen.

3.1.5 TALENTSHOWS

Dieses Sendeformat, das sich vornehmlich an Jugendliche und junge Erwachsene wendet, erlebt zur Zeit einen enormen Boom. Den Gewinnern werden zumindest kurzzeitiger Erfolg und Ruhm und die damit verbundene mediale und öffentliche Aufmerksamkeit garantiert. Wie der Name schon sagt, geht es um Talente und nicht um erworbene Qualifikationen, was der Grund dafür ist, daß sich so viele Menschen bei den Castings bewerben. Fast jeder Jugendliche träumt davon, einmal ein Star zu sein, berühmt und bewundert zu werden. Während die anderen bisher besprochenen Sendeformate mediale Aufmerksamkeit ermöglichen, geht es hier um mehr. Ins Fernsehen zu kommen ist heute leicht und jedem möglich, sei es auch nur als Publikum in einer der vielen Sendungen; aber durch das Fernsehen berühmt zu werden ist etwas anderes.

Obwohl die Gewinner meistens Menschen sind, die über Vorerfahrungen verfügen und auf ihre Weise hart an ihrer Karriere gearbeitet haben, schaffen die Sendungen es, vielen Zuschauern das Gefühl zu vermitteln, man könne einfach nur so berühmt werden. Gerade bei den Berichten über die Vorausscheidungen wird deutlich, wie groß die Differenz zwischen Innen- und Außenwahrnehmung bei vielen jungen Menschen ist. Obwohl sie kein oder nur ein bedingtes Talent besitzen, versuchen sie ihr Glück. Teilweise reagieren sie verständnislos und verärgert auf die Ablehnung von seiten der Jury. Die mitunter herabwürdigende Art, wie derartige Kandidaten dem Publikum vorgeführt werden, hat dabei nicht den Effekt, die Bewerberzahlen zu senken, sondern sie bewirkt sogar das Gegenteil. Je schlechter die gezeigten Kandidaten sind, je peinlicher ihre Auftritte, um so mehr Zuschauer gewinnen den Eindruck, besser als diese zu sein, und sprechen sich eine reale Chance zu, gewinnen zu können. Durch diese Dynamik werden uns auch die Talentshows sicherlich auf Jahre in Variationen erhalten bleiben und so ihren Beitrag zur Verfestigung der defizitären Situation beitragen.

4
Untersuchung zur Veränderung des Kommunikationsverhaltens

Daß sich das Kommunikationsverhalten gerade in den letzten Jahren verändert hat, wird immer wieder in verschiedenen Zusammenhängen erwähnt. Dabei werden nicht nur quantitative Veränderungen wahrgenommen, sondern auch Veränderungen in der Qualität der Kommunikation. Je nach Einstellung der jeweiligen Autoren werden diese Veränderungen als positiv oder negativ bewertet. So haben die neuen Kommunikationsformen, die durch das Internet (Email und Chat) und das Handy (SMS = short message standard und MMS = multi message standard) entstanden sind, zu einer Verbreiterung der Kommunikationsmöglichkeiten beigetragen, die mitunter eine Erleichterung und Beschleunigung von Kommunikation mit sich gebracht haben. Da den Menschen aber nicht mehr Zeit zur Verfügung steht als früher, muß die Zeit, die den neuen Kommunikationsformen gewidmet wird, an anderer Stelle eingespart werden und geht somit zu Lasten anderer Tätigkeiten oder Kommunikationsformen.

Einige dieser Veränderungen sind ohne weiteres festzustellen. So stieg die Zahl der Verbindungsminuten im Telefonfestnetz von 178 Mrd. 1997 auf 319 Mrd. im Jahre 2002. Parallel dazu ging der private Briefversand stetig zurück, was die Deutsche Post dazu veranlaßte, immer mehr Briefkästen in den Gemeinden zu entfernen. Im gleichen Zeitraum stieg die Anzahl der Handybesitzer von knapp 10 Mio. 1997 auf 59,2 Mio. im Jahre 2002. Dies entspricht einem Bevölkerungsanteil von 71,7 %, womit Deutschland weit vor Japan (62,1 %), den USA (47,7 %) und Osteuropa (30 %) liegt. Die explosionsartigste Entwicklung fand allerdings bei dem Versand von SMS statt: Wurden im Jahre 1998 in Deutschland 0,6 Mrd. SMS versendet, waren es im Jahre 2002 23,6 Mrd. SMS, die per Handy verschickt wurden[1]. Für andere Medien, wie z.B. Emails, liegen leider keine Zahlen vor, da sie nicht stückweise erfaßt werden.

Wesentlich schwieriger ist die Erfassung der qualitativen Veränderungen. Es wird zwar immer wieder auf die Existenz derartiger Veränderungen hingewiesen, wobei dann meistens die negativen Auswirkungen im

---

[1] Alle Zahlenangaben entstammen dem Jahresbericht 2002 der Regulierungsbehörde für Telekommunikation (Reg TP)

Vordergrund stehen; aber es fehlen die dazugehörigen Untersuchungen. Manche Phänomene sind natürlich jedem, der die neuen Medien nutzt, bekannt. So kann man im täglichen Email-Verkehr erleben, daß Groß- und Kleinschreibung, Interpunktion und Grammatik bei Emails nicht so ernst genomnen werden. Viele kennen auch Geschichten von Arbeitnehmern, die durch unbedachte Emails Schwierigkeiten mit ihren Vorgesetzten bekommen haben – sei es, weil sie Emails über den Verteiler aus Versehen an Personen geschickt haben, die diese nicht erhalten sollten, sei es, daß sie sich bei Emails an die Vorgesetzten im Ton vergriffen haben. Aber ob die neuen Kommunikationsformen weiterreichende Auswirkungen auf das gesellschaftliche Zusammenleben haben und, wenn ja, wie diese aussehen und ob es unmittelbare Rückwirkungen auf die klassischen Kommunikationsformen – wie Brief und Gespräch – gibt, bleibt dabei ungeklärt. Ohne Frage ist es auch schwierig, derartige Erhebungen durchzuführen, da es sich gerade bei der Bewertung der Qualität einer Kommunikation auch immer um subjektive Wahrnehmungen handelt. Letztlich kann nur jeder für sich durch ehrliche Reflexion beurteilen, ob und inwieweit sich sein Kommunikationsverhalten qualitativ durch die neuen Kommunikationsformen verändert hat und ggf. weiter verändert.

Nichtsdestotrotz müssen Versuche unternommen werden, diesen Fragen nachzugehen, um positive Entwicklungen fördern und negativen Entwicklungen gezielt entgegensteuern zu können; vor allem im pädagogischen Bereich. Zu diesem Zweck wurde im Rahmen dieser Arbeit über mehrere Monate eine Online-Umfrage durchgeführt, mit deren Hilfe zumindest einige Aspekte erfaßt werden sollten. Des weiteren fanden verschiedene Interviews statt, die den mehr persönlichen Gesichtspunkten Rechnung tragen und in ihrer Zusammenschau doch auch gewisse Trends erkennen lassen. Im folgenden sollen die Umfrage und ihre Ergebnisse und Auszüge aus den Interviews wiedergegeben werden.

4.1 Aufbau der Untersuchung

Ziel der Untersuchung war es, Veränderungen im Kommunikationsverhalten durch die neuen Kommunikationsformen nachzuspüren. Aus diesem Grunde richtete sich die Umfrage vornehmlich an Menschen, die die neuen Kommunikationsformen nutzen, weshalb die Umfrage im Internet durchgeführt wurde. Um eine größere Teilnehmerzahl zu erreichen, wurde die Umfrage anonym durchgeführt. Teilnehmer, die zu einem Interview bereit waren, konnten per Email, unabhängig von dem Fragebogen, Kontakt aufnehmen. Die anschließenden Interviews fanden sowohl in Gesprächen als auch per Email statt. Die Umfrage selbst wurde von März bis September 2003 durchgeführt.

Neben der allgemeinen Suche nach Veränderungen im Kommunikationsverhalten sollten auch generationsbedingte Unterschiede in den Blick genommen werden. Gerade den Jugendlichen wird ja nachgesagt, daß sich ihr Kommunikationsverhalten stark verändert habe. Um reale Veränderungen im Kommunikationsverhalten der Generationen aufzuzeigen, wäre es notwendig, die gleiche Umfrage in einigen Jahren noch einmal durchzuführen. Erst wenn wir bei einer solchen Folgeuntersuchung ähnliche Werte bei den jungen Erwachsenen finden wie jetzt bei den Jugendlichen, könnte man von einer nachhaltigen Auswirkung auf das Kommunikationsverhalten ausgehen. Es kann demzufolge bei einer einmaligen Untersuchung nicht unterschieden werden zwischen nachhaltigen Veränderungen bei den einzelnen Generationen und allgemeinen Veränderungen in der Jugendkultur. Allerdings weisen die Ergebnisse, wie noch zu zeigen sein wird, durchaus auf nachhaltige Veränderungen hin.

Natürlich bringt eine Online-Umfrage gewisse Schwierigkeiten mit sich. Zum einen besteht das Risiko, daß die Teilnehmer die Umfrage vorzeitig abbrechen und nur unvollständige Fragebögen absenden. Zum anderen können Teilnehmer bewußt Falschaussagen treffen, was durch die Anonymität des Internet gefördert wird[2]. Um diesen Gefahren entgegenzuwirken, wurde zum einen der Fragebogen so gestaltet, daß die Beantwortung der Fragen auch für den ungeübten Nutzer nicht länger als 10 Minuten in Anspruch nahm, was in verschiedenen Probeläufen getestet wurde. Zum anderen waren verschiedene Fragen in den unterschiedlichen Teilen des Fragebogens inhaltlich so miteinander verknüpft, daß sie eine Überprüfung der Glaubwürdigkeit der Angaben ermöglichten. Alle eingesendeten Fragebögen, die unvollständig waren oder gemäß den Querverweisen unglaubwürdig, wurden vor der Auswertung aussortiert und sind dementsprechend im Ergebnis nicht berücksichtigt.

Die Gestaltung der Fragen war von vornherein auf eine statistische Auswertung angelegt, um vergleichbare Ergebnisse zu erzielen. In den ersten Entwürfen des Fragebogens waren weitere Fragen enthalten, die allerdings wegen der zeitlichen Vorgabe für das Ausfüllen des Fragebo-

---

2 So kann sich z.B. ein männlicher Schüler als Hausfrau und Mutter ausgeben, was bei persönlicher Begegnung nicht möglich wäre.

gens herausgenommen werden mußten. Eine Herausforderung in der Gestaltung war die Formulierung der Fragen und Antwortmöglichkeiten. Da sich die Umfrage an Menschen aller Altersgruppen richtete, mußte nach Formulierungen gesucht werden, die möglichst allgemeinverständlich sind, wobei die Fragen auch nicht zu lang werden durften. Wie zu erwarten war, ist dies nicht ganz gelungen. In manchen Gesprächen wurde deutlich, daß einige Teilnehmer einzelne Fragen nicht verstanden hatten. Da es sich aber jeweils um andere Fragen handelte, konnten diese Einwände für die Auswertung unberücksichtigt bleiben. Es mag sein, daß einzelne Leser Fragen vermissen, die sie selber schon länger haben oder die sich aus der Lektüre ergeben. In diesen Fällen mag diese Arbeit eine Anregung sein für weitere Untersuchungen[3].

4.2 DER FRAGEBOGEN

Der Fragebogen wird auf den folgenden 4 Seiten auf ca. 65 % dargestellt. Es ist eine Verkleinerund des Original-Online-Fragebogens, der aber auch ausgedruckt und dann per Briefpost oder Fax versand werden konnte.

---

[3] Es sei an dieser Stelle darauf hingewiesen, daß die weitere Nutzung des Fragebogens, auch mit Veränderungen, vom Autor nicht nur geduldet, sondern sogar gewünscht wird, solange ein Hinweis auf die Quelle vorhanden ist, mit Hervorhebung der eventuellen Veränderungen, und er über die Umfragen und die sich daraus ergebenden Ergebnisse informiert wird.

Teil 1: Persönliche Angaben

Alter: | bitte auswählen ▼ |

Geschlecht: weiblich ○ männlich ○

Beruf / Tätigkeit: | bitte auswählen ▼ |

Schulbildung: | bitte auswählen ▼ |

Teil 2: Wie ist Deine Technische Ausstattung?

Geräte die ...	von allen im Haushalt genutzt werden	für die eigene private Nutzung zur Verfügung stehen	in der Schule/am Arbeitsplatz zur freien Verfügung stehen
Telefon	☐	☐	☐
Anrufbeantworter	☐	☐	☐
Fax	☐	☐	☐
Handy	☐	☐	☐
Internetzugang	☐	☐	☐
Email	☐	☐	☐

Teil 3: Welchen Stellenwert haben für Dich die einzelnen Kommunikationsmedien?

	überflüssig	eher unwichtig	nützlich	wichtig	unverzichtbar
Telefon	○	○	○	○	○
Anrufbeantworter	○	○	○	○	○
Fax	○	○	○	○	○
Persönlicher Brief	○	○	○	○	○
Geschäftlicher Brief	○	○	○	○	○
Email	○	○	○	○	○
Handy	○	○	○	○	○
SMS	○	○	○	○	○
Foren im Internet	○	○	○	○	○
Chat	○	○	○	○	○

Instant Messaging	○	○	○	○	○
Persönliches Gespräch	○	○	○	○	○

Teil 4: Wie häufig hast Du die einzelnen Medien in der letzten Woche genutzt?

	weniger als 1x/Wo.	1-5 mal die Woche	täglich 1	täglich 2-10	täglich mehr als 10
Telefonate, getätigt	○	○	○	○	○
Telefonate, erhalten	○	○	○	○	○
Handygespräche, getätigt	○	○	○	○	○
Handygespräche, erhalten	○	○	○	○	○
Faxe, gesendet	○	○	○	○	○
Faxe, erhalten	○	○	○	○	○
SMS, gesendet	○	○	○	○	○
SMS, erhalten	○	○	○	○	○
Emails, gesendet	○	○	○	○	○
Emails, erhalten	○	○	○	○	○
Pers. Briefe, geschrieben	○	○	○	○	○
Pers. Briefe, erhalten	○	○	○	○	○

Teil 5: Wieviel Zeit hast Du täglich für die einzelnen Medien aufgewendet?

	weniger als 15 Min.	15-30 Minuten	30-60 Minuten	1 bis 2 Stunden	mehr als 2 Stunden
Lesen & schreiben					
... von Briefen	○	○	○	○	○
... von Faxen	○	○	○	○	○
... von SMS	○	○	○	○	○
Telefonieren					
... im Festnetz	○	○	○	○	○
... mit dem Handy	○	○	○	○	○
Reale Gespräche	○	○	○	○	○
Chatten	○	○	○	○	○
Surfen im Internet	○	○	○	○	○
Spielen im Internet	○	○	○	○	○
Pers. Briefe, erhalten	○	○	○	○	○

Teil 6: Gibt es Veränderungen seit dem Besitz des Internetzugangs und/oder Handys in der Nutzung derselben?

Seit wann besitzt Du einen Internetzugang?   [bitte auswählen ▼]
Hat sich die Nutzung des Internets seit Beginn verändert?   [bitte auswählen ▼]
Seit wann besitzt Du ein Handy   [bitte auswählen ▼]
Hat sich die Nutzung des Handys seit Beginn verändert?   [bitte auswählen ▼]

Teil 7: Erlebst Du Veränderungen in der Nutzung von Kommunikationsmedien bei Deiner besten Freundin / Deinem besten Freund seit dem er/sie im Internet ist und/oder ein Handy hat?

Trage entsprechende Zahl in das jeweilige Kästchen ein.

5=deutlich mehr, 4=mehr, 3=gleich viel, 2=weniger, 1=deutlich weniger, 0=Sie/Er hat kein Fax etc.

Seit Internetzugang:

Briefe	Faxe	Email	SMS	Telefonate Festnetz	Telefonate Handy	Reale Gespräche
☐	☐	☐	☐	☐	☐	☐

Seit Handybesitz:

Briefe	Faxe	Email	Telefonate Festnetz	Reale Gespräche	Surfen Internet	Chatten Internet	Spielen Internet
☐	☐	☐	☐	☐	☐	☐	☐

Teil 8: Wie schätzt Du die Veränderungen bei Dir selber ein?

Trage entsprechende Zahl in das jeweilige Kästchen ein.

5=deutlich mehr, 4=mehr, 3=gleich viel, 2=weniger, 1=deutlich weniger, 0=ich besitze kein Fax etc.

Seit Internetzugang:

Briefe	Faxe	Email	SMS	Telefonate Festnetz	Telefonate Handy	Reale Gespräche
☐	☐	☐	☐	☐	☐	☐

Seit Handybesitz:

Briefe	Faxe	Email	Telefonate Festnetz	Reale Gespräche	Surfen Internet	Chatten Internet	Spielen Internet
☐	☐	☐	☐	☐	☐	☐	☐

Teil 9: Stört es Dich in einem Gespräch, wenn Dein Gegenüber immer gleich ans Telefon/Handy geht?

[bitte auswählen ▼]

Wie gehst Du mit dem Telefon/Handy um, wenn Du gerade mit jemanden face-to-face sprichst?

zuhause [bitte auswählen ▼]

unterwegs [bitte auswählen ▼]

Teil 10: Welche Ansprüche hast Du an Medien?

Wie wichtig sind Dir an einem Gespräch die folgenden Aspekte:

Trage die entsprechende Zahl in das jeweilige Kästchen ein.

5=sehr wichtig, 4=wichtig, 3=normal, sonst wäre es kein Gespräch, 2=eher unwichtig, 1=unwichtig

Zuhören	☐
Informationsaustausch	☐
Darstellung der Gedankenwege	☐
Darstellung der Meinung	☐
Permanente Zustimmung	☐
Kritik	☐
Hinterfragen können	☐
Hinterfragt werden	☐
Austausch von Gefühlen	☐
Ratschläge	☐

Teil 11: Bei welcher Kommunikationsform kannst Du Dich am besten ausdrücken?

Brief	Telefon	SMS	Email	Chat	Reales Gespräch
○	○	○	○	○	○

Teil 12: Wie wichtig ist für Dich die Form bei den verschiedenen Medien?
(Gestaltung, Groß- und Kleinschreibung, Rechtschreibung)

Trage die entsprechende Zahl in das jeweilige Kästchen ein.

```
5=sehr wichtig, 4=wichtig, 3=normal, 2=eher unwichtig, 1=unwichtig

    Brief      Email      SMS      Internetseite    Chat       Forum      Newsgroup
    ⌐          ⌐          ⌐          ⌐              ⌐          ⌐          ⌐

[Mail senden]

Falls ein EMail-Versand nicht möglich ist oder nicht gewünscht wird, bitten
wir Sie, diese Seite nach dem Ausfüllen auszudrucken und an folgende
Adresse per Post zu senden: Alliance for Childhood, Postfach 72 02 03,
22152 Hamburg oder an folgende Nummer zu faxen: 04532 - 266 411
```

4.3 Ergebnisse der Umfrage

Insgesamt wurden knapp 600 Fragebögen eingesandt, wovon einige wegen der strengen Kriterien bezüglich Vollständigkeit und Glaubwürdigkeit aussortiert werden mußten. So blieben 437 Fragebögen übrig, die für die Auswertung genutzt wurden. Von den 437 Teilnehmern waren 234 männlich und 187 weiblich, 16 Personen haben kein Geschlecht angegeben. Die Altersgruppen teilten sich wie folgt auf:

bis 14 Jahre	10
bis 21 Jahre	191
bis 28 Jahre	27
bis 35 Jahre	33
bis 42 Jahre	56
bis 49 Jahre	66
bis 60 Jahre	47
über 60 Jahre	5
über 70 Jahre	2

Tabelle 1.1 Altersgruppen

Wie erhofft haben also vor allem auch viele Jugendliche an der Umfrage teilgenommen, so daß ein Vergleich zwischen den Generationen durchaus legitim erscheint. Wie zu erwarten war, haben nur wenige Personen über 60 Jahren an der Umfrage teilgenommen. Bekanntermaßen nutzt diese Altersgruppe, wenn überhaupt, das Internet erst sehr anfänglich und ist dementsprechend allgemein bei Online-Umfragen selten vertreten.

Die Verteilung bei den Berufszuordnungen sieht gemäß den Angaben wie folgt aus:

Schüler/Student	198
Azubi	16
Arbeitslos	2
Mutter	15
Hausfrau	7
Hausmann	2
Angestellt	139
Selbständig	54
Beamter	1
Keine Angabe	3

Tabelle 1.2 Berufszuordnung

Die Angaben zu der Schulbildung verteilten sich folgendermaßen:

Noch Schüler	182
Keine Ausbildung	12
Hauptschule	6
Mittlere Reife	25
Abitur	43
Lehre	25
Studium	137
Keine Angabe	7

Tabelle 1.3 Schulbildung

Wie bei anderen Online-Umfragen gibt es bei den Beteiligten ein hohes Bildungsniveau, zumindest gemäß den gemachten Angaben. Durch die Anonymität der Umfrage müssen gerade diese Angaben mit Vorsicht genossen werden, da es in diesem Bereich keine Möglichkeit der Überprüfung gab.

Im zweiten Teil der Umfrage wurde nach der technischen Ausstattung gefragt, differenziert nach Geräten, die allen Familienmitgliedern zur Verfügung stehen, die ausschließlich für die private Nutzung zur Verfügung stehen und die in der Schule/Uni bzw. bei der Arbeit genutzt werden können. Auch wenn sich gerade manche Jugendliche bei der Zuordnung „Nutzung durch alle Haushaltsmitglieder" und „private Nutzung" nicht immer ganz sicher waren, zeigen die Antworten doch insgesamt einige aufschlußreiche Verschiebungen. Wie in den Tabellengrafiken 2.1 und 2.2 (siehe Anhang S. 194) zu sehen ist, ist vor allem die Altersgruppe der 21- bis 28jährigen kaum mit Faxgeräten ausgestattet.

Bei der Altersgruppe von 28 bis 35 Jahren sind es, im Gegensatz zu allen älteren Gruppen, vor allem Frauen, die über ein Faxgerät verfügen. Die Angabe zu den privaten Faxgeräten in der Altersgruppe unter 21 Jahren erklärt sich dadurch, daß Computer mit Modem über eine entsprechende Faxfunktion verfügen. Es ist bei dieser Gruppe nur in einzelnen Fällen davon auszugehen, daß sie über ein eigenständiges Faxgerät in ihren Zimmern verfügen.

Die Ausstattung mit privaten Handys liegt in der Gesamtsumme mit einem Wert von 68,4 % knapp unter dem Wert der Regulierungsbehörde, die in ihrem Jahresbericht 2002 von 71,7 % ausgeht. Interessant ist hierbei die Verteilung in den einzelnen Altersgruppen unter der Berücksichtigung der Geschlechter. Während in den Altersgruppen bis 21 Jahre mehr junge Frauen als Männer ein Handy besitzen, sind es danach die Männer; erst in der Altersgruppe bis 60 kommt es wieder zu einem Wechsel (siehe Tabellengrafik 2.3 im Anhang S. 194.).

Ganz anders sieht es bei der Verteilung von Geschäftshandys aus. Hier sind es vor allem in der Altersgruppe zwischen 28 und 35 Jahren Frauen, die ein Geschäftshandy besitzen (siehe Tabellengrafik 2.4 im Anhang S. 194).

Etwas anders sieht die Verteilung bei den Internetzugängen aus. Insgesamt verfügen 60,4 % der Befragten über einen privaten, d.h. nur ihnen zur Verfügung stehenden Internetzugang. 68,9 % haben ausschließlich oder zusätzlich einen gemeinschaftlich genutzten Internetzugang in der Familie, und 55,8 % der Befragten verfügen über einen Internetzugang in der Schule bzw. Uni oder am Arbeitsplatz. Auffallend ist der hohe Anteil an Frauen in der Altersgruppe 21 bis 28 Jahre, die über einen privaten Internetzugang verfügen (92,3 %, siehe Tabellengrafik 2.5 im Anhang S. 195).

Die geschilderte Auffälligkeit spiegelt sich bei den Angaben zu den gemeinschaftlich genutzten Internetzugängen wider; hier sind es im Verhältnis zu allen anderen Altersgruppen besonders wenige Frauen (38,5 %, siehe Tabellengrafik 2.6 im Anhang S. 195).

Bei der Verteilung von Internetzugängen am Arbeitsplatz fällt vor allem der deutlich höhere Anteil von Männern in den Altersgruppen „bis 35" und „bis 60" Jahre auf (siehe Tabellengrafik 2.7 im Anhang S. 195).

Im dritten Teil der Umfrage ging es um den Stellenwert einzelner Medien. Die Antworten wurden in einer Skala von „überflüssig" bis „unverzichtbar" gegeben. Für die Auswertung wurden den Antworten Zahlenwerte zugeordnet (von „überflüssig"=1 bis „unverzichtbar"=5). Danach wurden die jeweiligen Durchschnittswerte ermittelt und dargestellt. Auf diese Weise können den Tabellengrafiken und Tabellen verschiedene Informationen entnommen werden: zum einen die jeweiligen Ranglisten für die einzelnen Generationen, zum anderen aber auch die genaue Wertigkeit innerhalb der Rangordnung. Wenn man sich zuerst der Rangordnung zuwendet, zeigt die vergleichende Kurve zwei interessante Schnittpunkte. Während die eher klassischen Medien und Geräte wie Anrufbeantworter, Fax und Briefe eindeutig von Älteren höher geschätzt werden als von Jugendlichen und jungen Erwachsenen, dreht sich das Bild in bezug auf Handy, SMS, Foren, Chat und Instant messaging um; erst bei der Bewertung des Gesprächs fallen die Jugendlichen wieder zurück. Besonders interessant erscheint der Umstand, daß auch die Emails von älteren Menschen höher bewertet werden als von den Jugendlichen (siehe Tabellengrafik 3.1 im Anhang S. 196).

Im Gegensatz zu anderen Bereichen der Umfrage gibt es bei der Angabe zu dem Stellenwert der Medien keine nennenswerten Unterschiede bei den Geschlechtern (siehe Tabellengrafik 3.2 im Anhang S. 197).

Zum Vergleich ergaben sich folgende Ranglisten:

Plazierung	Gesamt	Unter 14 Jahre		49 bis 60 Jahre
1.	Gespräch	Telefon		Gespräch
2.	Telefon	Gespräch	3,9	Telefon
3.	Email	Handy	3,9	Pers. Brief
4.	Persönlicher Brief	SMS		Email
5.	Geschäftlicher Brief	Email		Geschäftl. Brief
6.	Handy	Pers. Brief	2,9	Fax
7.	Anrufbeantworter	Foren	2,9	Anrufbeantworter
8.	Fax	Instant messaging		Handy
9.	SMS	Geschäftlicher Brief		Foren
10.	Foren	Anrufbeantworter		SMS
11.	Instant messaging	Chat	2,1	Instant messaging
12.	Chat 1,3	Fax	2,1	Chat

Tabelle 3.3 Stellenwert der Medien

Als Besonderheit sei noch erwähnt, daß sowohl die Altersgruppe bis 49 Jahre als auch die Gruppe über 60 den geschäftlichen Brief höher bewertet als den persönlichen Brief (4,11 zu 3,97 und 3,40 zu 3,20).

Beim Vergleich der Wertigkeiten fallen einige Zusammenhänge sofort auf. So gilt eine generationenübergreifende Einigkeit bei der Bewertung des Telefons, das zwischen wichtig und unverzichtbar eingeordnet wird. Eine ähnliche Annäherung gibt es nur beim Gespräch, wobei die Generation der unter 14jährigen das reale Gespräch noch nicht oder nicht mehr für unverzichtbar hält, sondern nur noch für wichtig. Die größten Unterschiede in der Bewertung gibt es bei den SMS und den geschäftlichen Briefen. Während die unter 14jährigen SMS als „wichtig" einstufen, sind sie für die Generationen über 49 Jahre „eher unwichtig". Daß sich eine ähnliche Differenz bei den geschäftlichen Briefen findet, erklärt sich daraus, daß sie für die Jugendlichen verständlicherweise noch keine persönliche Bedeutung haben. Interessant erscheint die Bewertung des Chat: Auch wenn die Jugendlichen ihn höher einstufen als die älteren Generationen, wird er auch von ihnen als „eher unwichtig" eingestuft.

Im vierten Teil wurde nach der Häufigkeit der Nutzung einzelner Medien in der letzten Woche gefragt. Auch hier wurden für die Auswertung den einzelnen Antworten Zahlen zugeordnet (weniger als 1 mal die Woche=1, 1-5 mal die Woche=2, täglich 1 mal=3, täglich 2-10 mal=4 und täglich mehr als 10 mal=5) und dann für die Auswertung die Durchschnittswerte ermittelt (siehe Tabellengrafik 4.1 im Anhang S.198).

Generationenübergreifend wurden demnach vor allem das Telefon und Emails genutzt, lediglich bei den unter 14jährigen steht die SMS an der Spitze mit im Durchschnitt einer gesendeten und empfangenen SMS pro Tag.

Wie schon bei der Bewertung der Medien gibt es im Gesamtvergleich kaum einen Unterschied zwischen den Geschlechtern (siehe Tabellengrafik 4.2 im Anhang S.197). Lediglich bei der Gruppe der unter 14jährigen gibt es einen auffälligen Unterschied zwischen Jungen und Mädchen bei der Nutzung des Telefons, des Handys und von Faxen (siehe Tabellengrafik 4.3 im Anhang S.199).

Im fünften Teil der Umfrage wurde nach dem realen täglichen Zeitaufwand für die Nutzung der einzelnen Medien gefragt. Das Auswertungsverfahren wurde genau wie bei den beiden vorherigen Teilen gestaltet (weniger als 15 Minuten=1, 15–30 Min.=2, 30–60 Min.=3, 1 bis 2 Stunden=4, mehr als 2 Stunden=5). Da ja, wie aus Teil vier ersichtlich, nicht alle Medien täglich genutzt werden, handelt es sich in diesem Teil natürlich um eine Selbsteinschätzungsfrage. Die altersübergreifenden Korrelationen sprechen dabei für eine gewisse Verläßlichkeit der Antworten, wobei natürlich vor allem in diesem Teil der Umfrage große individuelle Unterschiede zutage traten (siehe Tabellengrafik 5.1 im Anhang S.200).

Auch hier gab es insgesamt kaum geschlechtsspezifische Unterschiede, wie aus der Tabellengrafik 5.2 (im Anhang S.199) ersichtlich ist.

Lediglich in der Gruppe der unter 14jährigen gibt es auch in diesem Teil signifikante Unterschiede (siehe Tabellengrafik 5.3 im Anhang S.201), die sich in abgeschwächter Form auch noch bei der nächsten Altersgruppe finden (siehe Tabellengrafik 5.4 im Anhang S.201).

Während die Jungen ihren täglichen Zeitaufwand für Gespräche mit unter 30 Minuten angeben, liegt er bei den Mädchen bei deutlich über einer Stunde. So belegen die Ergebnisse altbekannte Einschätzungen, was ihre Aussagekraft untermauert.

Speziell für diesen Teil der Befragung soll noch auf folgende Punkte aufmerksam gemacht werden: Zum einen nimmt für die unter 14jährigen das Surfen in der Selbsteinschätzung mehr Zeit ein als das Gespräch, wobei die meiste Zeit zum Surfen von den 21- bis 28jährigen angegeben wird. Zum anderen haben bei den Mädchen und jungen Frauen auch Briefe, allen gegenteiligen Behauptungen zum Trotz, weiterhin einen festen Stellenwert.

Neben der isolierten Betrachtung der jeweiligen Teile ist vor allem der Vergleich der Teile 3 bis 5 unter verschiedenen Gesichtspunkten aufschlußreich. Dabei müssen die jeweiligen Zahlenwerte gemäß den in den Einzelteilen gegebenen Gleichsetzungen interpretiert werden. Im folgenden sollen nun für einzelne Medien die Vergleiche zwischen Wertschätzung, Häufigkeit der Nutzung und realem Zeitaufwand dargestellt werden (siehe Tabellengrafik 5.5 im Anhang S. 202).

Beim Telefon fällt auf, daß – bei ähnlicher Wertigkeit über alle Altersstufen – die Zahl der getätigten und erhaltenen Anrufe ansteigt, nicht aber der Zeitaufwand. Dies weist auf qualitative Unterschiede hin. Während die Gruppe der bis 60jährigen zwar mehr Gespräche pro Tag führt als die unter 14jährigen, brauchen erstere ihrer eigenen Einschätzung nach weniger Zeit dafür, was darauf hinweist, daß die jeweiligen Gespräche kürzer sind. Diese Angaben bestätigen die Überlegungen des zweiten Kapitels zu den Veränderungen in der Mediennutzung in bezug auf das Telefon.

Bestätigt wird dies durch den Vergleich für das Handy. Die Angaben sprechen für einen besonnenen Umgang mit dem relativ teuren Medium, denn in allen Altersgruppen liegt der Wert für den Zeitaufwand deutlich niedriger im Verhältnis zu der Anzahl der Gespräche, was nichts anderes bedeutet, als daß die Gespräche relativ kurz gehalten werden (siehe Tabellengrafik 5.6 im Anhang S. 202).

In bezug auf die Briefe ist eine deutliche Diskrepanz zwischen Wertschätzung auf der einen und Stückzahl und Zeitaufwand auf der anderen Seite zu erkennen (siehe Tabellengrafik 5.7 im Anhang S. 203).

Während sowohl der private als auch der geschäftliche Brief von fast allen Altersgruppen als wichtig angesehen wird, ist sowohl die Stückzahl als auch die verwendete Zeit im Verhältnis zu anderen Medien eher gering. Weiterhin fällt auf, daß der Zeitaufwand – anders als bei anderen Medien – in Relation zu der Stückzahl ziemlich hoch ist.

In bezug auf die Nutzung von SMS kann man erkennen, daß zusammen mit der Wertschätzung auch die Anzahl der gesendeten und empfangenen SMS abnimmt, wohingegen der Zeitaufwand relativ nahe beieinander bleibt. Dies ist vor allem durch die hohe Tippgeschwindigkeit der jüngeren Generationen zu erklären und durch die Verwendung von Kürzeln, im Vergleich zu den Volltextbotschaften älterer Menschen (siehe Tabellengrafik 5.8 im Anhang S. 203).

Eine relativ hohe Deckung zwischen Wertschätzung und Stückzahl gibt es in bezug auf die Emails. Lediglich in der Gruppe der 14- bis 21jährigen liegt die Wertschätzung signifikant höher als die Stückzahl. Dies ist auch die einzige Altersgruppe, die mehr Emails versendet als empfängt (siehe Tabellengrafik 5.9 im Anhang S. 204).

In bezug auf reale Gespräche ist, wie schon angesprochen, die größte Differenz zwischen Wertschätzung und Zeitaufwand bei der Gruppe der unter 14jährigen zu finden, wobei im Verhältnis zu den anderen Altersgruppen das Gespräch eine geringere Bedeutung hat (siehe Tabellengrafik 5.10 im Anhang S. 204).

Die größte Deckung findet sich in bezug auf das Chatten, wobei sowohl die Wertschätzung als auch der Zeitaufwand relativ gering sind (siehe Tabellengrafik 5.11 im Anhang S. 205).

Im sechsten Teil der Umfrage ging es um die eigene Einschätzung des Nutzungsverhaltens seit Besitz eines Internetzugangs und/oder eines Handys. Die Mehrheit der Befragten besaß zum Zeitpunkt der Befragung sowohl einen Internetzugang als auch ein Handy seit mehr als einem Jahr (siehe Tabellengrafik 6.1 im Anhang S. 206 und 6.2 im Anhang S. 206).

Während also die Besitzzeiten in beiden Fällen fast identisch sind, sind die Angaben zum Nutzungsverhalten sehr unterschiedlich. Bei der Nutzung des Internets spricht die Mehrheit von einem wechselhaften Nutzungsverhalten (siehe Tabellengrafik 6.3 im Anhang S. 207). Im Vergleich der Geschlechter zeigt sich ein höherer Anteil wechselhafter Nutzung bei den Frauen, während ein höherer Anteil von Männern ein ansteigendes Nutzungsverhalten angibt (siehe Tabellengrafik 6.4 im Anhang S. 205 und Tabellengrafik 6.5 im Anhang S. 208).

Bei einer genaueren Analyse der Antworten, getrennt nach Altersgruppen und Geschlechtern, sind einige interessante Trends zu beobachten. So zeigt sich z.B. in der Gruppe der 28- bis 35jährigen Frauen ein Spitzenwert von ansteigendem und dann gleichbleibendem Nutzungsverhalten und bei den Frauen zwischen 42 und 49 Jahren ein Spitzenwert bei wechselhafter Nutzung (siehe Tabellengrafik 6.6 im Anhang S. 208).

Im Gegensatz zu den Antwortmöglichkeiten 2, 3 und 5 (gleich, viel-weniger und wenig-viel-gleich) bezeichnen die Antwortmöglichkeiten 1 und 4 (ansteigend und wechselhaft) dynamisches Verhalten. Anders ausgedrückt bescheinigen sich alle, die ihr Nutzungsverhalten weder als ansteigend noch als wechselhaft ansehen, ein gefestigtes Nutzungsprofil. Vergleicht man unter diesem Gesichtspunkt die verschiedenen Altersgruppen und Geschlechter, ergibt sich, daß in der Mehrheit die Frauen zwischen 28 und 42 Jahren, die Jungen bis 14 (wahrscheinlich wegen äußerer Beschränkung) und die Männer zwischen 49 und 60 Jahren ein festes Nutzungsprofil aufweisen. Auf diese Weise bestätigt sich das verbreitete Urteil, daß Frauen im Schnitt mit dem Medium Internet geordneter umgehen, was allerdings nicht dahingehend überinterpretiert werden darf, daß ihr Umgang mit dem Internet deshalb pauschal sinnvoller sei.

In bezug auf die Handys ergaben sich in der Gesamtübersicht folgende Nutzungsprofile: siehe Tabellengrafik 6.7 im Anhang S. 209 und Tabellengrafik 6.8, im Anhang S. 210)

Auf den ersten Blick fällt auf, daß es durch die Altersstufen hindurch einen höheren Prozentsatz von Menschen gibt, die ihr Nutzungsverhalten nach unten korrigiert haben, und nur einen sehr geringen Prozentsatz, der von einem ansteigenden Nutzungsverhalten spricht. Interessanterweise ist es vor allem die Gruppe der unter 14jährigen Jungen, die von einem ansteigenden Gebrauch des Handys spricht, wohingegen die Mädchen gleichen Alters in der Mehrzahl ihr Verhalten als wechselhaft beschreiben. Die stärkste Korrektur des Verhaltens findet sich bei den Frauen zwischen 21 und 28 Jahren (siehe Tabellengrafik 6.9 im Anhang S. 210 und Tabellengrafik 6.10 im Anhang S. 211).

Bis auf die Jungen unter 14 Jahren und die Mädchen und jungen Frauen bis 21 Jahren finden sich in allen anderen Gruppen mehrheitlich gefestigte Nutzungsprofile, was alles in allem für einen wesentlich bewußteren Umgang mit dem Handy als mit dem Internet spricht.

Der siebte Teil der Umfrage, in dem die Befragten gebeten wurden, die Änderungen im Mediennutzungsverhalten eines anderen Menschen zu beurteilen, konnte leider nicht in die Auswertung miteinbezogen werden, da sich viele Teilnehmer der Umfrage nicht in der Lage sahen, eine solche Bewertung durchzuführen. Dies wurde zum einen dadurch deutlich, daß etliche Teilnehmer diesen Teil der Befragung nicht ausgefüllt haben, zum anderen durch Gespräche und Rückmeldungen per Email.

Anders war es wiederum im achten Teil, in dem die Befragten um eine Selbsteinschätzung gebeten wurden. Die Ergebnisse bestätigen die Aussagen des zweiten Kapitels. Obwohl Briefe auch von den Teilnehmern der Umfrage weiterhin hoch eingeschätzt werden, wird vor allem auf den Brief als Medium zugunsten der neuen Medien verzichtet. Aber auch das Telefon ist als Gesprächsmedium durchaus betroffen (siehe Tabellengrafik 8.1 im Anhang S. 211 und 8.2 im Anhang S. 212).

Im folgenden soll noch auf einige Besonderheiten aufmerksam gemacht werden. So gibt es in der Altersgruppe zwischen 14 und 21 Jahren deutliche Unterschiede in der Einschätzung bei Frauen und Männern. Nur die Frauen dieser Altersgruppe gaben mehrheitlich an, gleichviel oder sogar mehr Briefe zu schreiben, seitdem sie einen Internetzugang besitzen (siehe Tabellengrafik 8.3 im Anhang S. 212). Bei den Männern der gleichen Altersgruppe findet sich der höchste Zuwachs in bezug auf Gespräche seit Besitz eines Internetzugangs (siehe Tabellengrafik 8.4 im Anhang S. 213).

Den stärksten Einbruch bei der Nutzung von Briefen bei dem gleichzeitig stärksten Zuwachs in der Nutzung der Email findet sich in der Gruppe der 21- bis 28jährigen, wobei in dieser Altersgruppe der Anteil derjenigen, die eine Reduktion bei realen Gesprächen erleben, genauso hoch ist wie der Anteil derjenigen, die eine Ausweitung ihrer Gespräche erleben (11,1 %, siehe Tabellengrafik 8.5 im Anhang S. 213).

In bezug auf den Handybesitz zählt der Brief vor allem bei den jungen Männern zwischen 14 und 21 Jahren (siehe Tabellengrafik 8.6 im Anhang S. 214) und den Frauen zwischen 21 und 28 Jahren zu den Verlierern, wobei bei 23,1 % letztgenannter Gruppe auch Email und Telefonate im Festnetz unter dem neuen Medium gelitten haben (siehe Tabellengrafik 8.7 im Anhang S. 214).

Im neunten Teil der Befragung ging es um den Umgang mit Telefongesprächen. Vor allem bei Veranstaltungen jeglicher Art und in Restaurants fallen die weitverbreiteten Handys immer wieder auf. Man trifft auf die unterschiedlichsten Reaktionen sowohl der Handybesitzer, wenn ihr Gerät klingelt, als auch der anderen Zuschauer oder Gäste. Vielerorts werden zunehmend Verbote ausgesprochen, die – wie sich immer wieder zeigt – kaum beachtet werden; zumal Zuwiderhandlungen nicht wirksam geahndet werden. Handys sind zu einem lästigen Störfaktor geworden, dem man machtlos gegenübersteht – so lautet zumindest die Antwort der meisten auf die Frage: Stört es Dich in einem Gespräch, wenn Dein Gegenüber immer gleich ans Telefon/Handy geht? (siehe Tabellengrafik 9.1 im Anhang S. 215).

Dabei fühlen sich deutlich mehr Frauen als Männer der Situation ausgeliefert, während ein höherer Anteil von Männern angibt, das Gefühl, gestört zu sein, zum Ausdruck zu bringen. Ein Vergleich der verschiedenen Altersgruppen zeigt, daß die Ablehnung eines solchen Verhaltens mit dem Alter zunimmt, allerdings nicht geradlinig. Interessanterweise ist die Altersgruppe der 28- bis 35jährigen am passivsten: Nur 10 % geben an, ihrem Gefühl, gestört zu sein, Ausdruck zu geben; dabei finden sich selbst in den beiden Altersgruppen darunter höhere Anteile in dieser Kategorie (siehe Tabellengrafik 9.2 im Anhang S. 215). Bei den Jugendlichen unter 14 Jahren findet sich die größte Zustimmung für dieses Verhalten. Es scheint sich also wirklich um eine generationsbezogene Verschiebung im Verhalten zu handeln.

Wegen der schon angesprochenen geschlechtsspezifischen Unterschiede bei dieser Frage lohnt sich an dieser Stelle eine differenzierte Darstellung. Mit überragender Mehrheit sind es die Jungen bis 14 Jahre, die angeben, sich selber so zu verhalten, während den gleichaltrigen Mädchen dieses Verhalten in gleichem Umfang egal ist. Nur in den Altersgruppen zwischen 21 und 35 Jahren sind es die Frauen, die ihr Gestörtsein stärker zum Ausdruck bringen. In allen anderen Altersgruppen sind es die Männer. Andererseits ist in den beiden genannten Gruppen auch nur bei den Frauen die Angabe zu finden, daß sie sich selber so verhalten (siehe Tabellengrafik 9.3 im Anhang S. 216).

Im weiteren wurde nach dem eigenen Verhalten während eines Gespräches gefragt, zum einen zu Hause, zum anderen unterwegs. Nur 18,4 % der Befragten gaben in bezug auf das Festnetz und 17,5 % der Befragten gaben in bezug auf das Handy an, dem laufenden realen Gespräch den Vorrang zu geben und das Klingeln zu ignorieren (siehe Tabellengrafiken 9.4 im Anhang S. 217 und 9.5 im Anhang S. 217). Allerdings gibt in beiden Fällen nur ein geringer Anteil der Befragten an, pauschal den Anrufen den Vorrang zu geben. Dabei fällt auf, daß es in beiden Fällen mehr Männer sind, die sich auf diese Weise entscheiden. Die meisten Befragten geben an, das Gespräch zu unterbrechen, ans Telefon zu gehen und einen Rückruf zu vereinbaren, wobei dieses Verhalten deutlich häufiger bei den Frauen zu finden ist.

Nur ca. 19 % aller Befragten nehmen in der Form Rücksicht auf den jeweiligen Gesprächspartner, daß sie sich seiner Zustimmung zur Annahme des Anrufs versichern und dementsprechend auch bereit sind, dem Gespräch den Vorrang zu geben, wenn das Gegenüber dies wünscht. Im Vergleich der Generationen zeigt sich, daß es auch hier die älteren Menschen sind, die den realen Gesprächen zumindest häufiger den Vorrang geben; bei den unter 14jährigen geht für eine Mehrheit das Telefon vor (siehe Tabellengrafik 9.6 im Anhang S. 218).

Auch in diesem Falle lohnt sich eine geschlechtsspezifische Betrachtung. Bis auf die Gruppe der 49- bis 60jährigen sind es in allen anderen Gruppen immer mehr Männer, die angeben, den Gesprächen den Vorrang zu geben. Bei den unter 14jährigen und den 21- bis 28jährigen Frauen wurde dieser Punkt sogar kein einziges Mal genannt. Andererseits sind es in allen Altersgruppen mehr Frauen, die das Telefonat annehmen, um einen Rückruf zu vereinbaren. Den höchsten Anteil derjenigen, die ihre Entscheidung von der Anzeige auf dem Display abhängig machen, findet man bei den Männern zwischen 28 und 35 Jahren. Wer an dieser Stelle meint, daß dies eine Bestätigung für das Vorurteil sei, daß Männer die Technik besser beherrschen, muß enttäuscht werden; denn in der Altersgruppe zwischen 21 und 28 Jahren sind es mehr Frauen, die sich so verhalten (siehe Tabellengrafik 9.7 im Anhang S. 219).

Der Umgang mit dem Handy sieht zu großen Teilen recht ähnlich aus; es gibt aber doch einige Auffälligkeiten. So ist zum einen der Anteil derjenigen größer – deutlich vor allem in der Altersgruppe von 21 bis 28 Jahren –, der um die Zustimmung des Gesprächspartners bittet. Zum anderen liegt in allen Altersgruppen der Anteil derjenigen, die einem Anruf den Vorrang geben, höher (siehe Tabellengrafik 9.8 im Anhang S. 218 und 9.9 im Anhang S. 219). Bei der geschlechtsspezifischen Betrachtung fällt auf, daß bei fast allen Altersgruppen bei den Frauen der Anteil derjenigen, die das Gespräch annehmen und einen Rückruf vereinbaren, abnimmt, wohingegen es bei den Männern umgekehrt ist.

Im zehnten Teil wurde nach der Wichtigkeit einzelner Faktoren in einem Gespräch gefragt. Die Antworten wurden in Form von Zahlenwerten gegeben. Für die Auswertung wurden die jeweiligen Mittelwerte gebildet. Die Zuordnung sieht folgendermaßen aus: 5=sehr wichtig, 4=wichtig, 3=normal, sonst wäre es kein Gespräch, 2=eher unwichtig und 1=unwichtig. Wie die Tabellengrafiken zeigen, liegen die Antworten relativ nahe beieinander; dennoch lassen sich gewisse Verschiebungen in der Wertung, sowohl zwischen den Generationen als auch zwischen den Geschlechtern, wahrnehmen. Beim Vergleich der Generationen zeigt sich z.B., daß Zuhören als Gesprächsqualität mit zunehmenden Alter wichtiger wird, ähnlich wie die Darstellung der jeweiligen Gedankenwege; wohingegen Qualitäten wie permanente Zustimmung, aber auch Hinterfragenkönnen, Hinterfragtwerden und Austausch von Gefühlen mit steigendem Alter tendenziell abnehmen (siehe Tabellengrafik 10.1 im Anhang S. 220).

Beim geschlechtsspezifischen Vergleich zeigen sich folgende Auffälligkeiten: Zum einen ist Jugendlichen unter 14 Jahren, jungen Männern zwischen 14 und 21 Jahren und Männern zwischen 35 und 42 „permanente Zustimmung" im Gespräch signifikant wichtiger als allen anderen Gruppen. Zum anderen fällt der relativ niedrige Wert bei Mädchen unter 14 Jahren in bezug auf das Hinterfragtwerden auf (siehe Tabellengrafiken 10.2 im Anhang S. 221 und 10.3 im Anhang S. 221).

Im elften Teil wurde nach dem Medium gefragt, in dem man sich am besten ausdrücken kann. Wie fast nicht anders zu erwarten, steht das Gespräch hierbei durch alle Generationen hindurch mit weitem Vorsprung an erster Stelle (siehe Tabellengrafik 11.1 im Anhang S. 222).

Interessanterweise taucht nur in der Altersgruppe 21 bis 28 Jahre kein einziges Mal Email als Medium auf, während es sonst überall vertreten ist, am stärksten bei den Jugendlichen unter 14 Jahren und Personen zwischen 35 und 42 Jahren. Die Bedeutung des Telefons als Ausdrucksmedium durchläuft durch die Generationen eine konkave Kurve; es ist die Altersgruppe zwischen 28 und 35 Jahren, in der das Telefon kein einziges Mal genannt wird. SMS als Ausdrucksmedium wird sowohl in der Gruppe zwischen 14 und 21 Jahren als auch in der Gruppe von 42 bis 49 Jahren genannt. Und der Chat als Ausdrucksmedium kommt nur bei den Jugendlichen zwischen 14 und 21 Jahren vor. Gerade bei den letztgenannten Punkten ist eine geschlechtsspezifische Betrachtung sehr aufschlußreich; denn entgegen dem Vorurteil, daß vor allem Frauen SMS nutzen, sind es überwiegend Männer – im Falle der SMS in der Altersgruppe von 42 bis 49 Jahren sogar ausschließlich Männer –, die diese Medien als beste persönliche Ausdrucksmöglichkeit angegeben haben (siehe Tabellengrafik 11.2 im Anhang S. 223). Vielleicht ist es die zwangsläufig kurze, präzise Mitteilungsform, die SMS gerade Männern als bestes Ausdrucksmittel erscheinen läßt, womit ein anderes Vorurteil bestätigt wäre.

Email als Medium wird von Männern ausschließlich oder überwiegend in den Altersgruppen „bis 21", „bis 35" und „bis 60" genannt; überwiegend oder ausschließlich von Frauen in den Altersgruppen „bis 14", „bis 42" und „bis 49". Die größte Vielfalt findet sich in der Altersgruppe der 14- bis 21jährigen, wobei die jungen Frauen Gespräche und Briefe deutlich vorziehen und sich bei den jungen Männern Telefon, Email, SMS und Chat gegenüber dem Brief durchgesetzt haben.

Im letzten Teil der Umfrage wurde nach der Bedeutung der äußeren Form bei den einzelnen Medien gefragt – im Sinne von Gestaltung, Groß- und Kleinschreibung und Rechtschreibung. Deutlich ist bei allen Generationen diesbezüglich der relativ hohe Anspruch an Internetseiten, der bei den Jugendlichen und jungen Erwachsenen bis 21 Jahre sogar höher liegt als bei Briefen (siehe Tabellengrafik 12.1 im Anhang S. 222). Interessanterweise haben die jungen Menschen auch gegenüber SMS und Chat im Verhältnis zu anderen Altersgruppen einen relativ hohen Anspruch, was die Form angeht. Ob sie diesem eigenen Anspruch in der Praxis gerecht werden, ist dabei – wie bei den anderen Generationen natürlich auch – eine andere Frage.

Bei dem Vergleich zwischen den Geschlechtern fällt auf, daß nur in den Altersgruppen 21 bis 28 und 28 bis 35 Jahre die Männer einen graduell höheren Anspruch an die Form haben als die Frauen (siehe Tabellengrafik 12.2 im Anhang S. 224).

4.4 AUSZÜGE AUS INTERVIEWS UND GESPRÄCHEN

Ergänzend zu den Ergebnissen der Umfrage werden im folgenden Auszüge aus verschiedenen Interviews und Gesprächen wiedergegeben, die begleitend zu der Umfrage stattfanden. Die Interviews und Gespräche fanden an verschiedenen Orten statt und hatten eine Länge von wenigen Minuten bis über zwei Stunden. Die Interviews hatten keine festgelegte Struktur, der Gesprächsverlauf ergab sich aus der jeweiligen Situation und den jeweiligen Anliegen der Gesprächspartner. In allen Gesprächen ging es darum, das Mediennutzungsverhalten zu reflektieren und eventuell wahrgenommene Veränderungen nach ihren Ursachen und Auswirkungen zu hinterfragen. Die Gespräche wurden in großer Offenheit geführt. Eine Bewertung der geschilderten Verhaltensweise fand, wenn überhaupt, nur durch die interviewten Personen selber statt. Durch diese freie Gestaltung haben die Gespräche natürlich im wissenschaftlichen Sinne keinen repräsentativen Charakter. Es handelt sich vielmehr um bewußt subjektive Schilderungen, in denen einige der möglichen Motive für ein äußerlich mitunter sehr ähnliches Nutzungsverhalten sichtbar werden. Gerade deshalb bilden sie eine notwendige Ergänzung zu den statistischen Ergebnissen der Umfrage, denn gerade auch im Umgang mit Medien ist der so häufig geforderte „sinnvolle Umgang" zwangsläufig an subjektive Faktoren gebunden.

Kein Medium ist pauschal sinnvoll, die Sinngebung ergibt sich aus dem Wechselspiel von konkreter Aufgabe bzw. konkretem Bedürfnis, den individuellen Fähigkeiten und den situationsbedingten Möglichkeiten. Erst wenn all diese Faktoren situationsbezogen und individuell berücksichtigt werden, kann das jeweilige Verhalten wirklich nach seiner Sinnhaftigkeit beurteilt werden.

Da die meisten Gesprächsteilnehmer anonym bleiben wollten, wurde generell auf die Nennung von Namen verzichtet. Die Angaben zu den jeweiligen Personen – wie Alter, Geschlecht und Tätigkeit – wurden so von den jeweiligen Gesprächspartnern für eine eventuelle Veröffentlichung angegeben. Die Auszüge sind nach dem Alter der jeweiligen Gesprächspartner sortiert.

S., Schülerin, 14 Jahre: „Ohne Handy geht es nicht"

Frage: Seit wann hast du ein Handy?
S.: Seit knapp zwei Jahren.
F.: Warum brauchst du ein Handy?
S.: Damit ich weiß, was los ist. Ich bin viel unterwegs; ich geh zum Reiten, zum Geigenunterricht und mache bei den Pfadfindern mit. Meine Freundinnen wohnen alle woanders, wir müssen also telefonieren, wenn wir uns verabreden wollen, oder wenn wir uns nicht sehen können, um uns auf dem laufenden zu halten. Außerdem muß ich auch meine Eltern erreichen können.
F.: Sagst du ihnen immer, wo du bist?
S.: Nein, nur wenn sie mich abholen sollen.
F.: Benutzt du auch SMS?
S.: Klar. Ich muß immer aufpassen, daß es nicht zu viele werden, weil sonst mein Guthaben so schnell alle ist, aber sie sind so praktisch. Z.B. wenn wir zusammen unterwegs sind, dann kann man per SMS über jemanden, der dabei ist, ablästern, ohne daß der das mitbekommt; das macht schon Spaß. Aber dabei verliert man schnell den Überblick, wie viele man verschickt, weil es so schnell geht.

F.: Hast du Schulden?
S.: Na ja, immer wieder. Mein Taschengeld reicht nie für den ganzen Monat, und dann leihe ich mir immer am Ende des Monats was. Das geb' ich dann aber gleich wieder zurück, wenn ich neues Geld bekomme. Aber dann wird es im nächsten Monat eben wieder eng.

M., Schüler, 14 Jahre: „Schließlich haben alle ein Handy"

Frage: Seit wann hast du ein Handy?
M.: Seit ein paar Monaten.
F.: Wofür brauchst du ein Handy?
M.: Eigentlich brauche ich es gar nicht, aber schließlich haben alle anderen auch eins.
F.: Benutzt du dein Handy viel?
M.: Nein, eigentlich nur zum Spielen, und wenn mich mal einer anruft. Ich habe immer noch die erste Guthabenkarte drin, und da ist auch noch was drauf.
F.: Hast du dir dein Handy ausgesucht, oder war es dir egal, welches es ist?
M.: Nein, ich wollte dieses haben, weil es das coolste war. Jetzt hätte ich allerdings gerne ein anderes. Mein Freund hat ein neues, mit dem kann man richtige Spiele spielen. Das finde ich cool, aber das gab's damals noch nicht.
F.: Wie kommunizierst du mit deinen Freunden meistens?
M.: Entweder reden wir miteinander, wenn wir uns treffen, oder wir telefonieren; aber meistens nur, um uns zu verabreden. Und dann schicken wir uns noch Emails, oder wir chatten.
F.: Verabredet ihr euch zum Chatten?
M.: Nein, wir haben alle ICQ[4]. Ich chatte dann mit denen, die gerade online sind.
F.: Hast du einen eigenen Internetzugang?
M.: Ja, ich habe einen Computer im Zimmer, und wir haben eine DSL-Standleitung. Ich bin immer online, wenn ich zu Hause bin; so können mich meine Freunde am besten erreichen.
F.: Wer hatte bei euch zu Hause die Idee, DSL anzuschaffen?

---

4 ICQ ist ein Instant messaging service im Internet, bei dem eingetragene Freunde automatisch angezeigt werden, wenn sie online sind. Auf diesem Wege werden private textbasierte Echtzeit-„Gespräche" mit bekannten Personen geführt. Sie sind also im Gegensatz zum herkömmlichen Chat nicht anonym.

M.: Ich habe meine Eltern davon überzeugt, daß das am billigsten ist.
F.: Benutzen deine Eltern das Internet viel?
M.: Nein, eigentlich nicht. Ab und zu schauen sie mal was nach.
F.: Also benutzt du eigentlich das Internet alleine. Wofür brauchst du eine DSL-Standleitung?
M.: Nun, zum einen, damit ich immer online sein kann; und dann vor allem für die Downloads[5].
F.: Was lädst du denn alles herunter?
M.: Hauptsächlich Musik, aber auch Filme.
F.: Weißt du, daß das illegal ist?
M.: Ja, na und? Das machen doch alle.
F.: Wissen deine Eltern, daß du das machst?
M.: Nö, die haben von solchen Sachen eh keine Ahnung. Sie wundern sich nur, warum ich so viele Rohlinge[6] brauche.

H., Schülerin, 15 Jahre: „Ich hab jetzt viel mehr Freunde"

Frage: Seit wann hast du ein Handy?
H.: Seit über einem Jahr.
F.: Und wofür brauchst du es?
H.: Damit ich immer erreichbar bin und mit all meinen Freunden in Kontakt bleibe.
F.: Triffst du deine Freunde denn auch?
H.: Zum Teil schon, aber eben nur die aus der Schule oder aus dem Sportverein, aber die anderen nicht.
F.: Wer sind denn die anderen, und wo hast du sie kennengelernt?
H.: Hauptsächlich beim Chatten. Einige haben mir aber auch einfach so eine SMS geschickt, weil sie die Nummer von jemand anders bekommen haben.
F.: Weißt du denn, wer das jeweils ist?
H.: Bei einigen schon, weil wir auch mal telefonieren. Aber von vielen kenne ich nur den Nickname[7].
F.: Du hast gesagt, einige haben deine Nummer von anderen bekommen. Stört es dich nicht, wenn sich wildfremde Menschen bei dir melden?

---

5 Das Herunterladen von Daten aus dem Internet.
6 Gemeint sind CD- oder DVD-Rohlinge, die mit Hilfe eines CD- bzw. DVD-Brenners mit Daten beschrieben werden können.
7 Selbstgewähltes Pseudonym in Chatforen.

H.: Nein, wieso, das ist beim Chatten doch auch so. Ich finde es immer wieder spannend, neue Leute kennenzulernen. Manche nerven natürlich, die wollen sich dann gleich mit mir treffen oder meine Telefonnummer vom Festnetz haben; aber darauf gehe ich nicht ein.

F.: Heißt das, das die meisten nur mit dir flirten und dich anbaggern?

H.: Was heißt hier nur? Natürlich, darum geht es doch. Die finden mich alle toll und sind nett zu mir, und dann bin ich auch nett zu ihnen. Wenn mir einer zu blöd ist, antworte ich einfach nicht mehr; und wenn er anruft, lege ich gleich wieder auf. So bin ich noch jeden wieder losgeworden, wenn ich es wollte.

F.: Und mit allen anderen hältst du Kontakt?

H.: Solange sie sich melden, ja.

F.: Sind das dann wirklich Freunde?

H.: Na ja, ich weiß nicht; aber ist ja auch egal. Ich habe immer jemanden zum Reden und Leute, die mich toll finden, auch viele Ältere, die nicht so blöd und verklemmt sind wie die Jungs in der Schule. Denen kann ich immer alles erzählen, und die hören mir immer zu, wenn auch nicht immer die gleichen. Aber es findet sich immer jemand, und das ist toll.

F.: Gibst du viel Geld dafür aus?

H.: Nein, kaum, das ist ja das Tolle. Das Internet zahlen meine Eltern, und auf dem Handy lasse ich mich immer anrufen. Wenn ich will, daß mich einer anruft, schicke ich eine Mail oder eine SMS. Die rufen mich dann eigentlich immer zurück, denn sie wollen ja mit mir reden.

F.: Ist dir klar, daß das ein gefährliches Spiel ist?

H.: Ach was, ich paß schon auf. Schließlich bestimme ganz alleine ich, was passiert.

F.: Wissen deine Eltern, mit wem du alles Kontakt hast und daß fremde Leute deine Handynummer haben?

H.: Nein, das geht die ja auch gar nichts an. Sie ermahnen mich nur immer, daß ich nicht zuviel Geld ausgebe; aber das tue ich ja nicht. Und ansonsten freuen sie sich, daß ich so viele Freunde habe und so beliebt bin. Manchmal nervt es sie aber auch, wenn ich dauernd chatte und telefoniere. Dann mach ich mal ne Pause und schalt das Handy aus. Aber wenn ich dann zu Bett gehe, schalte ich es wieder ein, um zu sehen, wer mir alles gesimst hat und wer mich alles angerufen hat.

R., Schüler, 16 Jahre: „Als Clanmitglied hat man eigentlich keine Zeit für andere Sachen"

Frage: Du hast geschrieben, daß du in einem Clan[8] mitmachst. Welches Spiel spielt ihr?

R.: Wir spielen eigentlich ausschließlich Diablo 2[9]. Nur manchmal haben einige von uns auch schon mal Halflife[10] gespielt.

F.: Triffst du dich mit den anderen real, oder spielt ihr über das Internet?

R.: Wir spielen eigentlich nur über das Internet. Von den Leuten aus meiner Klasse, und die ich sonst noch so kenne, hat sich keiner wirklich für Diablo interessiert. Die Spielen zwar auch Computer, aber immer was anderes, meistens Sportspiele und Ballerspiele und so. Aber die bleiben nie lange bei einer Sache. Das muß man bei Diablo aber, denn nur, wenn man viel ausprobiert und lange übt, macht es richtig Spaß.

F.: Wie hast du denn die anderen kennengelernt?

R.: Über die Internetseite von Diablo. Ich hab mich dort im Forum darüber beklagt, das ich keinen kenne, der mit mir richtig spielen will. Und dann hat mich einer angemailt und mich in den Clan eingeladen. Am Anfang war es recht mühsam, denn wir hatten zu Hause noch nicht einmal einen ISDN-Anschluß. Also mußte ich mich dann immer ausloggen, wenn meine Eltern telefonieren wollten; und ansonsten flog ich immer mal wieder aus dem Spiel raus, weil die Verbindung zu langsam war. Aber dann habe ich meine Eltern überzeugt, einen DSL-Anschluß zu besorgen – war einfach, denn sie waren ja auch genervt, weil dauernd das Telefon besetzt war. Jetzt kann ich jederzeit ins Netz, es sei denn, die Telekom macht mal wieder Probleme.

F.: Seit wann bist du denn im Clan?

R.: Seit fast einem halben Jahr.

F.: Und wie häufig bist du im Spiel?

R.: Wann immer es geht. Einer von uns hat einen eigenen Server, auf dem jetzt seit gut sechs Wochen ein neues Spiel von uns läuft. Bei einem Lager haben wir einen Schatz von Gegenständen gehortet, der eigentlich

---

8 Ein Clan ist eine Spielergruppe, die an einem Ort auf sogenannten LAN-Partys (Local Area Network, also lokalen Netzwerken von Computern) oder im Internet als Team gegen andere reale Spieler (Einzelspieler oder andere Clans) oder Computergegner kämpfen.
9 Diablo 2 ist ein Fantasy Adventure-Spiel, bei dem der Spieler in die Rolle eines Helden schlüpft und dann alleine oder im Team gegen Monster und eventuelle andere Spieler kämpft. Die Spieler sammeln durch das Kämpfen Erfahrungspunkte, wodurch sie die Fähigkeiten ihrer Spielfigur verbessern und erweitern können. Des weiteren finden sie Gold und Gegenstände, wodurch sie die Ausrüstung ihres Helden verbessern können.
10 Halflife ist ein sogenannter Egoshooter.

immer bewacht werden muß, sonst können andere, die dort auftauchen, einfach unsere Sachen mitnehmen.

F.: Wie viele seid ihr denn im Clan?

R.: Zur Zeit sind wir 28 Leute. Gerade gestern ist ein neuer dazugekommen. Mal sehen, ob der sich bewährt.

F.: Und wie sieht dann dein Tag so aus?

R.: Nach der Schule logge ich mich ein und schaue nach, wer alles online ist. Solange ich dann Hausaufgaben mache, postiere ich meinen Paladin[11] im Lager als Wache. So kann ich dann auch anderen schnell zu Hilfe kommen, wenn sie in Schwierigkeiten sind. Und dann ziehe ich alleine oder mit anderen los, um Punkte und Schätze zu sammeln. Nebenbei tauschen wir Tips aus und verabreden uns für gemeinsame Events, z.B. Clanschlachten, die dann meist an den Wochenenden steigen.

F.: Was bedeutet Clanschlacht, und wie lange dauert die?

R.: Bei einer Clanschlacht treten wir gegen einen oder zwei gegnerische Clans an. Wir spielen die Fünf-Leben-Variante, das heißt, jeder Spieler hat fünf Leben, danach kann er nur noch zuschauen, darf aber nicht mehr in das Spiel eingreifen. So eine Clanschlacht kann schon das ganze Wochenende dauern, von Freitagabend bis Sonntagabend. Man kann natürlich auch mal eine Pause einlegen; aber solange man eine Pause macht, ist der eigene Clan natürlich geschwächt.

F.: Machst du denn zur Zeit auch noch andere Sachen?

R.: Zur Zeit nicht, nur das, was ich machen muß – wenn meine Eltern z.B. darauf bestehen, etwas mit mir zu unternehmen.

F.: Ist das denn nicht auch etwas langweilig, immer nur ein Spiel zu spielen und mit den Leuten nur zu chatten?

R.: Nein, nicht wirklich. Ich lebe doch in dieser Welt, und auf die anderen kann ich mich voll und ganz verlassen und sie sich auf mich.

F.: Was willst du denn mal werden?

R.: Am liebsten Spieltester oder sowas, aber so genau weiß ich das auch noch nicht. Hauptsache, ich hab immer genug Zeit zum Spielen.

I., Schülerin, 17 Jahre: „Ohne Handy geht's mir besser"

Frage: Hast du ein Handy, und wenn ja, seit wann?

I.: Ich habe kein Handy mehr und will auch keins mehr haben, die Dinger sind echt Scheiße.

---

11 Einer der möglichen Charaktere im Spiel.

F.: Aber das klingt jetzt so, als wenn du mal eins gehabt hättest.
I.: Ja, hatte ich auch, aber das hat alles kaputtgemacht, deshalb will ich keins mehr.
F.: Wie meinst du das: „alles kaputtgemacht"?
I.: Nun, ich hatte nur Ärger damit, na ja, auf den ersten Blick natürlich nicht nur, aber dann halt.
F.: Erklär das doch mal genauer.
I.: Also, vor drei Jahren habe ich ein Handy bekommen, und das war voll cool; denn ich war eine der ersten in unserer Klasse, die ein eigenes Handy hatte. Aber da ging das Problem schon los. Ich hatte ein Vertragshandy von meinen Eltern bekommen, also das ging immer, und ich hatte keine Ahnung, wieviel ich verbraucht habe. Na ja, und die anderen wollten ja auch immer mal wieder damit telefonieren, oder auch mal eine SMS schicken; und je nachdem habe ich sie dann auch gelassen. Dann hatten immer mehr von meinen Freundinnen und Freunden ein Handy. Das bedeutete aber auch, daß ich von immer mehr Leuten SMS bekam und die dann ja auch beantworten mußte. Im letzten Jahr war ich manchmal unterwegs, auf Partys und so, und ich habe von dem ganzen Abend eigentlich nicht viel mitbekommen, weil ich nur SMS gelesen und geschrieben habe, teilweise mit Leuten, die auf der gleichen Party waren. Das war halt witzig, aber auch strange und vor allem auch teuer.
F.: Haben denn deine Eltern nicht sofort gemerkt, daß du zuviel ausgibst, und mit dir geredet?
I.: Nö, nicht wirklich. Die telefonieren selber ziemlich viel, halt auch beruflich. Und da sie beide selbständig sind und alles auf einer Rechnung kam, ist ihnen das gar nicht aufgefallen. Sie haben immer nur gestöhnt, wieviel wir alle für das Telefonieren ausgeben würden. Erst als mein Vater eine detaillierte Rechnung beantragte, weil die Kosten immer mehr stiegen, obwohl sich meine Eltern bemühten, weniger mit dem Handy zu telefonieren, bekamen sie einen Schock – und ich Riesenärger. In dem Monat hatte ich alleine eine Rechnung von 142 €; und dabei sollte ich das Handy nur benutzen, um meine Eltern erreichen zu können oder mal eine Freundin, wenn ich zu spät komme oder so. Sie wollten dann auf einmal, daß ich spare, und vor allem wollten sie wissen, mit wem ich so lange telefoniere; aber ich habe eigentlich nie lange mit jemanden telefoniert. Weil sie dann die Rechnung jedesmal genau studiert haben, habe ich auch schon mal ihre Handys genutzt, um eine SMS zu verschicken. Aber das fiel dann auf; zum einen, weil manchmal doch einer ihnen antwortete

statt mir, was dann zu Verwirrungen führte; zum anderen, weil bei ihnen dann SMS in der Rechnung auftauchten, wobei sie eigentlich nie selber SMS verschickten. Na ja, und dann kam der große Krach. Mein Vater hat meinen Vertrag gekündigt, weil er sagte, ich könne damit nicht umgehen. Ich mußte ihm dann mein Handy geben, da war dann aber nur eine alte SIM-Karte[12] von einem Freund drin, meine hatte ich rausgenommen. So konnte ich dann in den nächsten Wochen, bis zum Ende des Vertrages, mit einem anderen Handy telefonieren. Und das habe ich dann auch aus lauter Panik reichlich getan. In drei Wochen habe ich für 470 € telefoniert und SMS versendet. Tja, und das gab dann wirklich Ärger. Mein Vater hat das andere Handy einkassiert, und damit hatte ich von einem Tag zum anderen wirklich keins mehr. Im ersten Moment fühlte ich mich total isoliert, und ich dachte, ich halte das nicht aus. Aber schon nach ein paar Tagen habe ich gemerkt, daß es auch ohne geht. Ich rede jetzt wieder viel mehr mit meinen Freunden und so. Jetzt habe ich auch angefangen zu jobben, damit ich meine Schulden zurückbezahlen kann.

N., Schülerin, 17 Jahre: „Handys nerven!"

Frage: Hast du ein Handy, und wenn ja, seit wann?

N.: Nein, ich habe keins, und ich will auch keins. Ich find die Dinger ganz schön nervig. Alle machen dauernd damit rum und geben ziemlich viel Geld dafür aus, das ist mir echt zu blöd. Ich komm auch ohne aus.

F.: Was sagen denn deine Freunde dazu, daß du kein Handy hast und willst?

N.: Zum Teil gar nichts; sie haben es akzeptiert. Manchmal fragen mich welche, ob ich nicht doch eins haben will; und dann schwärmen sie, wie toll das ist, und daß sie mich dann auch besser erreichen könnten und daß man doch eins braucht, wenn man mal irgendwo festsitzt. Aber das machen sie eigentlich nur, wenn sie mir ihr altes Gerät verkaufen wollen, weil sie schon wieder ein neues haben wollen. Gerade jetzt, wo die ganzen Handys mit Kameras auf den Markt kommen, wollen viele ein neues haben; und dann fragen sie mich halt auch. Aber ich habe noch nie eins gebraucht. Und wenn ich unterwegs bin, will ich auch gar nicht erreichbar sein. Und zu Hause können sie mich ja erreichen.

---

12 Auf der SIM-Karte, die in das Handy eingesetzt wird, sind alle möglichen Daten gespeichert, vor allem aber die eigene Rufnummer und die PIN-Nummer, die man beim Einschalten des Handys eingeben muß.

F.: Wann, denkst du denn, ist es sinnvoll, ein Handy zu haben?

N.: Na, entweder wenn man es für den Job braucht, oder wenn man viel mit dem Auto unterwegs ist. Meine Mutter hatte letztens eine Panne auf der Landstraße, und sie hatte auch kein Handy. Sie mußte fast eine Stunde warten, bis jemand vorbeikam und anhielt und für sie die Pannenhilfe anrief. Jetzt hat sich meine Mutter für das Auto auch ein Handy geholt. Das finde ich schon auch sinnvoll, aber in vielen Fällen finde ich das überflüssig, eins zu haben. Viele geben ja auch nur damit an.

N., Auszubildender, 19 Jahre: „Man muß ja nicht gleich jeden Quatsch mitmachen"

Frage: Hast du ein Handy?

N.: Mittlerweile ja, aber ich benutze es nur selten. Manchmal ist es ja ganz praktisch, wie andere neue Sachen auch. Aber ich kann den ganzen Hype nicht nachvollziehen, den viele darum machen.

F.: Was meinst du damit?

N.: Na ja, wenn ich mich in meinem Bekanntenkreis so umschaue, dann sind viele total versessen auf diese Sachen. Die wollen immer das neuste und beste Handy haben und den schnellsten Computer und ne Digitalkamera und so. Was die alleine an Zeit verschwenden, um sich damit zu beschäftigen! Stundenlang reden die zum Teil über nichts anderes als neue Geräte und Angebote, und dauernd erzählen sie einem, was ihre Sachen eigentlich kosten und wieviel sie dafür bezahlt haben – als wenn das wichtig wäre! Daß ich jemandem, der mich fragt, sage, wie teuer etwas war und wo ich es bekommen habe, ist ja eine Sache. Aber es allen einfach so zu erzählen, finde ich affig. Aber wenn man sich nur noch damit beschäftigt, hat man natürlich auch sonst nichts mehr zu sagen. Mir geht es eher um Inhalte als um die Geräte. Ich nutze das Handy zum Telefonieren; und da reicht meins völlig aus. Und um Emails zu schreiben und im Internet nach Infos zu suchen, brauche ich nicht dauernd einen neuen Rechner. Wirklich schneller geht das damit sowieso nicht.

F.: Welche Themen interessieren dich denn so?

N.: Ach, alles mögliche. Ich bin vor allem an den Hintergründen interessiert. In den Nachrichten bekommt man ja immer nur kurze Infos, da wird ja immer seltener etwas genauer erklärt. Da ist das Internet dann praktisch; denn dort kann man meistens mehr zu den Themen finden, wobei da zum Teil auch ziemlicher Quatsch drinsteht. Ich würde z.B.

gerne wissen, was wirklich am 11. September passiert ist. Aber ich glaube, das werden wir nie erfahren. Eins ist mir jedenfalls klar: So, wie es bisher offiziell gesagt wurde, kann es nicht gewesen sein; da sind zu viele Ungereimtheiten. Aber Hintergrundwissen ist ja auch nicht mehr wirklich gefragt. Und wen interessiert schon die Wahrheit?

F.: Das klingt jetzt ein wenig pessimistisch. Was müßte sich denn deiner Meinung nach ändern?

N.: Na, die Leute sollten sich mehr um das Wesentliche kümmern. Wir können heute so viele Informationen bekommen wie noch nie. Aber wenn wir uns nur mit den Geräten beschäftigen statt mit den Inhalten, dann nützen die überhaupt nichts. Der ganze Kommerz lenkt die Leute von den Inhalten ab. Und dann kommen eben auch nur noch die Inhalte rüber, die sich verkaufen lassen; und das ist doch meistens Sex und Gewalt. Als wenn es nichts Positives in der Welt geben würde! Wir müssen uns auch mehr für die Menschen interessieren anstatt dafür, welches Handy sie haben oder welchen Computer oder welches Auto. Das bedeutet doch letztendlich nichts.

F.: Wie kann man denn das deiner Meinung nach erreichen?

N.: Indem man immer wieder mit den Leuten redet und nicht aufhört, Fragen zu stellen. Wenn ich von jemandem wissen will, wie es ihm geht, dann frage ich so lange, bis er es mir wirklich sagt oder klar sagt, daß er es mir nicht sagen will. Aber wenn er mir als Antwort nur sagt, was er sich Neues gekauft hat, dann frage ich eben nochmal. Ich glaube, für manche ist das dann eine ganz neue Erfahrung, weil die das gar nicht gewohnt sind, daß sich einer für sie interessiert und nicht für ihre Sachen oder ihr Geld. Zum Teil sind die erst einmal ganz verwirrt und denken, man will sie verarschen. So ging es zumindest einigen in der Berufsschule.

H., Studentin, 24 Jahre: „Ich dachte nicht, daß das Internet so faszinierend ist"

Frage: Du hast gemailt, daß du ziemlich viel im Internet surfst und vor allem auch chattest. Seit wann machst du das?

H.: Erst seitdem ich studiere. Ich habe mich vorher eigentlich nicht für Computer interessiert. Mein Bruder hatte zwar schon länger einen PC, aber der hat hauptsächlich gespielt, und das fand ich eher langweilig. Für das Studium brauchte ich dann einen PC, um meine Hausarbeiten zu schreiben. Zuerst hatte ich auch gar keinen Internetanschluß; aber dann bekam ich ein Zimmer im Wohnheim, und dort haben wir alle einen kostenlosen Internetzugang. Nachdem mir ein Bekannter den Zugang eingerichtet hatte, hat er mir auch gleich einen Chat gezeigt. Und damit fing es an.

F.: Wofür benutzt du das Internet, und wie lange bist du online?

H.: Zum einen benutze ich es natürlich, um Sachen für das Studium zu suchen, aber auch für anderes. Es gibt schon viele praktische Sachen – wenn man z.B. eine Zugverbindung braucht oder sowas. Aber mittlerweile verbringe ich auch viel Zeit beim Chatten. Da ich ja einen kostenlosen Internetzugang habe, bin ich eigentlich immer online, und ich habe mittlerweile einige Freunde im Netz gefunden. Dank ICQ kann ich immer sehen, wer von denen gerade online ist, und dann kann ich mit ihnen plaudern. Manchmal sitze ich eigentlich den ganzen Tag am Rechner. Es ist mir auch schon passiert, daß ich es nicht geschafft habe einzukaufen: Immer kam irgendwas dazwischen; und dann, als ich endlich loswollte, war der Laden schon zu.

F.: Triffst du dich denn auch mit den Leuten, oder kennst du sie nur online?

H.: Zweimal habe ich mich schon mit Leuten getroffen, die ich beim Chatten kennengelernt habe und die hier wohnen. Aber das war jedesmal irgendwie blöd. Ich weiß nicht; beim Chatten kann man eben einfach so sein, wie man ist – man muß sich nicht verstellen, eben keine Show machen. Und wenn man sich dann gegenübersitzt, ist das irgendwie auch komisch: Man weiß so viel voneinander, und trotzdem ist man sich eben auch fremd. Ich will jetzt nicht sagen, daß ich keinen mehr treffen will; vielleicht ergibt sich ja noch mal was. Aber im Moment bleibe ich lieber online. Ich habe aber natürlich auch noch Freunde und Bekannte. Einer aus dem Wohnheim hilft mir immer wieder mit dem Rechner und kommt auch manchmal nur so auf einen Kaffee vorbei. Und wenn ich bei meinen Eltern zu Besuch bin, treffe ich meine alten Freunde wieder, so sie dann Zeit haben und noch dort wohnen.

F.: Leidet dein Studium darunter, daß du soviel im Netz bist?

H.: Ehrlich gesagt, ja – zumindest in letzter Zeit. Am Anfang habe ich ja auch noch immer dabei gearbeitet und bin zu allen Vorlesungen gegangen und so. Aber je mehr Leute ich kennengelernt habe, um so schwieriger wurde es für mich, konzentriert zu arbeiten. Immer wieder meldet sich jemand; und das ist ja auch häufig viel interessanter als das, was man für die Uni machen muß. Na ja, und dann hab ich auch schon mal die eine oder andere Vorlesung sausenlassen, weil ich gerade was

Spannendes entdeckt habe oder mitten in einem Gespräch war. Ich werde wohl ein Semester länger machen müssen, denn einen Schein, den ich brauche, bekomme ich dieses Semester bestimmt nicht mehr. Aber andere studieren ja auch länger. Nur wenn jetzt die Studiengebühren kommen, dann werden meine Eltern bestimmt Druck machen. Die fragen sich sowieso, was ich die ganze Zeit mache und warum ich an den Wochenenden lieber im Wohnheim bleibe, als nach Hause zu kommen. Aber zu Hause kann ich nicht ins Netz, und am Wochenende ist in manchen Foren eben am meisten los.

F.: Machst du dir keine Sorgen, daß das zuviel wird? Wo ist für dich die Grenze?

H.: Na ja, ich muß mich jetzt schon auch zusammenreißen, gerade wenn jetzt die ganzen Hausarbeiten kommen. Aber ich kriege das schon hin; schließlich kann ich mir meine Zeit ja selber einteilen. Ich habe auch schon überlegt, ob ich mir bei meinen Eltern nicht noch einen Rechner hinstelle, an dem ich dann arbeiten kann – eben ohne Internetzugang –, wenn das hier nicht klappt mit dem Arbeiten.

F.: Wie stellst du dir das denn nach dem Studium vor?

H.: Keine Ahnung, das dauert ja auch noch. Aber gefragt habe ich mich das schon. Ich hoffe, daß ich dann am Arbeitsplatz einen Internetzugang habe – wie andere ja auch, die dann auch immer mal wieder chatten können. Aber das wird dann sicher schon anders, wenn man selber dafür bezahlen muß. Deshalb will ich das ja auch noch ausnutzen. Vielleicht wird ja unser kostenloser Zugang im Zuge der Sparmaßnahmen auch wieder gestrichen; dann wird eh alles anders. Aber solange ich den noch habe, mache ich so weiter.

T., Student, 26 Jahre: „Das Internet ist eine enorme Arbeitserleichterung."

Frage: Du hast geschrieben, daß du dir dein Studium ohne Internet nicht vorstellen kannst. Was meinst du damit?

T.: Das Internet ist einfach eine enorme Arbeitserleichterung. Es stimmt zwar nicht, daß man alles im Internet finden kann; aber in jedem Fall genug. Bevor ich in die Bibliothek gehe, um nach Sachen zu suchen, suche ich erst einmal im Internet. Meistens reicht mir, was ich da finde, und ich kann mir den Weg in die Bibliothek sparen. Außerdem habe ich die Sachen, die ich im Netz finde, gleich auf meinem Rechner und kann sie direkt in meine Arbeit einbauen. Praktischer geht es eigentlich nicht.

Auch für den Unialltag ist das Netz ein Riesengewinn: Es ist ja ziemlich schwer, die Profs direkt zu erreichen – jetzt kann man fast alles per Email erledigen und spart dadurch eine Menge Zeit.

F.: Wenn du Informationen aus dem Internet in deine Arbeiten einbaust, gibst du dann auch immer die Quelle an?

T.: Mittlerweile schon, nachdem einige ja ziemlich viel Ärger damit bekommen haben. Die Professoren bestehen ja darauf, daß man alle Quellen angibt. Ich finde das ziemlich lästig, zumal viele URLs[13] ziemlich lang sind. Was im Internet steht, gehört doch irgendwie allen; außerdem weiß man bei vielen Sachen im Netz sowieso nicht, wer es geschrieben hat.

F.: Wie bewertest du denn die Informationen im Internet? Es gibt ja doch auch etliche Seiten, die Fehler enthalten oder auf denen bewußt Falschinformationen zu finden sind!

T.: Na ja, im Zweifelsfall muß man eben verschiedene Informationen vergleichen und eben auch ein bißchen Vertrauen haben. In Büchern stimmt ja auch nicht immer alles, oder?

V., Mutter und Hausfrau, 34 Jahre: „Praktisch sind die neuen Möglichkeiten ja schon, aber es wird immer schwerer, seine Ruhe zu haben"

Frage: Inwieweit nutzt du die neuen Medien?

V.: Nun, bei uns sind alle Medien präsent. Mein Mann hat sich einen Computer mit Internetanschluß angeschafft, um auch zu Hause arbeiten zu können; und seit der Schwangerschaft habe ich auch ein eigenes Handy. Es ist ja wie mit vielen Dingen: Wenn die Sachen erst einmal da sind, nutzt man sie auch – was ja nicht bedeutet, daß man sie wirklich braucht. Das Handy nutze ich eigentlich kaum, aber ich finde es schon beruhigend, eins zu haben, vor allem, wenn ich mit der Kleinen im Auto unterwegs bin. Nachdem mir mein Mann gezeigt hat, wie man mit dem Internet umgeht, nutze ich es auch immer mal wieder. Für manche Dinge ist es recht praktisch; aber manchmal bin ich auch immer wieder entsetzt, wie schnell die Zeit beim Surfen vergeht. Am meisten ärgere ich mich dann natürlich, wenn die Suche dann auch noch erfolglos war.

F.: Erlebst du irgendwelche Veränderungen durch die Nutzung der neuen Medien?

V.: Eigentlich nicht. Wie gesagt, manches ist praktischer geworden, und die Gefahr ist, zuviel Zeit mit diesen Dingen zu verbringen. Ich

---

13 URL ist die genaue Internetadresse einer Internetseite.

denke, wir bewerten alle die neuen Medien zu hoch. Für mich sind es einfach weitere Möglichkeiten – nichts wirklich Besonderes, wie andere Hilfsmittel auch. Ich käme doch auch nicht auf die Idee, mit einem neuen Mixer einfach so rumzuspielen, oder eben nur am ersten Tag; danach benutze ich ihn, wenn ich ihn brauche. Und wenn ich ihn nicht brauche, steht er eben im Schrank, und ich käme nie auf die Idee, meine Essenspläne zu ändern, damit ich einen Grund finde, endlich mal wieder den Mixer zu nutzen. Vor allem bei Männern und der neuen Technik scheint das allerdings anders zu sein: Die konstruieren sich dauernd Gründe, um den Computer benutzen zu können. Aber auch das ist ja nichts Neues: Ich habe alleine zwei „Möbel" in der Wohnung, die nur entstanden sind, weil der Akkuschrauber mal wieder benutzt werden mußte!

Problematisch finde ich nur den Druck der Erreichbarkeit. Deshalb habe ich auch kaum jemandem meine Handynummer gegeben. Alle möglichen Leute erwarten, daß man immer erreichbar ist und sofort zurückruft oder mailt. Die können sich zum Teil gar nicht mehr vorstellen, daß man nur ab und zu in sein Email-Postfach schaut und sich vielleicht dann auch noch mit einer Antwort Zeit läßt. Ich seh das ja bei meinem Mann: Die Kollegen aus der Firma erwarten, daß er auch am Wochenende und selbst in den Ferien erreichbar ist, sei es per Handy oder per Email. Ich halte das für eine bedenkliche Entwicklung. Man muß sich wirklich seine Ruhezonen und Ruhezeiten bewußt erobern.

F.: Woran liegt denn deiner Meinung nach der Druck der Erreichbarkeit?

V.: Nun, ich denke zum einen, daß es viele Menschen gibt, die Angst vor dem Alleinsein und vor der Stille haben und deshalb dauernd mit anderen kommunizieren müssen, auch wenn sie eigentlich gerade nichts zu sagen und berichten haben. Aber gerade in der Arbeitswelt denke ich, daß es auch eine ungeheure Angst vor Verantwortung gibt. Bevor man eine Entscheidung fällt, ruft man lieber noch drei andere an – dann kann man sich später auf die berufen, auch wenn die das gar nicht wirklich entschieden haben oder entscheiden konnten, weil sie ja nur den meist kurzen Bericht des Kollegen kennen. Im Privaten scheint es das ja auch immer häufiger zu geben. Ich habe letztens mitbekommen, wie sich eine junge Frau bei ihren Freundinnen erkundigte, wie sie sich gegenüber ihrem Freund verhalten soll. Ich hatte den deutlichen Eindruck, daß sie wirklich die scheinbar anstehende Entscheidung an ihre Freundinnen abtreten wollte. Sowas finde ich ziemlich erschreckend; denn schließlich muß doch jeder die Verantwortung für sein eigenes Leben tragen. Das kann einem keiner abnehmen!

F.: Wie gehst du in bezug auf deine Kinder mit den Medien um?

V.: Ich versuche zuallererst, ein gutes Vorbild zu sein. Wenn ich mit ihnen intensiv beschäftigt bin, gehe ich z.B. nicht ans Telefon – dafür gibt es ja schließlich einen AB[14]. Ich denke, so lernen sie am besten, richtig damit umzugehen: wenn sie sehen, daß man selber entscheiden kann, wann man was macht. Ich finde das in anderen Familien mitunter erschreckend, wenn die Eltern immer alles stehen- und liegenlassen, wenn das Telefon klingelt, und sich dann völlig dem fernen Gesprächspartner zuwenden und den Kindern auf diese Weise vermitteln, daß sie in solchen Momenten stören. Da ist es doch kein Wunder, wenn schon für die kleinen Kinder das Telefon so ungeheuer reizvoll wird! Meine Kinder sollen zunächst einmal so viele echte Erlebnisse wie möglich haben. Denn auch ein Telefongespräch ist doch nur ein Ersatz, mitunter ja praktisch und – wenn es nur um den Austausch von Informationen geht – auch ausreichend. Aber bei persönlichen Gesprächen ist das Telefon eben doch nur ein Ersatz.

M., Mutter und Hausfrau, 35 Jahre: „Telefon und Internet sind mein Nabel zur Welt"

Frage: Welche Rolle spielen für dich die Kommunikationsmedien, also Telefon, Handy und Email?

M.: Ohne die wäre ich völlig isoliert. Man steht als Mutter und Hausfrau ja sofort im gesellschaftlichen Abseits. Seit mein Sohn da ist und ich erstmal nicht mehr arbeite, stehe ich ganz schön im Abseits. Wenn ich nicht wenigstens mit meinen Freunden und Kollegen telefonieren und Mails austauschen könnte, würde ich es wohl nicht aushalten. Ich denke, nur so kann ich diese Durststrecke durchstehen, bis ich dann wieder anfange zu arbeiten und zumindest mit den Kollegen wieder regelmäßig zusammenbin.

F.: Inwiefern bist du isoliert, seit du Mutter bist?

M.: So ein Kind nimmt einen ganz schön in Beschlag. Und da meine Eltern und Schwiegereltern alle woanders wohnen, habe ich auch im Moment noch keinen, der meinen Sohn mal übernimmt. Ich muß mich eigentlich ständig um ihn kümmern. Wenn ich ihn irgendwo mit hin-

---

14 AB = Anrufbeantworter

nehme, ist es ja auch immer schwierig: Entweder interessieren sich die Leute, die ich besuche, dann nur für ihn, oder er quengelt nur rum, so daß man zu nichts kommt. Wenn er dann mal schläft, wacht er im Zweifelsfall im falschen Moment auf. Ich kann eben irgendwie einfach nicht mehr hingehen, wohin ich will und wann ich will; dabei habe ich doch auch meine Bedürfnisse! Mit den meisten Freunden und Kollegen halte ich jetzt über Telefon oder Email Kontakt, wobei das auch schwierig ist, weil manche Freundin mich nicht mehr versteht. Die hätten halt auch gerne Kinder und denken, es sei wunderbar, den ganzen Tag zu Hause sein zu dürfen und für das Kind dazusein. Aber die haben eben keine Ahnung! Ich hab ja auch mal so gedacht; aber die Realität ist schon sehr anders. Am schlimmsten ist, daß man ja manchmal noch nicht mal in Ruhe telefonieren oder am Computer sitzen kann, weil der Kleine wieder Radau macht. Ich bin echt froh, wenn der Erziehungsurlaub rum ist und ich wieder arbeiten gehen kann.

F.: Wer kümmert sich denn dann um deinen Sohn?

M.: Er kommt dann zu einer Tagesmutter. Wir sind schon auf der Suche; denn das ist gar nicht so leicht, eine gute zu finden. Und dann kommt er ja irgendwann in den Kindergarten. Und wenn er älter ist, kann er sich ja auch mal alleine beschäftigen, spielen oder fernsehgucken – und dann kommt man ja auch wieder zu mehr.

F.: Gehst du jetzt immer ans Telefon oder Handy, wenn es klingelt?

M.: Nach Möglichkeit schon – er soll ja auch lernen, daß ich auch mein eigenes Leben habe! Natürlich kümmere ich mich um ihn. Aber wenn sie so klein sind, begreifen sie ja wohl auch noch nicht, daß sich im Leben nicht alles um sie dreht. Das muß man eben noch lernen. Aber ich glaube, wenn man zuviel Rücksicht auf die Kleinen nimmt, wie ich das bei anderen Müttern erlebe, bestärkt man sie nur in diesem Glauben. Dann darf man sich auch nicht wundern, wenn sie mit 25 immer noch zu Hause wohnen und nicht selbständig werden. Mein Sohn soll lernen, sich selber zu behaupten. Und ich denke, dabei helfe ich ihm am besten, wenn er erlebt, daß ich – wie alle anderen auch – ein Recht auf ein eigenes Leben habe und nicht alles aufgebe und mich selber verleugne, nur um ihm dann falsche Hoffnungen zu machen. Dafür haben wir Frauen uns ja schließlich emanzipiert, damit wir nicht die gleichen Fehler machen wie unsere Großmütter und Mütter.

B., Vater zweier Kinder, 47 Jahre: „Was darf ich alles zulassen, und wann muß ich einschreiten? Und vor allem: Wie mache ich das dann?"

Frage: Wie nutzen Sie die neuen Medien?
B.: Ich selber nutze den Computer inklusive Internet, und das Handy hauptsächlich beruflich. Bis mein Sohn einen Computer bekam, hatten wir auch keinen zu Hause; ich habe alles, was notwendig war, von der Firma aus erledigt. Das Handy ist nur eingeschaltet, wenn ich mit einem Anruf rechnen muß. D.h. mitunter ist es tagelang aus; es hat ja auch kaum einer diese Nummer. Ich sehe für mich selber auch kein Problem im Umgang mit diesen Dingen: Es sind einfach nur praktische Arbeitsgeräte. Ich habe auch zu viele andere Aufgaben und Interessen, als daß ich jetzt viel Zeit mit dem Computer verbringen möchte. Manche Kolleginnen und Kollegen sind da anders – die beschäftigen sich ziemlich viel damit, auch zu Hause, aber eben auch im Büro. Seit es bei uns die Anweisung gibt, daß während der Arbeitszeit das Internet nicht mehr privat genutzt werden darf, verbringen einige ihre ganzen Pausenzeiten vor dem Rechner, um private Emails zu schreiben und zu surfen! Die trifft man fast gar nicht mehr in der Kantine oder im Pausenraum. Und während die früher durchaus mal eben rüberkamen, um mit einem zu sprechen, bekommt man jetzt nur noch interne Mails von denen. Da hat sich schon viel verändert.

F.: Haben Sie neben diesen gerade geschilderten ja eher indirekten Auswirkungen für sich selber auch Veränderungen wahrgenommen?
B.: Ja, schon; auch ich telefoniere mehr und erledige zunehmend mehr Sachen per Email, und das verändert schon auch die Qualität. Ein Telefongespräch ist eben nicht das gleiche wie ein richtiges Treffen: Es fehlt die richtige Begegnung. Ich erlebe Kontakte, die nur über das Telefon laufen, auch irgendwie als unverbindlicher. Ähnlich ist es mit den Emails: Sie sind ungemein praktisch und schnell, aber es sind eben keine Briefe. Sie werden ja auch immer formloser, und das ist in meinen Augen schon ein Qualitätsverlust. Ich merke das immer wieder, wenn ich dann doch mal einen Brief schreibe – was ich zugegebenermaßen auch immer seltener tue. Es ist eben schon deutlich anders, man geht schon ganz anders daran. Und in meinen Augen hilft die äußere Form auch bei der Konzentration. Man nimmt sich eben nicht mehr soviel Zeit für den anderen. Das bedeutet, daß man sich auf den anderen gar nicht mehr so einlassen kann und muß wie früher. Ich glaube, das ist es, was man dann

auf der anderen Seite auch merkt. Und dann wundern wir uns nachher über all die Probleme, die in unserer Gesellschaft auftreten.

F.: Welche Probleme meinen Sie jetzt?

B.: Die zunehmenden Kontaktschwierigkeiten und die daraus resultierende Verfremdung und Vereinsamung, auch innerhalb der Familien.

F.: Darf ich fragen, was Sie damit jetzt konkret meinen?

B.: Dürfen Sie! Wir haben zunehmend Schwierigkeiten mit unserem Sohn. Er wollte schon lange einen Computer haben. Vor anderthalb Jahren haben wir ihm dann einen zum Geburtstag geschenkt. Er hatte verschiedene Interessen und verschiedene Freunde, und das hat jetzt alles nachgelassen. Er sitzt eigentlich nur noch in seinem Zimmer am Computer, wobei er die meiste Zeit spielt. An den Wochenenden trifft er sich dann mit einer Gruppe von anderen Jugendlichen, und dann spielen sie das ganze Wochenende durch. Andere Freunde hat er gar nicht mehr, und andere Interessen sowieso nicht. Am Anfang haben wir uns noch keine Sorgen gemacht; wir dachten, das sei so eine Phase. Und ich habe auch geglaubt, daß er den Computer auch für die Schule nutzt und was dabei lernt. Aber in den letzten Monaten wurde es immer deutlicher, daß da was nicht stimmt. Und dann rief auch noch seine Lehrerin an und sagte, daß er in allen Fächern immer mehr abbaut, häufig zu spät kommt, manchmal sogar schwänzt und, wenn er da ist, unkonzentriert und uninteressiert ist. Wir wollten mit ihm darüber reden, aber er schottet sich auch uns gegenüber immer mehr ab. Er sagt, das sei sein Problem, und er würde das schon hinkriegen. Wir sollten ihn in Ruhe lassen, wir hätten ja eh keine Ahnung. Natürlich gehört so ein Verhalten schon auch in dieses Alter; ich hatte ja auch so eine Phase. Aber ich fürchte, daß es bei ihm schon auch noch was anderes ist. Er ist ganz besessen von diesen Spielen; ich würde sogar sagen, daß er schon süchtig ist. Aber wir haben keine Ahnung, was man machen soll. Reden will er ja mit uns nicht, und wir können ihm ja auch nicht einfach den Computer wegnehmen oder den Umgang mit seinen neuen Freunden verbieten. Ich bin da ganz schön ratlos, und ich weiß auch nicht, wo man da Hilfe bekommen kann. Von denen, mit denen ich bisher darüber gesprochen habe, sagten einige, ich solle mir keine Sorgen machen; denn schließlich sei er wenigstens zu Hause und nicht auf der Straße, und er nehme keine Drogen – und er tue was am Computer: Auch wenn er nur spielen würde, würde ihm das auf alle Fälle etwas für die Zukunft bringen. Das mit den Drogen stimmt so leider nicht, denn meine Frau hat letztens in einer Jeans von ihm beim

Waschen Gras[15] gefunden. Die meisten anderen, mit denen ich geredet habe, waren genauso ratlos wie ich. Sie teilen die Sorgen, häufig aus eigener Erfahrung, wissen aber auch nicht, was man da machen soll. Auch die Lehrerin hatte keine Idee, was man da machen soll und an wen man sich wenden kann. Sie sagte nur, es müsse eben anders werden; ansonsten sei seine Versetzung gefährdet und an Abitur sowieso nicht mehr zu denken. Was soll ihm denn da in unseren Zeiten sein Spielen noch beruflich bringen? Vielleicht könnte mal ein Außenstehender mit ihm sprechen, jemand, der sich auch auskennt und den er deshalb ernst nehmen kann. Wir Eltern und die Lehrer stehen da doch nur außen vor.

L., Hausfrau und Mutter zweier erwachsener Kinder, 51 Jahre: „Ich hätte nie gedacht, daß ich mich noch mit dem Internet beschäftige"

Frage: Seit wann nutzen Sie den Computer und das Internet?

L.: Vor etwa zwei Jahren hat mir mein Sohn seinen alten Computer geschenkt, als er sich einen neuen anschaffte. Er hat mir hier alles aufgebaut und eingerichtet, inklusive Internetzugang und Email-Adresse. Am Anfang wußte ich gar nicht, was ich damit sollte, und der Computer stand eigentlich nur rum. Ab und zu habe ich mal einen Brief geschrieben. Aber ich hatte dann schon auch Mühe, meine Dateien wiederzufinden, und ich hatte immer die Sorge, etwas kaputtzumachen. Mein Sohn hat mich schon ein bißchen ausgelacht deswegen, aber er hat mir auch immer wieder sehr geduldig Programme gezeigt und geholfen. Dann habe ich im letzten Jahr einen Kurs in der Volkshochschule besucht. Dort wurden wir in den Umgang mit Officeprogrammen eingewiesen und auch in die Nutzung des Internet. Bei diesem Kurs habe ich viel gelernt; vor allem auch, weil uns der Kursleiter viele speziell für uns praktische und nützliche Anwendungen gezeigt hat – es waren ja nur ältere Leute im Kurs.

F.: Wie nutzen Sie das Internet?

L.: Am Anfang hauptsächlich für Emails, und um Bus- und Bahnverbindungen rauszusuchen. Das geht hier in Hamburg wirklich gut: Man gibt einfach die Start- und die Zieladresse ein, man muß noch nicht mal wissen, wie die Haltestelle heißt. Das ist viel einfacher als mit den alten Fahrplänen. Nachdem dann bei den Banken überall Automaten aufgestellt worden waren und man sowieso kaum noch mit Angestellten

---

15 Marihuana, Cannabis

zu tun hat, hat mir mein Sohn Homebanking gezeigt. Jetzt kann ich die meisten Bankgeschäfte von zu Hause aus erledigen; das ist auch eine feine Sache. Und mittlerweile bestelle ich auch verschiedene Sachen online, Bücher z.B. Begeistert hat mich daran vor allem, daß ich Geschenke direkt an die Empfänger senden kann. Das spart mir eine Menge Arbeit und Herumlaufen, vor allem, wo jetzt die Postfiliale geschlossen wurde: Jetzt muß ich immer mit dem Bus in das Einkaufszentrum fahren, wenn ich zur Post will.

F.: Hätten Sie Homebanking und den Versandservice auch genutzt, wenn die Bankautomaten nicht dawären und die Postfiliale noch existieren würde?

L.: Schwer zu sagen. Sicher nicht in dem Umfang; obwohl: Das stimmt so nicht. Denn wenn man einmal angefangen hat, nutzt man die Angebote ja auch. Ich kann es wirklich nicht sagen. In jedem Fall haben diese Veränderungen mit dazu beigetragen, daß ich mich überhaupt darauf eingelassen habe, mir Homebanking und Internetversandhäuser anzuschauen.

F.: Wie hängen denn für Sie diese Entwicklungen zusammen? Oder sind Sie unabhängig voneinander?

L.: Es gibt schon einen Zusammenhang, denn es ist ja klar: Wenn immer mehr Menschen die neuen Angebote nutzen – also z.B. die Bankautomaten und Homebanking –, ist klar, daß die Banken immer mehr Mitarbeiter entlassen und dafür noch mehr Automaten aufstellen. Aber ich weiß wirklich nicht, was zuerst war; es ist wie mit der Frage nach dem Huhn und dem Ei. Bei mir war es schon so, daß ich auf die äußeren Veränderungen reagiert habe. Aber bei meinem Sohn ist das schon anders: Der nutzt die neuen Angebote einfach, weil sie neu sind. Und ich denke, so machen das die meisten jungen Leute, und denen fallen dann die Veränderungen auch gar nicht so auf.

F.: Wie, meinen Sie denn, wird diese Entwicklung weitergehen?

L.: Das weiß ich auch nicht; aber es wird noch viel passieren. Sorgen mache ich mir vor allem um die Arbeitsmöglichkeiten meiner Kinder und eventuellen Enkelkinder. Es ist ja praktisch, wenn wir immer mehr Arbeiten von Maschinen und Computern erledigen lassen können. Aber wir haben ja jetzt schon so viele Arbeitslose. Und wenn immer mehr Arbeitsplätze verschwinden, wird das ja nicht besser werden; und darunter leidet ja die ganze Gesellschaft. Das hängt für mich schon auch zusammen: das, was jetzt mit unserem Sozialsystem passiert, und die Entwicklung der Computer. Ich hoffe nur, daß die folgenden Generationen auch mit diesen Veränderungen umgehen können.

4.5 Zusammenfassende Betrachtung

Sowohl die Ergebnisse der Umfrage als auch die zahlreichen Interviews und Gespräche zeigen deutlich, daß es Veränderungen im Kommunikationsverhalten gibt. Die Erweiterung des Spektrums von Kommunikationsmedien durch die Computertechnologie hat nicht dazu geführt, daß die Menschen mehr miteinander kommunizieren als früher, sondern sie bewirkt eine Verschiebung bei der Auswahl der Kommunikationsformen. Sowohl die Angaben in der Umfrage als auch die Gespräche weisen darauf hin, daß alle Beteiligten dabei auch eine Veränderung der Kommunikationsqualität erleben. Dabei überwiegt nicht der Eindruck einer Zunahme der Qualität, sondern das Gegenteil. Wie es scheint, sind etliche Zeitgenossen noch nicht in der Lage, die verschiedenen Kommunikationswege differenziert und demnach den jeweils anliegenden Mitteilungsgründen sachgerecht angepaßt zu nutzen. Auf den ersten Blick scheint es erstaunlich zu sein, daß das Verhalten nicht geändert wird, obwohl der Qualitätsverlust erlebt wird. Erklärbar ist dies nur durch die Eigendynamik der Entwicklung und das Suchtpotential mancher neuer Kommunikationsformen.

Die Eigendynamik besteht vor allem in dem gesellschaftlich erlebten Zwang, sich an den neuen Entwicklungen zu beteiligen. Dies wird vor allem bei älteren Menschen deutlich, die bisher kein eigenes Interesse an einer Nutzung der neuen Kommunikationsmedien hatten und sich nun vor allem durch ihre Kinder und Enkelkinder dazu gedrängt fühlen, sich mit den neuen Medien auseinanderzusetzen. Im Gegensatz zu den älteren Menschen ist bei den jüngeren Generationen in vielen Fällen der von außen erlebte Druck nur bedingt vorhanden. Wie in anderen Gruppenzwang-Situationen drohen weder reale Strafen noch bedeutende Nachteile, wenn man bestimmte Verhaltensweisen nicht übernimmt. Es handelt sich vielmehr um eigene Vorstellungen, die auf das Umfeld projiziert werden. Auf diesem Wege können sich, wie man sieht, auch in breiten Teilen der Gesellschaft Verhaltensweisen etablieren, die eigentlich für den einzelnen gar keinen Gewinn oder wirklichen Fortschritt im Hinblick auf seine eigenen Ansprüche und seine eigene Entwicklung liefern.

Ein weiterer wichtiger Faktor, der die Eigendynamik der Entwicklung bedingt, ist die stetig steigende Bequemlichkeit. Während andere technische Entwicklungen die Mobilität gesteigert haben und damit nicht nur das Sich-im-Raum-Bewegen bequemer wurde, sondern auch immer mehr Dinge (Personen, Gegenstände und Informationen) zu den einzelnen Menschen an ihren jeweiligen Aufenthaltsort kamen, ist durch die neuen Kommunikationsmedien die Beschränkung von Raum und Zeit, zumindest in bezug auf Informationen, aufgehoben. Die menschliche Kommunikation besteht aber bekanntermaßen nicht nur aus dem Austausch von sprachlichen Informationen. Und es ist dieses Mehr, das gerade bei den textbasierten Kommunikationsformen (SMS, Email und Chat) auf der Strecke bleibt. Die Schnelligkeit, mit der die textbasierte Kommunikation geführt wird, kommt nicht nur durch die technische Beschleunigung zustande, sondern auch durch die Reduktion auf sprachliche Informationen. Das bedeutet aber nichts anderes, als daß die Kommunikation oberflächlicher wird. Mehr denn je wäre also ein differenzierter Umgang mit den verschiedenen Kommunikationsmedien gefordert. Ohne Frage gibt es Bereiche, in denen es nur um den Austausch sprachlicher Informationen geht, z.B. im Austausch mit Ämtern und Behörden und bei der Bestellung von Waren. In diesen Fällen stellen die neuen Kommunikationswege durchaus einen Gewinn dar. In vielen anderen Bereichen jedoch bewirkt die Reduktion auf die inhaltliche Informationsebene, die durch die Beschleunigung der eigenen Bequemlichkeit frönt, einen Qualitätsverlust, der ja auch von allen Beteiligten erlebt wird.

Bezeichnend sind in diesem Zusammenhang die Versuche der Beteiligten, durch neue bildsprachliche Elemente, die sogenannten „Emoticons", den Verlust auszugleichen. Emoticons sind Symbole, die aus Schrift- und vor allem Satzzeichen zusammengesetzt werden und emotionale Komponenten in den sterilen Maschinentext einfügen sollen. So bedeutet die Kombination von Semikolon, Minus und Endklammer am Ende eines Satzes, daß dieser humorvoll-ironisch gemeint ist ;-). Die Verwendung von Emoticons fängt sicherlich einen Teil des Qualitätsverlustes auf – aber eben auch nur einen Teil. Sowohl in der Gegenwart als auch in der Zukunft sind stabile menschliche Kontakte an unmittelbare reale Begegnungen und Auseinandersetzungen geknüpft. Leider bedingt die momentan wirksame Eigendynamik der Entwicklung, wie dies ja auch von verschiedenen Gesprächspartnern geschildert wurde, einen Abbau und eine Verdrängung klassischer Kommunikationsmöglichkeiten (z.B. die Schließung von Postämtern etc.), so daß der Aufwand, der notwendig ist, um qualitativ höherwertige Begegnungsmöglichkeiten zu schaffen, faktisch immer größer wird. Je länger es also dauert, bis die Eigendynamik eine neue Richtung bekommt, um so unwahrscheinlicher wird es, daß der einzelne die Kurve bekommt. Dies gilt im gesteigerten Maße für die jungen Generationen, die manche Kommunikationsformen gar nicht mehr oder nur unzulänglich kennenlernen und von daher den Qualitätsverlust gar nicht selber erfassen können, da ihnen die persönlichen Vergleichsmöglichkeiten fehlen.

Zusammenfassend kann man also feststellen, daß die Forderung nach der Pflege klassischer Kommunikationsformen (handschriftlicher Brief, reales Gespräch, etc.) notwendig ist, um dem zunehmenden Qualitätsverlust menschlicher Begegnungen mit all ihren gesellschaftlichen Folgen (Bindungsängste, Bindungsunfähigkeit, seelische und körperliche Krankheiten etc.) entgegenzuwirken. Eine solche Forderung hat in diesem Sinne nichts mit konservativer Innovationsfeindlichkeit zu tun – im Gegenteil; geht es doch darum, daß die jeweils neuen Möglichkeiten an den Stellen eingesetzt werden sollen, an denen sie voll und ganz berechtigt sind.

Auch wenn es, wie gesagt, eine Eigendynamik der Entwicklung gibt, liegt es doch an dem Verhalten jedes einzelnen, wie sich die Entwicklung fortsetzen wird. Deshalb sollen im folgenden einige mögliche Lebensentwürfe charakterisiert werden.

5
VERSCHIEDENE LEBENSMODELLE FÜR EIN LEBEN IM INFORMATIONSZEITALTER

Das sogenannte Informationszeitalter stellt uns alle vor neue Herausforderungen. Ähnlich wie die industrielle Revolution erleben wir tiefgreifende gesellschaftliche und soziale Veränderungen. Und ähnlich wie am Anfang der industriellen Revolution können wir uns nur schwer – oder zum Teil auch gar nicht – vorstellen, wie diese Veränderungen im einzelnen aussehen werden. Andererseits können wir aber auf die Erfahrungen der industriellen Revolution zurückgreifen und die aktuellen und anstehenden Änderungen somit durchaus anders bewerten, als es den Menschen damals möglich war.

Wie schon damals vollziehen sich die auffälligsten Änderungen zuerst im Arbeitsleben. Die technische Entwicklung hat es möglich gemacht, verschiedenste Arbeiten an Maschinen zu delegieren; mit der Folge, daß in diesen Bereichen menschliche Arbeitskraft nicht mehr gebraucht wird. Die wirtschaftliche Entwicklung spiegelt uns diese Tendenzen auf drastische Art und Weise. Trotz steigender Umsätze und Gewinne in vielen industriellen Zweigen werden wir mit stetig steigenden Arbeitslosenzahlen konfrontiert. Und aus dem Blickwinkel der Wirtschaft sind es eben diese Millionen von Arbeitslosen und die daraus resultierenden Kosten in einem Sozialstaat, die den konjunkturellen Aufschwung verhindern. Wir sind mit der Tatsache konfrontiert, daß es zumindest im Moment, für einen großen Teil der Betroffenen, keine Arbeit gibt – und bei Beibehaltung des bisherigen Systems auch keine Arbeit geben wird. Zwar entstehen auch immer wieder neue Arbeitsplätze, aber eben nicht im gleichen Verhältnis, wie alte Arbeitsplätze verschwinden, und vor allem auf jeweils anderen Ebenen. Die Automatisierung und Computerisierung wirkt sich längst nicht mehr nur auf die Produktion aus, sondern auch auf die Verwaltung und den Dienstleistungsbereich. Selbst Berufe, von denen man noch vor wenigen Jahren glaubte, daß sie nicht von diesen Entwicklungen betroffen sein werden, erleben jetzt drastische Veränderungen. Bestand bis vor kurzem die Mannschaft eines Müllwagens noch aus mindestens drei Personen (dem Fahrer und mindestens zweien, die die Mülltonnen einhängten, ausleerten und zurückbrachten), kommen die neuen Fahrzeuge dank Hydraulik bzw. Roboterarm mit einem Fahrer aus. Wie üblich bleibt auch bei dieser konkreten Automatisierung ein Rest übrig, den die Maschine nicht übernehmen kann, nämlich das Auf- und Wegstellen der Mülltonnen am Straßenrand. Diese Tätigkeit wird nun den Hausbewohnern auferlegt und damit umgeschichtet. Derartige Entwicklungen sind überall zu finden.

Wir haben es also neben der Automatisierung und Computerisierung auch immer mit einer Umschichtung von Aufgaben zu tun, die in ihrer Summe immer mehr menschliche Arbeitskraft, körperliche wie geistige, überflüssig machen.

Auch für die mehr geistigen Tätigkeiten sei an dieser Stelle noch ein Beispiel genannt. Noch vor 15 Jahren hatte ein Autor sich lediglich um den Inhalt seiner Arbeit zu kümmern. Er überreichte sein Manuskript in handschriftlicher oder maschinengeschriebener Form an den Verlag, der sich dann um Korrektur, Satz und Druckgestaltung kümmerte. Mittlerweile wird von einem Autor erwartet, daß er sein Manuskript in digitaler Form vorlegt, was aber nichts anderes bedeutet, als daß er zumindest einen Teil der Layoutarbeiten mit übernehmen muß. In der Folge dieser Entwicklung konnten die Verlage ihren Mitarbeiterstamm im Bereich Gestaltung und Satz reduzieren.

Neben der Frage, wie wir als Gesellschaft mit diesen wirtschaftlichen und sozialen Veränderungen umgehen wollen, stellt sich für jeden einzelnen die Frage, welche Position er gegenüber den hereinbrechenden Umwälzungen einnimmt. Dabei besteht die Schwierigkeit darin, die Positionierung im Prozeß der Umwandlung zu treffen; denn so tiefgreifend die Veränderungen im Rückblick auch sind, so schleichend erscheinen sie bei ihrem Auftreten. Es erfordert ein hohes Maß an Wachheit in bezug auf die äußeren Verhältnisse und die eigenen Vorstellungen, um zu einer jeweils zeitgemäßen tragfähigen Haltung zu kommen. Hinzu kommt ein hohes Maß an innerer Flexibilität, das notwendig ist, um mit den rasanten äußeren Veränderungen Schritt zu halten. Diejenigen, die nicht wach genug gegenüber den äußeren und inneren Veränderungen sind, werden sich über kurz oder lang in einer von außen und damit fremdbestimmten, unfreien Position wiederfinden. Diejenigen, die innerlich nicht flexibel genug sind, werden zwangsläufig von den Entwicklungen überholt und so in eine abseitige konservative Position gedrängt.

Im folgenden sollen nun verschiedene mögliche Lebensmodelle für das Informationszeitalter beschrieben und charakterisiert werden. Dabei kann es sich natürlich nicht um eine erschöpfende Sammlung von Modellen handeln, sondern lediglich um eine Auswahl, deren Sinn es sein soll, Anregungen für die eigene Positionierung und die Gestaltung eines eigenen, individuellen Lebensmodells zu geben.

5.1 Der gläserne Konsument

Die Computerisierung hat auch im Handel zu umwälzenden Veränderungen geführt. Die Möglichkeit der automatischen Datenerfassung und Übertragung hat zu einer enormen Effizienzsteigerung in der Verteilung und Vermarktung von Produkten geführt. Je nach Blickwinkel müssen diese Entwicklungen unterschiedlich bewertet werden. Da etlichen Zeitgenossen nicht bewußt ist, welche Dimension die Automatisierung im kommerziellen Bereich mittlerweile erreicht hat, soll dies zunächst an einem Beispiel veranschaulicht werden.

In einem modernen Supermarkt werden die angelieferten Waren bereits im Lager gescannt und damit in die Datenbank der Filiale aufgenommen. In der Datenbank werden neben den Produktnamen, der Anzahl und dem Lieferdatum mindestens folgende Daten erfaßt: Einkaufspreis; vorgesehener Verkaufspreis; Standort der Ware im Lager; Standort der Ware im Verkaufsraum; maximale Stückzahl im Verkaufsraum; eventuelles Mindesthaltbarkeitsdatum; Menge, bei der eine Nachbestellung erfolgt; verkaufte Stückzahl mit Verkaufsdatum. Jedesmal, wenn ein Produkt verkauft wird – also der Barcode an der Kassenanlage eingelesen wird –, wird die Datenbank entsprechend aktualisiert. Eine entsprechende Mitteilung informiert die Filialleitung, wann ein Produkt in den Regalen aufgefüllt werden muß, so daß die Mitarbeiter zielgerichtet eingesetzt werden können. Aus den Anlieferungszeiten und den durchschnittlichen Verkaufszeiten (durchschnittliche Verkaufsmenge pro Tag bzw. pro Woche) ermittelt das Programm die Menge, bei der eine Nachbestellung erfolgen muß. Dies geschieht entweder vollautomatisch (indem die Bestellung direkt an den Lieferanten gesendet wird) oder per Mitteilung an die Filialleitung, die dann entscheidet, ob ein Produkt weiterhin geführt wird oder nicht. Aus der Relation von Verkaufsmenge, Haltbarkeitsdatum und Lieferzeit ermittelt das Programm die für diese Filiale optimalen Werte, um zum einen zu gewährleisten, daß für den einzelnen Kunden nach Möglichkeit alle Produkte vorrätig sind, und zum anderen, um sicherzustellen, daß ein möglichst geringer Warenüberschuß existiert, der nach Ablauf des Haltbarkeitsdatums entsorgt werden muß. Die Kenntnis der wöchentlichen, täglichen und stündlichen Verkaufsprofile einer Filiale hilft bei der Planung von Sonderaktionen (Sonderangeboten wie auch Werbeveranstaltungen). Die Kunst der erfolgreichen Vermarktung besteht darin, diese Sonderaktionen entsprechend zu koordinieren. So werden Produkte zu Sonderpreisen abgegeben, die dem jeweiligen Verkaufsprofil entsprechen; gleichzeitig werden ähnliche, aber teurere Produkte beworben[1] und Werbeveranstaltungen für andere Produkte durchgeführt, die sich in dem anvisierten Zeitraum bisher nur schwer verkaufen ließen oder ganz neu ins Programm aufgenommen werden sollen.

Zusammenfassend kann man sagen, daß in einem solchen System nichts dem Zufall überlassen wird und die Datenerfassung nicht nur der Verwaltung, sondern auch immer der Analyse dient. Wie perfekt ein solches System funktioniert, hängt – wie bei allen anderen Computeranalysen – von der Menge und der Genauigkeit der erfaßten Daten ab. Wie überall anders auch ist die Hauptstörquelle der Mensch; insofern, als es sich bei den Konsumenten um Menschen handelt, die mitunter ihr Kaufverhalten spontan und damit unvorhersehbar ändern. Um diesen Störfaktor so gering wie möglich zu halten, gilt es, die Gewohnheiten der Konsumenten so genau wie möglich kennenzulernen und, aus Sicht des Handels und der Produzenten, nach Möglichkeit zu bilden und zu formen. Diese Aufgabe übernimmt zum größten Teil die heutige Werbung. Sie soll nicht nur auf neue Produkte aufmerksam machen, sondern – durch Schaffen eines entsprechenden Markenbewußtseins – gewohnheitsbildend wirken.

Die Steigerung besteht nun darin, nicht nur die einzelne Filiale analytisch zu erfassen, sondern den einzelnen Konsumenten. Hierfür bedarf es möglichst umfangreicher Kundendaten, um berechenbare Kundenprofile erstellen zu können. Einen wesentlichen Beitrag hierzu leisten die immer häufiger angebotenen Kundenkarten. Jeder, der eine solche Kundenkarte regelmäßig nutzt, trägt dazu bei, die Effizienz der Vermarktung von Produkten zu steigern. Weitere Bestandteile dieser neuen Strategie sind Kundenbefragungen und Gewinnspiele, die für eine Rückmeldung durch die Konsumenten sorgen.

Auf diese Weise sind bereits heute viele Zeitgenossen, ohne sich dessen bewußt zu sein, zu „gläsernen Konsumenten" geworden. Die regelmäßige Nutzung von Kundenkarten und der bargeldlose Einkauf per Scheck-

---

1 „Bewerben" kann in diesem Zusammenhang sehr subtil sein: Es besteht z.B. in der Positionierung des entsprechenden Produktes im Verkaufsregal. Häufig finden sich die entsprechend teureren Produkte in Augenhöhe der Zielgruppe, während günstigere Alternativen darüber oder darunter angeordnet sind.

karte oder Kreditkarte ermöglicht den Laden- und Handelsketten eine genaue Analyse des Kundenverhaltens. Die erhobenen Daten geben eine genaue Auskunft über das Kaufverhalten, nicht nur über die erworbenen Produkte, sondern auch über die bevorzugten Einkaufszeiten. Durch die längerfristige Speicherung der Daten können so genaue Kundenprofile erstellt werden, die Aufschluß über das Kaufverhalten an einzelnen Tagen, im Laufe einer Woche, im Laufe des Monats und über das Jahr verteilt, geben. Anhand dieser Daten können dem Kunden per Post, Telefon oder Email individuelle Angebote zugestellt werden, was die Effizienz der Werbung enorm steigert.

Während der Nutzen für die Wirtschaft eindeutig ist, ist er für die Konsumenten trügerisch. Vordergründig erhält der Kunde für den Gebrauch der Kundenkarten Preisnachlässe oder Prämien. Des weiteren wird der Kunde durch die individualisierten Werbesendungen und Anrufe vor einer übermäßigen Flut an Werbesendungen bewahrt. Gerade dieser zweite Punkt birgt aber auch eine längerfristige Gefahr für den einzelnen Konsumenten in sich. Die Entscheidung, welche Werbung – und damit ja auch, welche Informationen – der einzelne erhält, wird gemäß den bekannten Vorlieben und Gewohnheiten getroffen. Dies bedeutet aber nichts anderes, als daß diese forciert werden und der Zugang zu neuen Informationen erschwert bzw. verweigert wird. In bezug auf Werbung für Produkte und Dienstleistungen mag der einzelne diese Entwicklung vielleicht als nicht so einschneidend erleben; in bezug auf allgemeine Informationen wird die Beschränkung aber schnell deutlicher. Einige Internetseiten werden bereits nach den Kundenprofilen der Nutzer gestaltet, d.h. je nach den Angaben des Nutzers bei seiner Anmeldung finden sich auf den Seiten andere Informationen. In der Zukunft droht der Anteil derartig individualisierter Informationsangebote zuzunehmen, was de facto auf eine Beschränkung der angebotenen Informationen für den einzelnen hinausläuft und die Erweiterung der eigenen Interessen durch die Begegnung mit gänzlich neuen Themen und Themenbereichen nachhaltig erschwert. Dabei ist dieser scheinbare Nebeneffekt erklärtes Ziel all dieser Bestrebungen; machen doch die Reduktion der Interessen und die Stagnation in der Entwicklung den einzelnen Konsumenten berechenbarer und tragen somit zur weiteren Optimierung wirtschaftlicher Abläufe bei. Wer also bedenkenlos all die neuen Angebote der beschriebenen Art nutzt, läuft Gefahr, sich selber langfristig zu beschränken und die eigenen Entwicklungsmöglichkeiten zu erschweren. Ein mögliches, aber vielleicht doch nicht so wünschenswertes Lebensmodell für die Zukunft.

5.2 DER INFORMATIONSJUNKIE

Jedem einzelnen steht heute eine bisher nie dagewesene Fülle an Informationen zur Verfügung. Natürlich nicht gratis, so daß es auch weiterhin durchaus ein soziales Gefälle bei den Informationsbeschaffungsmöglichkeiten gibt; aber zumindest doch in einer derart erschwinglichen Form, daß einem Großteil der Bevölkerung ein umfassender Informationszugang möglich ist. Wie an anderer Stelle schon angedeutet, ist die Fülle der Informationen aber nicht nur ein Segen, sondern auch eine große Herausforderung. Es gilt, sich in dem Überangebot von Informationen einen individuellen Weg zu bahnen. Wer diese Aufgabe delegiert – sei es an Vorgesetzte, Redaktionen, Freunde oder Bekannte –, verfügt nur über einen beschränkten Informationshorizont, der mitunter Themenbereiche ausschließt, die für einen selber und für die eigene Entwicklung wesentlich wären. Zum Informationszeitalter gehört die Notwendigkeit auszuwählen; und maßgeblich für die Auswahl ist die Frage nach der Wichtigkeit der einzelnen Information für den jeweiligen Menschen.

Jede Information, für sich betrachtet, ist absolut wertlos. Dies ist auch der Grund, warum es keinen zwangsläufigen Übergang von der Informations- zur Wissensgesellschaft geben wird und geben kann. Diese Aussage mag auf den ersten Blick absurd erscheinen, da wir im Alltag doch häufig nur eine einzelne Information bekommen und sie doch sehr wohl eine unmittelbare Bedeutung für uns besitzt. Der Trugschluß bei dieser alltäglichen Wahrnehmung liegt darin, daß wir zwar nur eine Information von außen bekommen; daß wir aber in solchen Fällen, in denen wir eine unmittelbare Bedeutung erleben, uns bereits bekannte Informationen mit der von außen kommenden verknüpfen. Dies soll nun an zwei einfachen Beispielen verdeutlicht werden.

Wer bei der Information „Gerhard Schröder" meint, gleich im Bilde zu sein, täuscht sich insofern, als er unmittelbar bereits vorhandene Informationen mit der angegebenen verknüpft (ehemaliger Bundeskanzler, SPD etc.). Deutlicher wird das Gemeinte vor allem, wenn man eine für die meisten Menschen zunächst nichtssagende Information nimmt, z.B. „14.27 Uhr". Es handelt sich ja ohne Frage um eine Information und mitunter um eine sehr wichtige, aber alleine für sich genommen ist sie absolut wertlos – wie jede andere Information auch. Erst wenn wir mindestens eine weitere Information bekommen, die in einem sachlich richtigen Zusammenhang mit der ersten Information steht, bekommt die Information eine Bedeutung, also z.b. „Busabfahrt". Ob die Verknüpfung beider Informationen wichtig für uns ist, also einen Wert für uns hat, hängt davon ab, ob es einen persönlichen Bezug zu ihr gibt. Und erst wenn wir uns die bedeutungsvollen sachlichen Verknüpfungen merken, können wir von Wissen reden.

Wenn also die Frage beantwortet werden soll, welche Informationen für den einzelnen wichtig sind, muß zweierlei berücksichtigt werden: zum einen, ob bereits andere relevante Informationen bekannt sind, und zum anderen, ob es einen persönlichen Bezug zu den Informationen gibt.

In dem Moment, in dem die sachgemäßen Verknüpfungen durch den einzelnen nicht erzeugt werden und nur noch ein oberflächlicher persönlicher Bezug zu den aufgenommenen Informationen besteht, wird der Mensch zur reinen Informationssammelstelle – ähnlich wie die Festplatte eines Computers. Wohlgemerkt: Damit soll in keiner Weise gesagt werden, daß unser Gedächtnis wie eine mechanische Festplatte funktioniere oder der Mensch an und für sich eine Art Biocomputer sei. Vielmehr bezieht sich der hier gebrauchte Vergleich auf die Qualität des Verhältnisses eines Menschen zu von außen kommenden Informationen. Wer nicht in der Lage ist, die sachlichen Bezüge zwischen verschiedenen Informationen herzustellen, wird sich selber schnell unbewußt oder bewußt in einem mechanistischen Sinne erleben, da ihm Informationen zwar zur Verfügung stehen, aber eben nur in einer reinen Aufreihung, wodurch die Zusammenhänge verborgen bleiben. Da das Verstehenwollen eine menschliche Grundeigenschaft ist, kann man auch bei solchen Zeitgenossen einen starken Drang erleben, aus der eben geschilderten Situation herauszukommen. Solange es aber nicht gelingt, innerlich aktiv zu werden im Umgang mit den aufgenommenen Informationen, richtet sich dieser Drang nach Außen und wird zu der Suche nach dem „Missing link", dem fehlenden Verbindungsstück. Es entsteht das Bedürfnis, immer mehr Informationen aufzunehmen, in der unbewußten Hoffnung, daß sich irgendwann all die angesammelten Informationen von ganz alleine zusammenfügen und somit der Sprung von der Information zur Erkenntnis und damit zum Wissen von ganz alleine geschieht. Da dies aus der Sache heraus unmöglich ist, kommt es zwangsläufig zu einem

Suchtverhalten, so daß es berechtigt ist, in diesem Zusammenhang von Informationsjunkies[2] zu sprechen.

Im Ansatz ist diese Grundhaltung bei vielen Zeitgenossen – und vor allem auch bei vielen Jugendlichen – zu erleben. In der schulischen Praxis ist man immer wieder mit Jugendlichen konfrontiert, die zwar über eine ganze Menge von einzelnen Informationen und Fakten verfügen, aber nicht in der Lage sind, diese sinnvoll miteinander zu verknüpfen. Auch wenn der Lehrer beispielhaft diese Verknüpfungen in seinem Unterricht herstellt und durch entsprechende Querverweise auf andere Themenbereiche Zusammenhänge herstellt und transparent macht, zeigen die Gespräche mit diesen Jugendlichen, daß sie nicht – oder nicht mehr – in der Lage sind, diese Verbindungen selber herzustellen. Sie können zwar die einzelnen angeschnittenen Themenbereiche jeweils mit zusätzlichen Fakten und Informationen ergänzen, erleben aber keinen roten Faden in den Schilderungen, was daran sichtbar wird, daß sie nicht in der Lage sind, den gedanklich beschrittenen Weg zu reproduzieren. Ihre Wiedergaben haben einen lediglich aufzählenden Charakter. Erklärbar ist dieses Phänomen durch die ungeheure Flut an Informationen, die auf jeden von uns Tag für Tag hereinbrechen. Hinzu kommt die Art, in der uns die Informationen dargeboten werden. Vor allem in Fernsehnachrichten und im Internet werden nur in seltenen Fällen Querverweise zwischen verschiedenen Nachrichten hergestellt und somit Zusammenhänge aufgezeigt. Somit gibt es keinen wirklichen roten Faden, der sich durch die Sendungen oder Seiten zieht, obwohl auf der anderen Seite der abgeschlossene Aufbau der Sendungen und Seiten einen inneren Zusammenhang suggeriert. Speziell für das Internet gilt dies auch für die Verlinkungen von einzelnen Seiten und Beiträgen: Die Verlinkung von Beiträgen deutet zwar einen Zusammenhang zwischen den einzelnen Informationen an; ob dieser aber sachlich richtig ist – und vor allem, ob er beim Leser entsteht –, ist dabei völlig offen.

5.3 Der stetig lernende Zeitgenosse

Im Gegensatz zu dem Informationsjunkie, der einfach nur eine Sammelstelle für Bruchstücke der Informationsflut darstellt, steht der stetig lernende Zeitgenosse. Ihm ist der Wert bzw. die Wertlosigkeit einer einzelnen Information bekannt, und er weiß, daß er selber sich um die

---

2 Der Begriff Informationsjunkie wird z.B. auch von Kimberly S. Young in ihrem Buch „Caught in the Net – Suchtgefahr Internet" verwendet.

sachlich richtige Verknüpfung verschiedener Informationen kümmern muß – und sei es auch nur insofern, als er Verknüpfungen anderer durch Nachdenken im eigentlichen Sinne des Wortes überprüft. Ähnlich wie beim Informationsjunkie ist seine Haltung gegenüber den auf ihn einströmenden Informationen eine grundsätzlich offene; d.h. er ist immer wieder bereit, sich auf neue Themen einzulassen. Auch wenn er sich aufgrund der bereits von ihm gesammelten und verknüpften Informationen Urteile bildet, ist er grundsätzlich bereit, nach der Einbeziehung neuer Informationen seine Urteile zu verändern. Die Lebenshaltung, die hier zum Ausdruck kommt, ist grundsätzlich eine „fragende"; und hinter all den Fragen, die sich an die von außen kommenden Informationen anschließen, steckt eine innere Aktivität, die auch bei zunehmender Berieselung nicht verschwindet.

In welcher Form jemand, der zu dieser Gruppe gehört, im Leben auftritt, hängt stark von seinem Temperament ab. Während ein Choleriker und Sanguiniker in jeweils spezifischer Ausprägung für die Umwelt so wirken, als wüßten sie schon alles, weil die fragende Haltung hinter dem forschen Auftreten und den schnellen Urteilen verblaßt, steht beim Phlegmatiker und Melancholiker genau diese fragende Haltung im Vordergrund – mit dem vermittelten Gefühl, eigentlich nichts (oder wenn, dann in jedem Fall zu wenig) zu wissen, weshalb einem eigene Urteile nur als Meinung oder eigentlich gar nicht zustehen. Vor allem diese melancholisch-phlegmatische Variante, die durchaus bis in depressive Stimmungen hineinführen kann, und das halbbewußte Wissen, daß dieses Lebensmodell mit innerer Aktivität und damit mit Anstrengung verbunden ist, haben es in den Augen etlicher Zeitgenossen abgewertet. Die allseits verbreitete Bequemlichkeit fördert zwar eine Verbreitung der Medien, fordert aber gleichzeitig einen Wissenserwerb mit möglichst wenig bis gar keiner Aktivität, außer der Hingabe an die von außen kommenden Informationen.

5.4 Der Informationsasket

Anders als der stetig lernende Zeitgenosse verweigert sich der Informationsasket gegenüber der Flut neuer Informationen. Er übt sich in stetiger Beschränkung, d.h. er verfolgt seine ihm eigenen Interessengebiete und ist nur in Ausnahmefällen bereit, seine Interessen zu erweitern. Auf diese Weise wird er zum einen zum Experten auf seinem Gebiet, zum anderen gelangt er aber, durch die selbst auferlegte Beschränkung, in eine gewisse Isolation. Vieles von dem, was andere Zeitgenossen bewegt und ihre Aufmerksamkeit fesselt, bleibt ihm verborgen. Sicherlich ist er dadurch vor allem vor den kurzlebigen „Hypes" der Medien geschützt, weshalb er sich um so intensiver seinen eigenen Interessen widmen kann. Aber ihm bleiben so auch viele Ursachen gesellschaftlicher Phänomene verborgen, wodurch das alltägliche Miteinander immer unverständlicher wird.

Vertreter dieser Lebenshaltung sind z.B. auch immer wieder in Bildungsbereichen anzutreffen. Ohne Frage sind sie als Lehrer, Dozenten und Professoren Kapazitäten auf ihrem jeweiligen Gebiet. Sie erreichen dies dadurch, daß sie ihre ganze Aufmerksamkeit ihrem Thema und ihrer Tätigkeit widmen. Gerade aber in der Arbeit mit Jugendlichen und jungen Erwachsenen, die in vielen Bereichen ihres Denkens, Fühlens und Handelns durch die Informationsflut und, nicht zu vergessen, durch die Gestaltung der jeweiligen Medienangebote geprägt sind, wird diese Lebenshaltung schnell zum Manko. Viele Phänomene, z.B. umgangssprachliche Floskeln (wie etwa „ich möchte den 50/50-Joker setzen") erklären sich erst, und dann aber unmittelbar, wenn die dazugehörige Sendung bekannt ist (in diesem Fall „Wer wird Millionär?"). Wer diese sogenannten Mainstream-Angebote der Unterhaltungs- und Informationsindustrie nicht aus eigener Anschauung oder sachlich richtigen Beschreibungen kennt, wird vieles, was ihm durch die Jugendlichen und jungen Erwachsenen entgegentritt, gar nicht oder nur falsch verstehen können, wodurch das Verhältnis zu den Schülern und Studenten nachhaltig beeinträchtigt wird. Wie im Nebensatz schon angedeutet, kann es nicht darum gehen zu fordern, alle Menschen, die in Lehrberufen tätig sind, müßten sich allen Medienangeboten zuwenden und aussetzen, um ja nicht den Kontakt zu den Schülern und Studenten zu verlieren – denn diese Forderung hätte unweigerlich ein weiteres Verschwinden der Fachkräfte zur Folge, da auch bei Lehrenden die Aufmerksamkeitsmenge auf natürliche Weise beschränkt ist. Vielmehr muß nach Wegen gesucht werden, wie sich gerade auch solche Personen auf ökonomische Weise über die aktuellen Entwicklungen und Tendenzen auf dem laufenden halten, ohne daß ihre individuelle Arbeit zu stark leidet.

5.5 Der mündige Weltbürger

Die ideelle Zielsetzung aller pädagogischen Bemühungen ist es, die nachfolgenden Generationen zu mündigen Bürgern bzw. im Zeitalter der Globalisierung zu mündigen Weltbürgern zu machen. So gerne dieser Ausdruck verwendet wird, ist es lohnenswert, gerade auch in unserem Zusammenhang einmal näher hinzuschauen, wie dieser Begriff zu verstehen ist. In jedem Fall haben wir es mit einem selbstbestimmten Menschen zu tun, der bereit ist, sowohl gegenüber seinen äußeren Handlungen als auch gegenüber seinen inneren Empfindungen, Gedanken und Motiven Verantwortung zu übernehmen. Er verfügt also über ein gesundes Selbstbewußtsein, gepaart mit Selbstverantwortung. Des weiteren verfügt er über vielseitige Interessen und kümmert sich als Weltbürger nicht nur um die Belange, die ihn unmittelbar selber betreffen, sondern auch anteilnehmend um die Belange anderer. Dabei respektiert er selbstverständlich die Freiheit und Autonomie der anderen, mischt sich also nicht ungefragt bevormundend ein, sondern steht lediglich mit Rat und Tat zur Seite, wenn er darum gebeten wird. Erreicht werden kann diese Lebenshaltung nur dadurch, daß er sich selber als aktiven Bestandteil der Welt und der Menschengemeinschaft erlebt, wodurch die Belange anderer Menschen automatisch zu seinen eigenen werden. Neben dem schon angesprochenen Selbstbewußtsein und der Selbstverantwortung besitzt er eine ausgeprägte Urteilsfähigkeit, die er souverän auf alle Informationen anwendet, die ihm entgegentreten. Er ist stets darum bemüht, die Wahrheit zu erfahren – was ja nichts anderes bedeutet, als daß er die Verknüpfungen von Informationen kritisch beleuchtet, sich selbständig um weitere Informationen bemüht und permanent bereit ist, ein einmal gefaßtes Urteil zu korrigieren. Da eine Überprüfung aller Einzelinformationen auf ihren Wahrheitsgehalt utopisch ist, muß er ein geschultes Wahrheitsgefühl besitzen, das sich auf erübter und angewandter Sach- und Menschenkenntnis gründet.

Gerade die letztgenannten Aspekte unterscheiden den mündigen Weltbürger von dem stetig lernenden Zeitgenossen: Die ausgeprägte Urteilsfähigkeit und das gegründete Wahrheitsgefühl geben einer solchen Person eine echte Sicherheit in der Begegnung mit der Welt, die nicht mehr nur äußerer Schein ist, der sich aus dem jeweiligen Temperament ableitet. Insofern stellt der mündige Weltbürger eine Steigerung des stetig lernenden Zeitgenossen dar. Nichtsdestotrotz bleibt auch er natürlich ein stetig lernender Mensch.

In bezug auf den Umgang mit den Medien erscheint ein solcher Zeitgenosse souverän. Er nutzt die unterschiedlichen Medien auf vielfältige Weise: So sucht er gezielt nach Informationen, benutzt die Informationsmedien aber auch als Anregung, um sich mit neuen Themen zu beschäftigen, und durchaus auch, um eigene Informationen und Erkenntnisse zu verbreiten. Auf ähnlich vielfältige Weise nutzt er die verschiedenen Kommunikationsmedien, um in den Austausch mit anderen Menschen zu kommen, Anregungen zu bekommen und zu geben, Nachfragen zu stellen und seine Ansichten und Überzeugungen so zu prüfen, zu ergänzen und gegebenenfalls zu korrigieren. Die Frage, welches Medium genutzt wird, ergibt sich aus den jeweiligen Intentionen und den sich aus der Sache heraus ergebenden Notwendigkeiten. Wir haben es also an dieser Stelle mit Menschen zu tun, die sich in hohem Maße darum bemühen, die Vor- und Nachteile der jeweiligen Medien kennenzulernen und die individuellen Fähigkeiten stetig zu erweitern; mit anderen Worten: mit Menschen, die sich permanent um eine wirkliche Medienkompetenz bemühen.

6
CHANCEN UND GEFAHREN DER NEUEN KOMMUNIKATIONSFORMEN

Wie im vorigen Kapitel gezeigt wurde, stellen uns die neuen Medien und Kommunikationsformen auch vor neue Herausforderungen. Vor allem unser soziales Leben wird nachhaltig verändert. Welcher Art aber diese Veränderungen sind, ist nicht vorgegeben, sondern hängt, wie dargestellt wurde, davon ab, wie wir selber mit den neuen Möglichkeiten umgehen. Je bewußter wir mit ihnen umgehen – sie also gezielt, je nach ihren Vor- und Nachteilen, einsetzen –, um so mehr stellen sie für uns einen wirklichen Gewinn dar. Es gilt also, sich immer wieder die Vor- und Nachteile, die Chancen und Gefahren der neuen Medien und Kommunikationsformen klarzumachen; und zwar nicht, um sie abzuwerten, sondern um ihnen ihren wirklichen Wert zuzusprechen und auf dieser Grundlage überhaupt bewußt mit ihnen umgehen zu können. Vor allem durch die Werbung, aber auch durch die allgemeine Begeisterung für Neues, werden viele Innovationen überbewertet. Vermeintlich stellen sie die ultimative Lösung bisheriger Probleme dar, und negative Wirkungen sind nicht vorhanden bzw. müssen ihre jeweiligen Ursachen woanders haben. Es ist dabei interessant, sich die in diesen Fällen angewandte Argumentation einmal näher anzuschauen; denn es zeigt sich in allen Fällen ein sehr typisches Merkmal: Solange es um positive Auswirkungen geht, liegen die Ursache und Verantwortung dafür in dem Produkt oder Angebot und nicht beim Anwender. Sobald es um negative Wirkungen geht – wie z.B. Suchterscheinungen –, werden die Ursache und Verantwortung sofort bei dem Betroffenen gesucht, der das Produkt oder Angebot mißbraucht. In dieser Form stimmt ja weder das eine noch das andere; denn auch die positive Auswirkung liegt ursächlich in der Verantwortung des Anwenders, sofern er das Produkt zielgerichtet einsetzt. Und auch wenn das Produkt oder Angebot keine Sucht verursacht, kann es zumindest vorhandene Suchttendenzen aus sich heraus befördern. Allein der Versuch einer einfachen linearen Verknüpfung in bezug auf die Chancen und Gefahren ist angesichts der naturgegebenen Komplexität der Zusammenhänge zum Scheitern verurteilt. Es bedarf einer differenzierten Betrachtung, um zu einer wirklichen Urteilsbildung in diesem Zusammenhang zu kommen. Im folgenden sollen einige Anregungen für derartig differenzierte Betrachtungen gegeben werden. Es liegt an Ihrer Bereitschaft als Leserin oder Leser, sich darauf aktiv einzulassen, ob sie das folgende als Charakterisierung oder Bewertung erleben.

6.1 JEDERZEIT IM BILDE

Vor allem die tragbaren Kommunikationsmedien wie das Handy und der Laptop mit kabellosem Internetzugang machen es uns möglich, jederzeit und an fast jedem Ort Informationen zu bekommen und zu kommunizieren. Idealerweise können wir so von all jenen Menschen, die unsere Handynummer besitzen, immer erreicht werden, egal, ob wir zu Hause, in anderen Räumlichkeiten oder unterwegs sind. Wer will, kann sich auch auf Bestellung per SMS über aktuelle Ereignisse informieren lassen, z.B. aktuelle Sportereignisse, Börsenkurse, Nachrichten oder Verkehrsinformationen, so daß er auch unterwegs oder bei der Arbeit immer auf dem laufenden gehalten wird. Auf der anderen Seite kann man jederzeit per Textbotschaft oder Telefongespräch Kontakt mit anderen Personen aufnehmen.

Auf diese Weise sollen vor allem die sogenannten „unproduktiven Phasen", die sich zwangsläufig in einer mobilen Gesellschaft ergeben, sinnvoll gefüllt werden. Gemeint sind damit eigentlich die Wege von und zur Arbeit sowie berufliche Reisen. Da die Handys aber nicht nur von Geschäftsleuten genutzt werden – und selbst von denen ja nicht nur im dienstlichen Zusammenhang –, wurde dieser Begriff zumindest in der Praxis entsprechend erweitert. Im allgemeinen versteht man darunter all jene Zeiten, in denen man nicht das tun kann, was man eigentlich tun müßte bzw. gerne tun würde. Je nach persönlichem Verständnis können sehr unterschiedliche Lebenssituationen und -bereiche in diese Kategorie fallen. So ist für etliche Schüler wenn auch nicht die ganze Unterrichtszeit, so aber zumindest einige Fachstunden derart vertane Zeit, die sie gerne, so man sie denn läßt, auf solche „sinnvolle" Weise nutzen würden oder nutzen.

Ohne Frage haben die mobilen Kommunikationsmedien viele Vorteile mit sich gebracht – nicht nur dadurch, daß solche Lücken im Tagesablauf jetzt anders genutzt werden können. Mitunter haben sie wirklich die Freiheit des einzelnen Anwenders erweitert. Mußte er bisher, wenn er auf eine wichtige Mitteilung wartete, an Ort und Stelle bleiben, so kann er sich jetzt frei bewegen und bleibt dennoch erreichbar. Während viele ältere Menschen die mobilen Kommunikationsmedien, wenn überhaupt, nur zusätzlich oder rein geschäftlich nutzen, werden sie von einem zunehmenden Teil junger Menschen mittlerweile ausschließlich genutzt. Nach Auskunft des statistischen Bundesamtes vom Mai 2004 gibt es in 25 % der Haushalte von unter 25jährigen keinen Festnetzanschluß mehr; bei den 25- bis 34jährigen sind es noch 8 % der Haushalte. Insgesamt waren Anfang 2003 rund 1,6 Millionen Privathaushalte (etwa 4 %) nur mit Mobiltelefonen ausgestattet[1].

Neben den vielen Vorteilen gibt es aber auch etliche Gefahren. Die Möglichkeit der permanenten Erreichbarkeit ist nicht nur ein Segen, sondern kann schnell auch zum Fluch werden. So hat es derjenige, der als stets erreichbar gilt, zunehmend schwerer Bereiche zu finden, in denen er sich zurückziehen kann. Die Beschleunigung der Kommunikation hat zur Folge, daß auch die Anspruchshaltung gegenüber der Erreichbarkeit eines Menschen enorm zugenommen hat: Wer nicht innerhalb kürzester Zeit zurückruft oder auf eine Email reagiert, gilt schnell als unzuverlässig, was zu beruflichen und privaten Nachteilen führen kann. So werden bald nicht nur bisher ungenutzte Zeiten sinnvoll gefüllt, sondern auch notwendige Ruhepausen geraubt – mit allen Folgen für die physische und seelische Gesundheit.

Des weiteren gibt es eine generelle Entfernung vom Hier und Jetzt. Diese sogenannten unproduktiven Phasen waren zwar im Hinblick auf die eigentliche Arbeit eventuell wirklich unnütz, hatten aber für den einzelnen Menschen durchaus eine Bedeutung. Eventuell dienten sie nur der Entspannung oder Zerstreuung, eventuell entstanden aber auch gerade in diesen Phasen interessante private oder geschäftliche Kontakte. Jeder, der häufiger mit der Bahn unterwegs ist, wird dieses Phänomen kennen: Auch in einem gefüllten Großraumabteil wird es immer schwerer, mit Mitreisenden ins Gespräch zu kommen, da viele eigentlich an anderen Orten sind. Immer wieder klingeln Handys, oder es wird im Falle von eigenem Gesprächsbedarf zum Handy gegriffen, statt den Kontakt zu einem real Anwesenden zu suchen. Auch in vielen anderen Situationen kann man ähnliches erleben: Die innere Orientierung der real anwesenden Menschen richtet sich auf Personen an anderen Orten, und die reale Situation wird nur in den Momenten der Kommunikationspausen wahrgenommen – was noch nicht bedeutet, daß man sich dann wirklich darauf einläßt. Auf diese Weise werden manche wichtigen Sozialprozesse verhindert; mit allen Folgen, die das für den einzelnen und

---

1 Quelle: http://www.heise.de/newsticker/meldung/47346 14.5.2004

die jeweilige Gruppe hat. So sind Handys bei einer Klassenfahrt eine wahre Katastrophe für die Klassengemeinschaft. Es ist ja unausweichlich, daß bei einer solchen Reise auch mehr oder weniger starke Kontroversen oder sogar Konflikte in der Gruppe auftreten. Diese Situationen individuell und als Gemeinschaft wahrzunehmen, durchzustehen und vielleicht sogar zu lösen, ist ein unverzichtbares Element für die Ausbildung der Sozialkompetenz. Der uneingeschränkte Zugang zu Kommunikationsmedien, z.B. in Form von Handys, verhindert diese Prozesse. Statt sich mit den Anwesenden auseinanderzusetzen, können auf diesem Wege andere Personen, Eltern und Freunde individuell einbezogen werden, was einer Abwendung von dem anderen Menschen oder der Gruppe gleichkommt. So werden die neuen Möglichkeiten zu einer Flucht aus der Realität und helfen bei der Konfliktvermeidung, anstatt die Konfliktfähigkeit und Sozialkompetenz zu fördern.

In diesem Zusammenhang muß man natürlich Rücksicht auf die im Grundsatz berechtigten Sorgen der Eltern nehmen. Diese Sorgen sind aber leider, vor allem auch durch die Werbung der Handyhersteller und Provider, nur allzu häufig übersteigert. Hauptgrund für viele Eltern, ihr Kind mit einem Handy zu versorgen, sind Sorgen und Ängste. Im Vordergrund steht nicht ein Zugeständnis an das Kommunikationsbedürfnis der Kinder, sondern die Beruhigung, daß es in allen schwierigen Situationen jemanden, im Zweifelsfalle einen selber, erreichen kann. So verständlich die Sorgen sind, so gilt es doch auch zu bedenken, zu welchem Preis die vermeintliche Sicherheit erworben wird, die gerade die Handys geben. Erstaunlicherweise hat sich die Menschheit durch Jahrtausende hindurch ohne diese neuen technischen Hilfsmittel behauptet und entwickelt! Und ohne gleich diese ganz große Perspektive zu wählen, mag sich ein jeder Elternteil daran erinnern – und zwar ohne jede Sentimentalität –, welche Bedeutung Klassenfahrten und ähnliche Unternehmungen, in denen man in einem gewissen Sinne zwangsläufig von seinem normalen Umfeld getrennt war, für die eigene Entwicklung hatten.

Die Antwort auf die Frage, ob die Möglichkeit der permanenten Erreichbarkeit ein Segen oder ein Fluch ist, ob sie einem mehr Freiheit bietet oder verhindert, daß man sich mit dem realen Hier und Jetzt auf angemessene Art und Weise auseinandersetzt, liegt in einem selbst. Seit die naturgegebenen Zonen verschwunden sind, in denen man für andere als diejenigen, mit denen man am gleichen Ort war, erreichbar war, liegt es an uns, dafür Sorge zu tragen, wann wir für wen erreichbar sein wollen. Das ist nicht nur einfach eine Chance, sondern auch eine große Herausforderung, die an ein hohes Maß an Eigenverantwortung gekoppelt ist. Voraussetzung dafür ist ein gesundes Verhältnis zu sich selbst und zur Realität. Dann können die positiven Seiten zum Tragen kommen.

6.2 Mitreden können

Die neuen Kommunikationsmedien haben nicht nur die Grenzen von Raum und Zeit verschoben, sondern auch dazu beigetragen, daß die Grenzen der linearen Informationsvermittlung zumindest zum Teil aufgelockert wurden. Bis vor 15 Jahren bot eigentlich nur das Telefon die Möglichkeit, relativ schnell auf empfangene Informationen zu reagieren und eigene Kommentare abzugeben. Auf diesem Wege konnten sich Zuschauer an Spielen von Fernsehsendungen beteiligen oder auch, wie z.B. bei der Sendung „Presseclub", sich mit Fragen und Kommentaren zu Wort melden. Verschiedene Sender boten den Zuhörern auch im Radio die Möglichkeit, sich telefonisch zu melden und mitzureden. Das Zauberwort in diesem Zusammenhang ist „Interaktivität", womit per Definition gemeint ist, daß alle Beteiligten gleichberechtigt an der Gestaltung des Verlaufs einer Sendung oder ähnlichem beteiligt sind. Ausgehend von dieser Definition sind wir in der Realität in vielen Fällen allerdings auch weiterhin sehr weit von wirklicher Interaktivität entfernt. Daran haben auch die neuen Kommunikationsmedien nichts geändert. Lediglich Foren im Internet können jedermann die Möglichkeit bieten, gleichberechtigt mit allen anderen Teilnehmern Informationen zu verbreiten und zu kommentieren, vorausgesetzt, es findet keine Zensur von seiten des Anbieters der jeweiligen Seite statt. In fast allen anderen Fällen hat man es nicht mit Interaktivität – im Sinne einer freien gleichberechtigten Gestaltungsmöglichkeit –, sondern lediglich mit bedingten Wahlmöglichkeiten zu tun. Selbst bei Wunschsendungen im Radio kann nicht jeder beliebige Titel gewünscht werden, sondern nur diejenigen, die von der jeweiligen Redaktion im Archiv gespeichert sind und für die jeweiligen Sendungen freigegeben wurden. Nichtsdestotrotz schürt die Verwendung des Wortes Interaktivität die Illusion, mitreden und letztendlich sogar mitgestalten zu können, was in der Folge das Gefühl, den Informationsmedien passiv ausgeliefert zu sein, auflockert und den Konsumenten auf neue Weise mit den Angeboten verbindet.

So bieten heute immer mehr Sendungen die Möglichkeit, daß die Zuschauer sich per Telefonvoting an Umfragen beteiligen können, deren Ergebnisse am Ende der Sendung veröffentlicht werden. Auch wenn derartige Umfrageergebnisse bekanntermaßen weder kurzfristig noch längerfristig Einfluß auf Entscheidungen bezüglich der behandelten Themen nehmen, bewirken sie in jedem Fall eine Bindung der jeweiligen Zuschauer, die ja als „Beteiligte" auch das Ergebnis ihrer Abstimmung erleben wollen. Daß die so gewonnenen Ergebnisse keine Relevanz für Entscheidungen haben, ist schon allein darin begründet, daß jeder Teilnehmer die Möglichkeit der mehrfachen Stimmabgabe besitzt, so daß Interessensgruppen oder auch Einzelpersonen, bei entsprechendem Einsatz, die Ergebnisse verfälschen können. Obwohl diese Tatsachen den jeweiligen Anbietern selbstverständlich bekannt sind, wird heute niemand mehr auf derartige Angebote verzichten wollen; schon gar nicht, seit sie durch die Nutzung gebührenpflichtiger Sonderrufnummern zu einer festen Einnahmequelle für die Medien geworden sind. In manchen Fällen – wie z.B. bei den aktuell so beliebten Castingshows, in denen die Zuschauer per Stimmabgabe entscheiden, welcher Kandidat in einem Wettstreit weiterkommt und letztendlich den Sieg erringt – haben die abgegebenen Stimmen zwar eine konkrete Wirkung, da sie für die Kandidaten reale Folgen nach sich ziehen. Ob diese Wirkung aber der wirklichen Meinung der beteiligten Zuschauer entspricht, ist durch die Fülle der Manipulationsmöglichkeiten mehr als fraglich.

Die Idee mancher Internetvisionäre, daß das neue Medium zu einer weltweiten Demokratisierung beitragen würde, unter anderem durch größere Mitsprachemöglichkeiten der jeweiligen Bevölkerung, muß deshalb sehr differenziert betrachtet werden. Sicherlich hat das Internet als weltweites Medium, vor allem in repressiven Staaten, einzelnen Menschen neue Möglichkeiten der Informationsbeschaffung und -verbreitung ermöglicht; vorausgesetzt, sie besitzen einen unkontrollierten Internetzugang, was gerade in totalitären Staaten eher die Ausnahme ist. In den Ländern, deren Bevölkerungen in großem Umfang Zugang zum Internet haben, zeigt sich, daß es hauptsächlich zur Informationsbeschaffung und Unterhaltung genutzt wird, aber nicht zur aktiven Gestaltung gesellschaftlicher Prozesse. Dies liegt nicht nur an den zahlreichen Sicherheitsrisiken und Manipulationsmöglichkeiten, sondern auch an der Bequemlichkeit vieler Zeitgenossen. Klagen ja, aktiv gestalten nein – das scheint das Lebensmotto vieler Zeitgenossen zu sein. Hinzu kommt selbstverständlich auch, daß etliche Institutionen und öffentliche Einrichtungen häufig nur ein geringes bis gar kein Interesse an einer Mitgestaltung ihrer Entscheidungen und Handlungen durch die Bevölkerung haben.

6.3 Neue Gemeinschaftsbildung

Wie gezeigt wurde, hat das Internet, wie kein anderes Medium vor ihm, es nicht geschafft, nur durch seine Existenz alle seine Nutzer zu aktiven Weltgestaltern zu machen. Nichtsdestotrotz ist es für alle Menschen, die Interessen haben und pflegen, und all jene, die sich vor allem überregional engagieren wollen, ein grandioser Zugewinn. Dabei gilt der Grundsatz: Je exklusiver das persönliche Interesse ist, um so größer kann die Bedeutung des Internet für den einzelnen sein. Wer bisher ein Hobby oder Interesse verfolgte, das so exklusiv war, daß es keine dazugehörige Fachzeitschrift gab, und wer in seinem privaten Umfeld niemanden kannte, der das gleiche Interesse hatte, blieb auf sich alleine gestellt. Dank des Internet ist es solchen Menschen nun möglich, weltweit zu suchen, ob es nicht doch irgendwo andere Menschen mit gleichen oder zumindest ähnlichen Interessen gibt. Und parallel zu der Suche steht es jedem frei, seine Interessen im Netz auf einer Homepage darzustellen und so andere auf sich aufmerksam zu machen. Auf diese Weise kann der einzelne seine bisherige Isolation durchbrechen. Dies stellt häufig nicht einfach nur einen Zugewinn dar, sondern es kann sogar einen realen therapeutischen Wert haben; denn jemand, der sich mit seinen Interessen permanent isoliert fühlt, kann auf kurz oder lang zu einer fehlerhaften Selbsteinschätzung kommen. Je nach Gemütslage kann er entweder exzentrisch werden und seine Andersartigkeit bewußt zur Schau tragen, oder er wird depressiv und macht sich selber immer mehr zum Außenseiter, da er sich als minderwertig gegenüber seinen Mitmenschen empfindet.

Problematisch wird das Ganze, wenn die Interessen selber krankhafter oder menschenverachtender Natur sind. So finden eben auch Menschen mit wahnhaften Ideen Gleichgesinnte über das Internet, was ihnen nicht hilft, sondern sie in ihren Wahnvorstellungen nur bestärkt. Dadurch werden sie dann mitunter auch zu Handlungen gegen sich oder andere verleitet. So ist es nicht verwunderlich, daß das Internet zu einer nie dagewesenen Flut von Verschwörungstheorien geführt hat. Über einige Fälle, bei denen es zu realen Handlungen kam, ist ja auch verschiedentlich in den Medien berichtet worden; so z.B. über Fälle, in denen vor allem junge Menschen mit suizidalen Stimmungen auf Gleichgesinnte trafen und sich nicht gegenseitig neuen Lebensmut gaben – was es in entsprechenden Foren natürlich auch gibt –, sondern sich in ihren Vorhaben bestärkten, Tips über die möglichen Vorgehensweisen austauschten und sich sogar zum zeitgleichen Suizid verabredeten. Am extremsten ist wohl jene negative Form von „Gemeinschaftsbildung", in der ein Mann aus Deutschland, der gerne einmal jemanden töten und dann die Leiche verzehren wollte, über Foren im Internet Bekanntschaft mit jemandem machte, der gerne von jemandem lustvoll umgebracht werden wollte. Der Prozeßverlauf belegte die ganze Tragik dieser Situation; denn da die Tat in gegenseitigem Einverständnis vollzogen worden war, war es nur sehr schwer möglich, die bestehenden Strafgesetze auf diesen Fall anzuwenden.

Neben der Möglichkeit, daß sich Gleichgesinnte über das Internet zumindest virtuell kennenlernen und austauschen, muß aber auch berücksichtigt werden, daß die Veröffentlichung abwegiger und krankhafter Ideen und Vorstellungen bei einzelnen auch dazu führen kann, daß diese Interessen erst geweckt werden. Da für jeden, der über einen Zugang zum Internet verfügt, grundsätzlich alle dort vorhandenen Angebote und Informationen zugänglich sind, muß diese Tatsache vor allem in pädagogischen Zusammenhängen berücksichtigt werden. Um es an einem eklatanten Beispiel deutlich zu machen: Es hat sicherlich schon immer aktive Pädophile und Menschen mit pädophilen Neigungen gegeben. So gesehen ist das Vorhandensein derartiger Inhalte im Internet nur ein Spiegel unserer Gesellschaften. Aber die Konfrontation mit solchen Inhalten, vor allem in bildhafter Darstellung, kann auch zu solchen Neigungen führen, bis hin zu der Durchführung entsprechender Taten, so daß wir es eben nicht nur mit einem Spiegel zu tun haben, sondern auch mit einer Quelle, die real dafür sorgt, daß zunehmend mehr Menschen solche krankhaften und kriminellen Interessen entwickeln. Wer diese Aussage bezweifelt, sollte z.B. die Berichte von betroffenen Cybersexsüchtigen lesen[2], in denen immer wieder geschildert wird, daß der massenhafte Konsum erst erotischer und dann pornographischer Bilder mit einer gewissen Zwangsläufigkeit zumindest zum Konsum von immer perverseren Bildern und Filmen führt. Durch die Masse geht der Reiz des Besonderen verloren, der dann zunehmend nur noch in den extremen Randbereichen menschlicher Sexualpraktiken zu finden ist.

---

2 Z.B. bei www.onlinesucht.de

Nach dieser notwendigen Betrachtung der negativen Gemeinschaftsbildungen und ihrer Auswirkungen sollen jetzt natürlich auch die positiven Formen entsprechend betrachtet werden. Allen voran jene Interessensgemeinschaften, die sich nicht nur für gleiche Ideen oder Fragen interessieren und das Internet zum Austausch von Informationen nutzen, sondern die auch real in der Welt etwas verändern wollen und die die neu entstehenden Gemeinschaften als Unterstützung und Stärkung für ihre individuellen Tätigkeiten und Initiativen erleben. Auf diesem Wege sind z.B. zahlreiche Selbsthilfegruppen zu den verschiedensten Problemstellungen entstanden. Während es, wie etwa bei den Anonymen Alkoholikern, etliche Jahre brauchte, bis sich entsprechend viele real menschliche Netzwerke gebildet hatten, wird dieser Prozeß durch das Internet beschleunigt. Des weiteren bieten die technischen Netzwerke auch jenen Menschen die Möglichkeit, Selbsthilfegruppen zu gründen, die nicht mit derart weitverbreiteten Problemen wie dem Alkoholismus konfrontiert sind. Der größte Teil derartiger Initiativen findet für die Allgemeinheit im Verborgenen statt; denn bei der Fülle von Angeboten im Netz ist es relativ unwahrscheinlich, daß man per Zufall auf derartige Angebote stößt. Es gilt der Grundsatz: Wer suchet, der findet! Wer sich einen anfänglichen Einblick in die Vielzahl der verschiedenen Initiativen verschaffen will, sollte einfach in einer Suchmaschine Bezeichnungen von Krankheiten, Süchten und Störungen eingeben – er oder sie wird überrascht sein, wie viele private und zumeist auch ehrenamtliche Initiativen sich finden. Der Umstand, daß viele dieser Tätigkeiten für die Allgemeinheit im Verborgenen bleiben, schmälert überhaupt nicht ihren Wert. Derartige Gemeinschaftsbildungen sind in vielfältiger Hinsicht wertvoll. Zum einen für den einzelnen, der die Möglichkeit bekommt, seine Ideen aktiv zu verfolgen und im Netz oder sogar in seinem konkreten Umfeld aktiv tätig zu werden. Zum anderen für all jene Betroffenen, denen diese Tätigkeit zugute kommt und in ihrer konkreten Situation weiterhilft. Und nicht zuletzt der ganzen Gesellschaft; denn eine gesunde Gesellschaft braucht viele einzelne Menschen, die bereit sind, sich ganz konkret in ihrem unmittelbaren Umfeld zu engagieren und tätig zu werden (was dank des Internets räumlich sehr weit ausgedehnt sein kann), zum Wohle ihrer selbst und anderer. Diese Tätigkeiten stehen als Gesundungsprozeß neben all jenen Entwicklungen, die den einzelnen immer egoistischer machen und so in die zunehmende Isolation führen.

All diese Initiativen belegen, daß die Frage, ob ein Medium wie das Internet den einzelnen in die Isolation führt und von der Realität abkoppelt – oder dazu beiträgt, dem einzelnen neue Möglichkeiten zu geben, gestaltend in seinem Leben und in der Wirklichkeit tätig zu werden –, nicht im Medium begründet liegt, sondern in der Haltung desjenigen, der das Medium nutzt. Insofern gilt es, im Einzelfall nicht nur auf die Mediennutzungszeiten zu schauen, sondern vor allem auch auf das Wie und das Wozu.

6.4 WAS IST WICHTIG?

Auf den ersten Blick scheint vor allem alles das wichtig zu sein, was die gesellschaftliche Aufmerksamkeit bekommt; sprich, wovon in den allgemeinen Medien berichtet wird. Je häufiger eine Meldung verbreitet wird und je umfangreicher über ein Thema berichtet wird, um so wichtiger scheint es zu sein bzw. wird es. Dieser Effekt verdammt all jene Themen zur scheinbaren Bedeutungslosigkeit, denen diese mediale Aufmerksamkeit nicht zuteil wird. Da die mediale Aufmerksamkeit seit Jahrzehnten vor allem den negativen Meldungen (Kriegen, Katastrophen, Skandalen etc.) zuteil wird, ist es nicht verwunderlich, daß sich in der Gesellschaft eine entsprechende negative Grundstimmung breitgemacht hat. Für positive Meldungen ist in den Massenmedien, die durch eine große Konkurrenz geprägt sind und bei denen die Bedeutung einer Meldung an den Verkaufswert gekoppelt ist, anscheinend kaum Platz.

An dieser Stelle bieten die neuen Medien, allen voran das Internet, Möglichkeiten für einen Ausgleich. Dabei hängt die Frage, ob vor allem auch positive Nachrichten verbreitet und wahrgenommen werden, unmittelbar sowohl von den Intentionen derjenigen ab, die das Internet als Medium zur Verbreitung von Informationen nutzen, als auch vom Verhalten derjenigen, die das Internet zur Informationsbeschaffung nutzen. Leider gilt hier bisher in der Masse der gleiche Grundsatz wie in den klassischen Medien: „Sex and crime sells", zumindest wenn man sich die Gestaltung und Informationsangebote verschiedener Anbieter anschaut. Interessanterweise zeigt sich bei dem Nutzungsverhalten der Konsumenten allerdings durchaus ein Wandel; zum einen individuell, zum anderen gesamtheitlich. Individuell insofern, als es meistens einige Zeit braucht, bis derjenige, der das Internet für sich entdeckt, über die klassischen Angebote und all jene Seiten, die jeder kennt und von denen man dementsprechend erzählt bekommt[3], hinauskommt und von sich aus jene Bereiche aufsucht, die für ihn selber eine Bedeutung haben. Gesamtheitlich insofern, als der Anteil derjenigen, die das Internet neu kennenlernen, im Verhältnis zu denen, die das Internet schon länger und damit mitunter differenzierter nutzen, immer kleiner wird. Ein Indikator für die Vorlieben der Internetnutzer sind die Suchanfragen bei Suchmaschinen. Die jeweiligen Anbieter stellen von sich aus monatlich Top-Ten-Listen zusammen, anhand derer man sehen kann, nach welchen Themen am meisten gefragt wurde. In den jeweiligen Archiven ist dann ein Vergleich auch über längere Zeiträume möglich[4].

In der Vergangenheit waren unter den Top-Ten-Suchbegriffen immer auch Fragen zum Thema Sex zu finden. Dies hat sich durchaus geändert. So finden sich heute vor allem Anfragen zu aktuellen Themen, also Themen, über die in den klassischen Medien berichtet wird. Es ist also noch nicht so, daß man anhand des Suchverhaltens der Nutzer erleben könnte, daß das Internet zum Ausgleich verwendet wird; zur Zeit ist es vor allem eine Ergänzung. Dabei werden aber nicht nur die aktuellen Nachrichten zum Wunschzeitpunkt abgerufen und konsumiert, sondern offenbar auch Hintergrundinformationen gesucht, die in den immer kürzer werdenden Fernsehberichten fehlen. Insofern handelt es sich eben nicht nur um ein weiteres Medienangebot, sondern um eine wirklich sinnvolle Ergänzung der bisherigen Medienangebote.

Wie schon an anderer Stelle geschildert, kann diese gesellschaftliche Grundhaltung – daß nur das wichtig ist, worüber die Medien berichten – zu einem individuellen Aufmerksamkeitsdefizit führen. Wir alle sind darauf angewiesen, wahrgenommen zu werden. Jeder Mensch sehnt sich nach Anerkennung, die uns ja durchaus auch in Form von Kritik zuteil werden kann. Vorausgesetzt, die Kritik fußt auf einer wirklichen Wahrnehmung und dient nicht dazu, uns zu verletzen oder abzuwerten, sondern dazu, uns zu helfen, noch besser zu werden, als wir jetzt schon sind. Im Laufe des letzten Jahrhunderts hat sich aus verschiedenen Gründen ein gespaltenes Verhältnis in den Wunsch, wahrgenommen zu werden, eingeschlichen. Durch die zunehmende Urbanisierung und die damit einhergehende Individualisierung bleibt zwar der Wunsch nach von außen kommender Aufmerksamkeit, der sogar durch den erlebten Mangel an Aufmerksam-

---

[3] Hierzu gehört z.B. leider auch immer noch die Seite www.rotten.com, auf der reale Polizeiberichte in Wort und häufig auch mit Bildern dargestellt werden.
[4] Eine solche Übersicht findet sich für google z.B. unter: http://www.google.com/press/zeitgeist.html und für Yahoo unter: http://de.docs.yahoo.com/top2003/index.html

keit noch verstärkt wird; aber wir wollen zugleich unsere Geheimnisse bewahren. Dies führt zu einem scheinbar unlösbaren Widerspruch; denn im Grunde genommen wollen wir von allen Menschen, mit denen wir zu tun haben, ganzheitlich wahrgenommen und angenommen werden. Das bedeutet eben auch, daß die anderen unsere Schwächen anerkennen sollen. Aber gerade die Schwächen, die Unzulänglichkeiten, derer man sich ja durchaus zumindest zum Teil bewußt ist, wollen wir häufig vor unseren Mitmenschen verbergen. Ein Ausdruck für diese Situation und eine vermeintliche Lösung des individuellen Dilemmas verbirgt sich hinter dem Begriff „global village". Die klassische Dorfsituation war dadurch geprägt, daß jeder jeden kannte: seine Lebenssituation, seine Gewohnheiten, seine Eigenarten und eben auch seine Schwächen. Fast jede Handlung des einzelnen in Wort und Tat wurde von anderen wahrgenommen und bewertet; und auch wenn die Bewertung nicht ausgesprochen wurde, war sie in den Handlungen der anderen Dorfbewohner, die einem zuteil wurden oder eben nicht, erlebbar. Diese Lebenssituation ist heute kaum noch vorstellbar, denn man will sich, wie gesagt, bei aller Aufmerksamkeit seine Privatsphäre bewahren. So ist diese Lebenssituation auch in den heutigen Vororten und Dörfern in dieser Form kaum noch zu finden, da alle bestrebt sind, sich ihre eigenen privaten Bereiche zu schaffen, sich durch Zäune und Hecken voneinander abzugrenzen und sich der Aufmerksamkeit der anderen zu entziehen. Dies hat zur Folge, daß sie selber in dieser Zeit ihre Aufmerksamkeit nicht den anderen Menschen zuteil kommen lassen. Das globale Dorf soll nun die Lösung des Problems bieten. Während wir uns weiterhin und vielleicht sogar in noch gesteigertem Maße von unserer realen Umwelt abschotten und uns damit der Wahrnehmung durch unsere Mitmenschen entziehen, können wir uns in den virtuellen Räumen des Internets zu neuen Gemeinschaften zusammenfinden, in denen wir uns „ganz" zeigen können und so die für jeden Menschen notwendige Aufmerksamkeit bekommen. Diese Idee erscheint sehr verlockend; denn es ist natürlich einfacher, vor allem seine Schwächen, seine Neigungen und Fantasien einem Menschen mitzuteilen, dem man nicht im täglichen Leben begegnet. Denn so bleibt man vor den realen oder eingebildeten Folgen seiner Offenbarungen geschützt. Problematisch ist nur, daß eine ganzheitliche Wahrnehmung eines anderen Menschen in virtuellen Räumen nicht möglich ist; denn jedes Medium vermittelt von Natur aus nur einen Teil der Wirklichkeit. So kann es, selbst wenn sich jemand bemüht, authentisch zu sein, aufgrund des Mediums zu nachhaltigen Fehleinschätzungen kommen. Das globale

Dorf ist somit keine Lösung des Dilemmas, sondern lediglich konsequenter Ausdruck desselben.

Die Limitation der Medien kann auch noch in anderer Form deutlich gemacht werden. Alle Medien vermitteln nur einzelne Informationen, die, wie bereits ausgeführt wurde, jeweils für sich betrachtet ohne jeden Wert sind. Erst die sachgemäße Verbindung von mindestens zwei Informationen gibt jeder einzelnen eine Bedeutung und damit einen Wert. Wie gesagt, dies gilt für alle Medien, also z.B. auch für die Sprache. Ein Satz besteht aus einer Abfolge – also zeitlichen Aneinanderreihung – einzelner Worte und damit Informationen. Wenn der Zuhörer jedes Wort für sich betrachtet, hat er zwar alle Informationen; aber der Sinn bleibt ihm verborgen. Der Zuhörer oder Leser muß die einzelnen Informationen innerlich miteinander verknüpfen, d.h. er muß die zeitliche Abfolge innerlich auflösen und somit gleichzeitig betrachten – ein Vorgang, der nur im Geistigen stattfinden kann. Jeder Mensch besitzt diese Fähigkeit; denn auch beim Sehen machen wir nichts anderes. Permanent tasten wir mit unseren Augen unsere Umwelt ab, d.h. wir sehen im Millisekundenbereich immer wieder einen anderen Bildausschnitt scharf. Nur weil wir innerlich die einzelnen Eindrücke bewahren können, ergibt sich daraus für uns eine geschlossene Gesamtwahrnehmung. Da wir uns im Grundsatz auf diese Kontinuität unseres Bewußtseins verlassen können, beachten wir sie nicht weiter. Nur in den Fällen, in denen es zu einer Störung kommt, werden wir darauf aufmerksam. Dem schon erwähnten funktionalen Analphabetismus liegt genau dieses Problem zugrunde. Die Betroffenen können zwar jedes Wort lesen, da sie aber beim Lesen die einzelnen Worte innerlich nicht bewahren können und demnach auch nicht in Zusammenhang bringen können, bleibt ihnen der Sinn des Gelesenen unweigerlich verborgen. Der Umstand, daß sie aber überhaupt lesen können, zeigt dabei aber deutlich, daß es sich bei ihnen nur um eine partielle Störung der Bewußtseinskontinuität handelt, da sie in bezug auf das Sehen diese Fähigkeit ja offenkundig anwenden können.

Gerade auch an dieser Stelle des Buches baue ich bei Ihnen als Leser bzw. Leserin auf diese Fähigkeit; und ich möchte quasi eine kurze Pause einlegen, um Ihnen die Möglichkeit zu geben, einmal zu reflektieren, inwieweit es mir als Autor gelungen ist, einen überschaubaren Bogen zu spannen, und inwieweit diese Fähigkeit der innerlichen Zusammenschau bei Ihnen ausgebildet ist. Wenn Sie dieses Teilkapitel bis hierhin gelesen haben, sind Sie damit meinen Gedankenwegen gefolgt. Haben Sie den ganzen Weg noch innerlich vor sich? Oder sind es verschiedene aneinandergefügte Teilstücke? Wenn Sie in der Lage waren, anhand meiner sprachlichen Ausführungen – aber vor allem anhand Ihrer Fähigkeit, die Wortfolge in eine innere Zusammenschau zu bringen – meinen Gedankengang nachzubilden, dann sollten Sie jetzt eigentlich schon wissen – oder vielleicht besser gesagt ahnen –, was als nächstes kommt.

Kommen wir also nun zu der Ausgangsfrage: „Was ist wichtig?" zurück. An anderer Stelle war schon gezeigt worden, daß die Wertigkeit einer Information aus uns selber heraus erfolgt und auch erfolgen muß, und zwar durch den eben geschilderten Prozeß der inneren Zusammenschau. Der Wert einer Information ist also nicht in der medial vermittelbaren Information selber enthalten, sondern liegt dahinter und erschließt sich aus der tätigen Zusammenschau des Informationsempfängers – oder eben auch nicht. Wichtig ist also in dem Sinne nicht die einzelne Information, sondern die dahinterliegende Idee, die zwei oder mehr Informationen in einen Zusammenhang bringt. Mitunter erschließt sich uns der dahinterliegende Zusammenhang sofort, weshalb wir meinen, er sei bereits in der Information enthalten. Aber durch eine genaue Betrachtung dieser inneren Abläufe bei der Aufnahme, Zusammenschau und Bewertung von Informationen werden wir den hier geschilderten Ablauf als allgemeingültig erkennen. Natürlich brauchen wir die einzelnen Bausteine; denn ohne sie können wir nicht an das dahinterliegende Wesentliche herankommen. Aber nur die Aneinanderreihung der Bausteine bringt nichts. Der Computer ist nicht in der Lage, diese Zusammenschau zu leisten, und insofern auch nicht in der Lage, neue Erkenntnisse zu produzieren. Der Computer kann einzelne Informationen aneinanderreihen, abspeichern und in enormer Geschwindigkeit sortieren und ausgeben; aber es bleibt immer bei einer Aneinanderreihung. Die beschriebene gleichzeitige Zusammenschau ist für die physische Maschine – gemäß den physischen Gesetzen, denen sie unterliegt – nicht möglich. Wir haben es also hier mit einer Fähigkeit zu tun, die nur Wesen zur Verfügung steht, die sich zumindest zum Teil über das Physische erheben.

Wenn wir als Menschen wahrgenommen werden wollen, dann wollen wir nichts anderes, als daß dasjenige von einem anderen Menschen wahrgenommen wird, was das Verbindende hinter all den äußeren Fakten ist, die wir zeigen. Wir wollen in unserem inneren Kern erkannt und angenommen werden; jenem Teil von uns, in dem auch unsere Widersprüche miteinander verbunden sind. Natürlich muß sich unser Gegenüber an dem orientieren, was er von uns weiß und was er von uns und über uns erfahren kann. Aber nur, wenn es ihm gelingt, über diese Sammlung von Fakten hinauszukommen, können wir uns wahrgenommen und verstanden fühlen. Jeder wird das Gefühl kennen, wie es ist, von jemandem nur anhand von informellen Daten wie Abstammung, Lebenslauf und momentanem Erscheinungsbild beurteilt zu werden, wie es ja z.B. bei Bewerbungsgesprächen vorkommen kann. Zwar weiß der andere dann offenkundig einiges über uns; aber wir werden nie das Gefühl haben, in unserem Wesen verstanden worden zu sein.

Die Medien können, wie gesagt, nur Informationen vermitteln, und dabei ist jedes Medium für sich auf einen bestimmten Bereich an Informationen beschränkt. Dieser Mangel wurde schon immer erlebt und ist eine wesentliche Triebfeder, warum nach immer neuen Wegen der Informationsvermittlung und nach neuen Möglichkeiten, auch andere Informationsbereiche speichern und übertragen zu können, gesucht wurde – in der Hoffnung, so einen Weg zu finden, der neben den einzelnen Informationen auch den Sinn direkt vermittelt. So gibt es eben Dinge, die man nicht sagen kann, die also nicht in Worten ausgedrückt werden können. In unserem alltäglichen Erleben haben wir permanente komplexe Wahrnehmungen, die so gut wie nie isoliert auftreten. Wir sehen, hören, riechen, schmecken, empfinden die Wärme im Raum, unsere Position im Raum und eine Fülle weiterer Einzelheiten gleichzeitig. Natürlich sind uns diese einzelnen Wahrnehmungen nicht alle gleich bewußt; dennoch spielen sie bei der Frage, welchen Stellenwert ein Erlebnis für uns ganz persönlich hat, eine wesentliche Rolle. Selbst wenn wir Bild und Ton und vielleicht auch noch den Geruch digital speichern und reproduzieren, ist es nur ein kleiner Ausschnitt dessen, was für eine Rolle es für denjenigen gespielt hat, der die Situation erlebt hat.

Der Umgang mit den Medien reduziert also die Welt auf ihren informellen Anteil, der dann in Ausschnitten aufgezeichnet und weitergegeben werden kann. Das Leben in einer Mediengesellschaft, in der Informationen hauptsächlich medial aufgenommen werden, reduziert damit aber auch zunehmend die Wahrnehmungsgewohnheiten und im Laufe der Zeit auch die Wahrnehmungsfähigkeiten. So führt dieser Weg zunächst einmal zwangsläufig in eine Informationsgesellschaft, in der alles auf die informelle Ebene reduziert ist und eigentlich alle Informationen gleichwertig nebeneinanderstehen. Am deutlichsten ist dies beim Computer, bei dem alle gespeicherten Informationen in Form von Nullen und Einsen repräsentiert werden, unabhängig von ihrem eigentlichen Ursprung. Ein Ton, eine Farbe, ein Buchstabe, ein Geruch sind auf dieser Ebene identisch, und nur die sachlich richtige Verknüpfung mit einem bestimmten Programm läßt wieder Anklänge an den Ursprung entstehen. Was bleibt, ist die Sehnsucht nach dem dahinterliegenden verbindenden Element und der innigliche Wunsch, als physisches, seelisches und geistiges Wesen wahrgenommen zu werden. Die auf sich selber angewandte Reduktion auf die körperlichen und seelischen Äußerlichkeiten, die wir Tag für Tag im Fernsehen und anderen Medien beobachten können, das allgemeine Buhlen um die mediale Aufmerksamkeit ist nur ein Ausdruck dieser tiefliegenden Bedürfnisse und Zeichen dafür, daß gegenwärtig vielen Menschen der Zugang zu den notwendigen Qualitäten und Fähigkeiten verstellt ist.

Die Medien sind ein Spiegel dieser Entwicklung, die tief im Inneren jedes einzelnen Menschen und der ganzen Menschheit vonstatten gegangen ist. Wir müssen nicht die Medien ändern, sondern unsere Haltung. Wir müssen einen Weg finden, individuell und gesellschaftlich, in bezug auf die Bewertung der Welt und vor allem auch anderer Menschen; einen Weg, der uns auf neue Weise wieder durch die Oberfläche hindurchkommen läßt zu dem Wesentlichen, was hinter den Dingen und Erscheinungen liegt und auf Erden nur von uns Menschen erkannt werden kann.

6.5 Meinungsfreiheit und Meinungswillkür

Wir haben das Glück, in einem Land zu leben, das all seinen Bürgern Meinungsfreiheit einräumt. Das bedeutet, daß sich nicht nur jeder Mensch seine eigene Meinung zu einem Thema bilden darf, sondern daß er diese auch jederzeit öffentlich äußern darf, solange sie als solche nicht gegen andere Grundrechte verstößt. Die Probleme, die diese kleine Einschränkung mit sich bringt, kennen wir nur zu gut, vor allem ja auch immer wieder bei der Diskussion von Medieninhalten. Es ist mitunter im Einzelfall sehr schwierig festzustellen, wann eine geäußerte Meinung die Grundrechte eines einzelnen oder einer Menschengruppe verletzt und damit gesellschaftlich oder juristisch zu ahnden ist. Man denke z.B. an die lange Diskussion, die ja auch die verschiedensten Gerichtsinstanzen beschäftigte, ob Soldaten als Mörder bezeichnet werden dürfen oder nicht. Die hierzu im Jahre 2001 gefällte

Entscheidung des Bundesverfassungsgerichts[5] macht die Misere, die bei einer solchen Diskussion entsteht, deutlich. Da es sich in dem konkreten Fall um eine allgemeine Äußerung gehandelt hatte, die sich nicht konkret auf die Bundeswehr bezog, erfüllt sie weder den Tatbestand der Beleidigung noch den der Volksverhetzung. Es handelt sich also um eine freie Meinungsäußerung im Sinne von § 5 Abs. 1 des Grundgesetzes. Dieses Beispiel zeigt, daß es eben nicht nur auf den Inhalt der Meinung ankommt, sondern auch auf den Kontext, in dem sie geäußert wird, und letztendlich auch auf das dahinterstehende Motiv, aus dem heraus die Meinung gebildet und geäußert wurde. So kann ein und derselbe Satz eine unterschiedliche Bedeutung haben, und es bedarf demnach auch einer unterschiedlichen Bewertung, wie die jeweilige Äußerung zu verstehen ist.

Das Wesen von Meinungen ist, daß sie sich ändern können und durchaus auch sollen. Bei einer Meinung handelt es sich um eine momentane Beurteilung einer Sache oder Person gemäß dem eigenen Wissensstand um die Zusammenhänge, und meistens unter Beimischung der eigenen Gefühlslage. Deshalb sollte man sich auch wirklich hüten, Meinungen überzubewerten, selbst wenn man sie selber bereits als falsch erkannt hat. In diesem Sinne sind Meinungen die Zwischenstadien auf dem Weg zur Erkenntnis. Die Wahrheit ist über die Meinung erhaben; denn die Wahrheit ist universell und unteilbar. Ein kleines Kind kann z.B. durchaus der Meinung sein, daß 5 plus 13 zusammengezählt 1000 ergeben. Sobald ihm die Gesetze der Mathematik zugänglich sind, ist diese Meinung hinfällig: Das Ergebnis war, ist und wird immer 18 sein, und das für jeden Menschen, der je auf Erden gelebt hat, lebt und leben wird. Im Gegensatz zur Mathematik findet man nur in vielen Lebensbereichen die Wahrheit nicht so einfach. Und solange das so ist, ist es vollkommen berechtigt, Meinungen zu haben.

Obwohl staatlich garantierte Freiheiten selbstverständlich immer zu begrüßen sind, kann man sich natürlich schon auch fragen, welchen Sinn bzw. welche Aufgabe das Recht auf freie Meinungsäußerung in der Gesellschaft hat. Zum einen geht es in dem oben angesprochenen Sinne darum, seine eigene Position und seinen jeweiligen Kenntnisstand gegenüber einer Sache oder einem Menschen vor sich und anderen zu bekunden, was den anderen wiederum hilft, einen besser in allen Handlungen, Taten wie

---

5 Entscheidung 1 BvR 870/93, 1 BvR 906/93 vom 13.12.2001, im Internet zu finden unter: http://www.bundesverfassungsgericht.de/cgi-bin/link.pl?entscheidungen

Worten, zu verstehen. Daran anschließend kann es zu einem Austausch von Meinungen kommen, in denen mir die anderen ihre Bewertungen und Kenntnisstände bezüglich der gleichen Sache oder Person mitteilen. Idealerweise dient dies allen Beteiligten dazu, durch den Austausch andere Gesichtspunkte und Kenntnisse aufzunehmen und die eigene Meinung gemäß den neuen Aspekten zu bestärken oder zu ändern. In einer derart geführten Diskussion kann es dazu kommen, daß durch die gemeinsame Betrachtung eines Themas und den freien Austausch die Wahrheit zum Teil oder sogar ganz gefunden wird. Dies ist dann der Moment, in welchem die anfänglichen Widersprüche der Meinungen sich in der allgemeingültigen Wahrheit auflösen. Der gegenseitige freie Austausch von Meinungen kann also dem gemeinsamen Erkenntnisstreben dienlich sein; vorausgesetzt, daß alle Beteiligten sich des Stellenwertes einer Meinung bewußt sind und auch nach der Wahrheit hinter den Erscheinungen suchen. So verstanden ist das Recht auf freie Meinungsäußerung einer der wesentlichsten Beiträge zur Förderung der individuellen und menschheitlichen Entwicklung. Man kann verstehen, warum all jene Systeme – seien sie religiös oder politisch –, die keine freie geistige Weiterentwicklung in ihren Kreisen wollen, gerade dieses Grundrecht beschneiden oder gar ganz abschaffen wollen.

Wie schon im vorherigen Teilkapitel gezeigt wurde, bezieht sich die Suche nach der Wahrheit immer auf etwas, das sich zwar in den jeweiligen Erscheinungen ausdrückt, aber über diese hinausgeht. In dem gleichen Maße, wie die Suche nach dem Dahinterliegenden aufgegeben wird – die Dinge also nur noch äußerlich betrachtet werden –, bekommt auch die Meinungsäußerung einen anderen Charakter. Es geht dann nicht mehr darum, durch den Austausch von Meinungen zur gemeinsamen Wahrheit zu kommen, sondern lediglich darum, durch Statements seine eigene Position anzuzeigen. Häufig genug wird in diesem Zusammenhang die eigene Meinung zur Wahrheit erhoben, und die Meinungsäußerung hat lediglich den Zweck, den anderen von der eigenen Meinung zu überzeugen. Eine Diskussion im Sinne der gemeinsamen Wahrheitssuche ist somit ausgeschlossen. Wenn alle beteiligten Gesprächspartner mit dieser Haltung in das Gespräch gehen, gibt es lediglich noch eine Debatte, also einen reinen Schlagabtausch, und demnach weder eine individuelle noch eine gesellschaftliche Weiterentwicklung. Dies muß entweder zum Streit der einzelnen bzw. Krieg der Meinungen führen, in dem jeder versucht, den anderen zu überzeugen bzw. zu überreden, oder zu einer Isolation des einzelnen bzw. von Gruppen gleicher Meinung.

Wer die öffentlichen und privaten Diskussionen der letzten Jahrzehnte verfolgt hat, wird zugeben müssen, daß wir leider genau die letztgenannte Entwicklung in unserer Gesellschaft erkennen müssen. Ging es in den Diskussionen der 60er und 70er Jahre häufig zumindest noch im Ansatz darum, zu gemeinsamen Ergebnissen zu kommen und einen wirklichen Konsens zu finden, schloß sich daran eine Phase an, in der die Diskussionen zu Debatten wurden, die einen immer hitzigeren Charakter bekamen. Man wollte keinen Konsens finden, sondern den anderen zur Annahme der eigenen Meinung bringen. Heute haben wir das größte Maß der Meinungsfreiheit erreicht: Man kann so ziemlich jede Meinung frei äußern, ohne große Widerstände zu erleben, und häufig genug sogar, ohne überhaupt eine Debatte, geschweige denn eine Diskussion auszulösen. Meinungen werden zunehmend als gleichwertig erlebt, und Widersprüche werden dementsprechend einfach hingenommen. Was manch einem wie ein Zuwachs an Toleranz gegenüber der Meinung des anderen erscheint, ist demnach aber nichts anderes als eine vorzeitige Kapitulation gegenüber der Lösbarkeit von Debatten. Wenn ich mein Gegenüber eh nicht überzeugen kann, kann ich mir auch die Mühe sparen, mit ihm zu debattieren, und so einfach meine Meinung neben seiner stehenlassen. Gesellschaftlichen Ausdruck findet diese Entwicklung in den Streitgesprächen[6] und Talkshows: Hier geht es nicht darum, daß sich die Gesprächsteilnehmer einigen, sondern daß die verschiedenen Meinungen ungebremst aufeinanderprallen. Ich selber durfte bei der Einladung zu einem solchen Streitgespräch erleben, daß dies nicht nur zufällig so ist, sondern eine Vorgabe der jeweiligen Redaktionen. Die Mitarbeiterin, die mich zu dem Gespräch einlud, wies schon im Vorgespräch darauf hin, daß es nicht darum gehe, daß sich die Gesprächsteilnehmer einigen, sondern daß sie sich wünsche, daß möglichst kontrovers und engagiert die eigenen Positionen vorgetragen und verteidigt werden. Von der gleichen Haltung ist die Teilnehmerwahl der heute üblichen Talkshows geprägt. Daß aber dadurch vor allem auch in den Medien kaum noch wirkliche öffentliche Diskussionen stattfinden, in deren Verlauf sich wahrnehmbar die Meinungen der Teilnehmer verändern und, je näher sie der allgemeingültigen Wahrheit kommen, sogar angleichen, erleben gerade auch die Kinder und Jugendlichen, die ja zu einem großen Teil ihre Welterfahrung in den und über die Medien sammeln. Das Ergebnis ist die vielbeschriebene große

---

6 Einige Zeitungen und Zeitschriften haben eine explizit so genannte Rubrik als festen Bestandteil eingeführt.

Toleranz gegenüber der anderen Meinung, die eben im Wesen eigentlich eine Ignoranz ist, und die Diskutierfaulheit, die ja vor allem von jenen Eltern und Lehrern sehr deutlich erlebt wird, die ihre Jugendzeit in den 60er, 70er und 80er Jahren hatten; in einer Zeit, in der ja gerade bei den damaligen Jugendlichen gerne und leidenschaftlich zu allen Themen diskutiert wurde. Auf diese Weise wird die Meinungsfreiheit zur Meinungswillkür.

Auch dieser Zustand kann nur dadurch überwunden werden, daß die Menschen ihre Haltung ändern. Ursache ist ja letztendlich, daß der Glaube – bzw., besser gesagt, das Wissen – um die Existenz einer allgemeingültigen Wahrheit verlorengegangen ist. Die Hinwendung der Aufmerksamkeit auf die Äußerlichkeiten, die Reduktion auf das Informelle und der immer differenziertere Blick auf die Einzelheiten, bei dem die Überschau über das Ganze zunehmend schwierig wird, hat uns gesellschaftlich diesen Blick auf die Existenz der Wahrheit verstellt. Dabei hat gerade die immer differenzierter arbeitende Wissenschaft in den letzten Jahren immer mehr Wahrheiten erkannt. Es gilt nun, alle diese Erkenntnisse von Details wieder zusammenzufügen. In dem Moment, in dem die Überzeugung von der Existenz einer Wahrheit – und der Möglichkeit, sie infolge von mühsamer innerer Denktätigkeit auch erkennen zu können – zur eigenen Anschauung wird, bekommen auch die Meinungen ihren wahren Stellenwert zurück; und schlagartig kann aus der hoffnungslosen Debatte eine für alle Beteiligten fruchtbare Diskussion werden.

6.6 BELIEBIGKEIT STATT BINDUNG

Wer auf der Ebene der Statements lebt – wer also die Existenz einer allgemeingültigen Wahrheit leugnet und der Meinung ist, daß alle Meinungen im Prinzip gleichwertig sind –, ist zum Aufbau und zur Pflege tiefergehender Beziehungen im Prinzip nicht mehr fähig. So hart dieser Satz klingen mag, entspricht er doch der Wahrheit. Sowohl geschäftliche als auch private Beziehungen – im Sinne von Freundschaften und Partnerschaften – bauen darauf, daß sich alle Beteiligten mit aufrichtigem und tiefergehendem Interesse begegnen; daß sowohl die Stärken als auch die Schwächen des anderen wahrgenommen werden und das stete Bemühen aufgebracht wird, Widersprüche und Konflikte durch die gleichberechtigte gedankliche Auseinandersetzung aufzulösen. Voraussetzung ist zum einen eine Offenheit gegenüber dem anderen in all seinen Facetten, zum anderen die Auffassung, daß Menschen sich im Prinzip jederzeit ändern können, so daß ich auch auf den mir schon lange bekannten Menschen immer wieder mit neuem Blick hinschauen muß, wenn ich seine Veränderungen wahrnehmen will. In diesem Sinne sind Partnerschaften und Freundschaften wahre Entwicklungsgemeinschaften: Die liebevolle freundschaftliche Kritik der anderen kann Anregung und Orientierung für die eigene Entwicklung sein. Das Bedürfnis, die Meinung des anderen zu verstehen und selber verstanden zu werden, läßt den Meinungsaustausch zur Diskussion werden und hilft bei der Suche nach der gemeinsamen Wahrheit. Sobald und solange dieses wechselseitige Verhältnis zwischen Wahrnehmen und Wahrgenommenwerden besteht, kann von einer wirklichen Freundschaft bzw. Partnerschaft gesprochen werden. Wie lange derartige Beziehungen bestehenbleiben, hängt von dem Willen und den Fähigkeiten aller Beteiligten ab, die aktive Pflege der Beziehung zu betreiben; in diesem Sinne müssen sie nicht von Dauer sein. Das soll nicht heißen, daß das Ende einer solchen Beziehung Beleg einer Schwäche ist; mitunter machen es die individuelle Entwicklung oder die äußeren Lebensumstände notwendig, seine Aufmerksamkeit in vollem Umfang auf andere Dinge und Menschen zu richten. Aus diesen Gründen kann es auch zu unterschiedlichen Phasen und Unterbrechungen in einer solchen Beziehung im Laufe eines Lebens kommen. In jedem Fall kann eine solche Beziehung in ihrer Qualität nicht durch Zwang aufrechterhalten werden; denn die geschilderte innere Zuwendung der eigenen Aufmerksamkeit kann nur aus freiem Entschluß aufgebracht werden und bedarf, wie gesagt, der permanenten Erneuerung. In einer Zwangsgemeinschaft wie etwa die mit den Arbeitskollegen oder den Nachbarn können nur die äußeren Beziehungen geregelt werden. Nichtsdestotrotz können innerhalb solcher Zwangsgemeinschaften jederzeit durch den freien Entschluß der Beteiligten auch wirkliche Beziehungen entstehen.

Ein weiterer wesentlicher Faktor bei echten Beziehungen ist eine gelebte Verantwortung gegenüber all demjenigen, was man an dem anderen wahrnimmt und was er einem offenbart. Diese Verantwortung liegt begründet in der wechselseitigen liebevollen Zuwendung zum anderen Menschen und der Achtung seines ganzen Wesens und ist unabhängig von allen äußeren Verantwortlichkeiten und Verpflichtungen, die eventuell zusätzlich bestehen. In einem solchen Verhältnis wird man nichts unternehmen, was dem anderen direkten oder indirekten Schaden zufügen kann und nichts unterlassen – gemäß den eigenen Möglichkeiten –, um Schaden vom anderen abzuhalten oder bei der Überwindung von Schwierigkeiten zu helfen. Dies geschieht nicht aus Selbstlosigkeit im Sinne einer Selbstverleugnung, sondern weil die Bedürfnisse und Anliegen des anderen durch die intime seelische und geistige Zuwendung zumindest zum Teil zu den eigenen werden.

Jeder, der in den Genuß gekommen ist, in seinem Leben vielleicht auch nur einmal eine derartige Verbindung erlebt zu haben, weiß, wie stark sie das eigene Leben prägt; wieviel Kraft und Vertrauen daraus erwächst, von einem Menschen wahrgenommen, angenommen und innerlich in Freiheit begleitet zu werden, unabhängig davon, wie sich die eigenen Anschauungen und das eigene Leben entwickeln. Und wer eine solche echte Beziehung erlebt hat, die sich dann infolge von inneren oder äußeren Entwicklungen und Notwendigkeiten äußerlich aufgelöst hat, der wird auch wissen, wie nachhaltig die Wirkungen einer solchen Beziehung auf das eigene Leben sind.

Wenn man sich in der heutigen Zeit in unserer Gesellschaft umschaut, muß man leider feststellen, daß viele Beziehungen einen ganz anderen Charakter haben. Statt freier Zuwendung zum anderen finden wir vornehmlich Interessens- und Zweckgemeinschaften; wobei der Zweck in vielen Fällen am persönlichen Nutzwert einer Beziehung orientiert und somit rein egoistisch ist. Eine solche Beschreibung der Zeitverhältnisse ist wahrlich nicht neu; denn das Wesen der neuzeitlichen Entwicklung ist ja, daß die klassischen Zwangsgemeinschaften wie Nachbarschaft, Standeszugehörigkeit und Religionszugehörigkeit immer mehr an Einfluß für die konkrete Gestaltung des Lebens des einzelnen verloren haben. Noch vor 200 Jahren war für viele Menschen in Deutschland das äußere Leben zum größten Teil vorbestimmt: Der Beruf ergab sich aus der Herkunft, für die Ehe standen gemäß der gesellschaftlichen Gebräuche nur bestimmte Personen zur Auswahl, und der Lebensraum war auf das unmittelbare Umfeld des Geburtsortes beschränkt. Ohne Frage haben sich die Menschen im Laufe der letzten 150 Jahre von vielen alten Zwängen befreit; und wie am Anfang des Buches gezeigt wurde, spiegelt und befördert gerade auch die Entwicklung der Medien diesen Prozeß. Durch die Lösung von den alten Zwängen entsteht für immer mehr Menschen die Möglichkeit, auf die eigenen Bedürfnisse zu schauen und sich bei der Gestaltung ihres Lebens, wenn möglich, danach zu richten. Insofern gehört auch ein gewisser Egoismus zwangsläufig und auch berechtigterweise zu dieser Entwicklung. Die Frage ist nur: Wie geht diese individuelle und gesellschaftliche Entwicklung weiter?

Wie gezeigt wurde, beruht eine echte tiefe zwischenmenschliche Beziehung auf der freien Tat aller Beteiligten. So gesehen haben sich durch den geschilderten Prozeß der Emanzipation von äußeren und inneren Zwängen die Voraussetzungen zur Begründung solcher Beziehungen eigentlich verbessert; nichtsdestotrotz sind sie aber immer seltener zu finden. Noch in den 80er Jahren war die hier geschilderte echte Beziehung das allgemeine Ideal für Partnerschaften und Freundschaften, und dementsprechend wurde der Mangel an solchen idealen Beziehungen auch allgemein sehr deutlich erlebt. Der Zustrom, den viele Gruppierungen, darunter z.B. auch die verschiedenen Sekten, in jener Zeit erlebten, war unter anderem darin begründet, daß viele auf der Suche waren nach Gemeinschaften, in denen nach idealen Beziehungen gestrebt wurde. Gerade diejenigen, die geglaubt hatten, solche idealen Beziehungen in Sektenzusammenhängen gefunden zu haben, wurden in den meisten Fällen bitter enttäuscht. Denn früher oder später gelangten etliche zu der Erkenntnis, daß die ihnen entgegengebrachte Zuwendung und Anteilnahme vorrangig dazu bestimmt war, sie an die jeweilige Gemeinschaft zu binden und ihnen persönliche Geheimnisse zu entlocken, um einen eventuellen Ausstieg verhindern zu können. Auch wenn, im Verhältnis gesehen, nur wenige Menschen derart extreme Enttäuschungen erleben mußten, weil ihre Offenheit und Zuwendung an andere derart mißbraucht wurde, wurde die Sorge, daß ein Sich-Öffnen und Offenbaren gegenüber einem anderen Menschen einen selber verletzlicher macht, zu einem Hauptmotiv, warum echte Beziehungen immer seltener zustande kamen.

Ende der 90er Jahre setzte die gesellschaftliche Wende in bezug auf die Beziehungsideale ein. In Büchern wie „Die Tugend der Orientierungslosigkeit" von Johannes Goebel und Christoph Clermont[7] wird der Ist-Zustand zum Ideal erhoben. Jedwede langfristige Bindung an ein Thema, einen Beruf oder auch an einen anderen Menschen gilt als veraltet und überholt. Verantwortung gibt es demnach nur noch im Sinne einer Selbstverantwortung und Beziehungen zu anderen Menschen nur als Zweckgemeinschaften auf Zeit, die aufzulösen sind, wenn der Zweck erfüllt wurde oder eine andere Verbindung zum Erreichen des Ziels vorteilhafter erscheint. Der ideale Zeitgenosse, der auch allen kommenden

---

7 Erschienen im Verlag Volk & Welt, Berlin 1997, ISBN 3-353-01115-3

technischen und gesellschaftlichen Veränderungen gewachsen ist, soll Lebensmanager werden, d.h. er soll all seine Ressourcen (physische, seelische und geistige) wirtschaftlich, also gewinnorientiert, einsetzen, wobei sich die Bereiche, in denen er das tut, und die Art und Weise, wie er jeweils vorgeht, durchaus widersprechen dürfen, da eine Ganzheitlichkeit weder erlebt noch angestrebt wird. So heißt es dann auch am Ende des Buches unter der Überschrift „Auf dem Weg zu temporären Allianes": *„Nicht mehr Gemeinschaftlichkeit steht dabei im Vordergrund, ein verschworenes Team, das sich heroisch einem Ergebnis entgegenkämpft, sondern die pragmatische Bindung auf Zeit. Verantwortung für ‚das Ganze' zu tragen verliert jeden Sinn, wenn Ganzheitlichkeit nicht einmal innerhalb einer einzelnen Person existiert."* Wenige Jahre später wurde dieses neue Ideal auf gewisse Weise unter dem Namen „Ich-AG" zum gesellschafts- und wirtschaftspolitischen Programm gemacht.

Die gleichen Ideale von der rein zweckorientierten, wirtschaftlichen und zwischenmenschlichen Gemeinschaftsbildung stecken hinter dem Begriff Netzwerkkultur und den daraus abgeleiteten wirtschaftlichen und soziologischen Modellen. Der Begriff Netzwerk bezieht sich eigentlich auf die Verbindung mehrerer Computer, die entweder physisch beieinanderstehen (LAN, Local area network) oder räumlich getrennt sind (WAN, Wide area network), wobei die Computer dann entweder über Telefonleitungen oder Funkverbindungen miteinander verbunden sind. Die Vorteile eines solchen technischen Netzwerkes liegen auf der Hand: Die Ressourcen (Rechenleistung und Speicherplatz) sind auf verschiedene physische Punkte verteilt, können aber zumindest zum Teil gemeinsam genutzt werden, was sich vor allem auf den Speicherplatz bezieht. Auf diese Weise stehen dem einzelnen Anwender, der an ein solches Netzwerk angeschlossen ist, große Datenmengen zur Verfügung, unabhängig davon, wieviel Speicherplatz auf seinem Rechner vorhanden ist. Alle von den jeweiligen Besitzern freigegebenen Daten können nach Belieben aufgerufen, zu eigenen Zwecken genutzt und, je nach Rechten, sogar auch verändert werden.

Wie bei vielen anderen technischen Modellen, deren Reiz ja vor allem auch in ihrer Durchschaubarkeit liegt, hat es nicht lange gedauert, bis dieses Modell auf andere Bereiche übertragen wurde. Als Ergebnis erhält man eine beeindruckend schlüssige Allegorie, und wenn diese einmal Einzug in das allgemeine Vorstellungsleben gefunden hat, bedarf es einiger Anstrengung, um sich von ihr freizumachen und wieder auf die Dinge an sich zu schauen.

Damit der Netzwerkbegriff auf menschliche Beziehungen übertragen werden kann, müssen zunächst folgende Gleichsetzungen vollzogen werden: Ein Mensch ist ein Biocomputer, bestehend aus Hardware (seinem physischen Körper) und Software (den erworbenen Programmen und Gewohnheiten, nach denen er denkt, fühlt und handelt) inklusive eines Benutzers, der entscheidet, was der Biocomputer wann und wie macht (das Ich)[8]. Jeder Mensch trägt in sich eine große Menge Daten in Form von Programmen (Fertigkeiten, Fähigkeiten, Gewohnheiten, Handlungsmustern etc.) und im Gedächtnis gespeicherten Informationen. Dank seiner körperlichen Organisation ist der Mensch in der Lage, nicht nur Daten aufzunehmen, sondern sie auch auf unterschiedlichen Wegen an andere weitergeben zu können. Dabei entscheidet bei einer derartigen Vernetzung (Kommunikation) der innewohnende Anwender prinzipiell darüber, welche Daten dem jeweils anderen freigeben werden und welche nicht.

Nach dieser Vorarbeit (die ja nichts anderes bedeutet, als den Menschen auf mechanistisch-technische Aspekte zu reduzieren, allerdings – und das ist das Wesentliche bei der Netzwerkallegorie – mit dem Zugeständnis eines freien Ichs, das seinen individuellen Wünschen nachgehen kann) läßt sich anhand dieses Modells jede Einzelsituation einer zwischenmenschlichen Beziehung schlüssig analysieren. Damit ist der Boden bereitet, um zum Begriff der Netzwerkkultur zu kommen. Jeder, der die eben geschilderte Auffassung teilt, steht vor der Frage, wie er seine eigenen Ressourcen optimal in das menschliche Netzwerk einbringen kann und wie er die schier unendlichen Potentiale des Netzwerks am besten für sich nutzen kann. Da der Netzwerkgedanke eine rein auf den einzelnen bezogene Betrachtung ausschließt, hat man es allein schon in diesem Sinne mit einer Kulturfrage zu tun. Nichtsdestotrotz steht bei allen Modellen das Ich des einzelnen mit allen Bedürfnissen und Wünschen im Vordergrund: Sie frönen also dem Egoismus. Vernetzungen mit anderen Menschen werden vornehmlich unter dem Nutzenaspekt für die Beteiligten betrachtet; wobei dies beinhaltet, daß ich mitunter nur als Datengeber erscheine, also ein unmittelbarer Gewinnzuwachs für mich nicht vorhanden ist.

In dem Buch „Die neue Moral der Netzwerkkinder" vom Trendbüro Andreas Steinle und Peter Wippermann[9] werden auf eindrückliche

---

8 Einige Wissenschaftler leugnen vehement diese letztgenannte Instanz. Selbstbewußtsein ist für sie lediglich eine Illusion und Freiheit völlig ausgeschlossen, da alles durch die jeweiligen „Programme" vorgegeben ist. In bezug auf die Netzwerkkultur wird aber nachdrücklich von der Existenz der Freiheit ausgegangen.
9 Erschienen im Piper Verlag, 2003 in München, ISBN 3-492-04519-7

Weise die bei jungen Menschen aktuell vorhandenen Auffassungen, Anschauungen und Ideale gegenüber sich selber und der Gesellschaft zusammengetragen und interpretiert. Dabei zeigt sich, daß der Netzwerkgedanke bereits eine starke Verbreitung gefunden hat und das Leben vieler junger Menschen bis in den Alltag hinein prägt. Beziehungen jeglicher Art werden als wichtig erlebt und angestrebt, wobei auch immer wieder verschiedenste Werte wie Treue und Vertrauen betont werden; aber sie sind von vornehrein als Zweckgemeinschaften und damit nur auf Zeit angelegt. Anders als bei den zweckorientierten Verbindungen in wirtschaftlichen Zusammenhängen, bei denen davon auszugehen ist, daß den jeweils Beteiligten ihre eigenen Ziele klar sind, kann von einer solchen Klarheit bei den jungen Menschen natürlich nicht geredet werden: Das zwischenmenschliche Zappen[10] wird für sie zum Selbstzweck. So wie im Internet nicht nur zielgerichtet nach Angeboten und Informationen gesucht wird – was ja voraussetzt, daß man sich bewußt ist, wonach man sucht –, sondern wie man von einer Seite zur nächsten surft, läßt man sich auch durch das menschliche Netzwerk treiben: immer offen für Neues, durchaus bereit zu verweilen, sobald und solange das eigene Interesse angesprochen wird, aber auch stets bereit zu gehen, wenn das Eigeninteresse erlahmt. In der Praxis bedeutet dies dann nichts anderes, als daß hier eine Kultur der Unverbindlichkeit aufgebaut wird. Wer in solchen Lebenszusammenhängen Aufmerksamkeit will, muß sich interessant machen; und wer ständige Aufmerksamkeit will, muß entweder dafür sorgen, daß er durch immer neue Angebote das Interesse eines anderen bei sich hält, oder dafür sorgen, daß immer wieder andere Menschen ihm ihr Interesse zuwenden. So verkommt die Aufmerksamkeit zu einem Objekt und zu einem Selbstzweck. Wichtiger als die Frage, von wem man warum Aufmerksamkeit bekommt, wird der Umstand, überhaupt welche zu bekommen. Somit wird es nebensächlich, wie man die Aufmerksamkeit erlangt: ob dadurch, daß man sich zeigt, wie man ist, oder dadurch, daß man vorgibt, was man will.

Neben den Idealen in bezug auf die Beziehung zu anderen haben sich in gleicher Weise auch die Ideale bezüglich des Verhältnisses zu sich selbst gewandelt. Ging es vorhergehenden Generationen vor allem darum, sich selber zu erkennen, sein wahres Ich zu finden und infolgedessen sich selbst zu verwirklichen, geht es jetzt zunehmend darum, sich selbst nach

---

10 Zappen bezeichnet ursprünglich, wie schon erwähnt, das planlose Hin- und Herschalten zwischen Fernsehkanälen.

den eigenen Vorstellungen und Wünschen zu gestalten. Das eigene Ich zu gestalten bezieht sich dabei nicht nur auf die inneren Anschauungen und Einstellungen, sondern, dank der gegebenen Möglichkeiten, auch auf den eigenen Körper. Es erscheint völlig legitim, seinen Körper mit Hilfe von Substanzen, seien es Medikamente oder Drogen, zu stimulieren und den eigenen Vorstellungen anzupassen. Und wer eine Differenz zwischen seiner Vorstellung von dem, wie er in der Welt erscheinen möchte, und seinem realen Aussehen erlebt, kann, wenn ihm die entsprechenden Mittel zur Verfügung stehen, seinen Körper mit oder ohne eigene Anstrengung den Vorstellungen anpassen: durch Bodybuilding, Muskelaufbaupräparate, Fettabsaugungen und diverse Schönheitsoperationen. Da die Vorstellungen von dem, was bzw. wer man sein will, sich ja jederzeit ändern können und ja auch sollen – denn schließlich ist Flexibilität ein weiteres wichtiges Ideal unserer Zeit –, gibt es für die eigene Entwicklung kein definitives Ziel mehr.

Während also der Entwicklungsgedanke in Zusammenhang mit dem Menschsein beibehalten wird, hat sich die Auffassung von dem, was hinter der Entwicklung steht, radikal gewandelt. Auch die Entwicklung wird zum Selbstzweck; und wenn es kein Ziel mehr gibt, das erreicht werden soll, fehlt auch eine Bewertungsgrundlage für die einzelnen Entwicklungsschritte. Jede Veränderung erscheint somit positiv, wodurch die gesellschaftliche Unverbindlichkeit auch von dieser Seite her nicht nur legitimiert, sondern geradezu gefordert wird. Vor noch gar nicht allzulanger Zeit ging es, wie gesagt, noch darum, sich selbst zu finden, wozu unter anderem gehörte, die physischen Eigenarten des eigenen Körpers anzunehmen und in Relation zu dem eigenen inneren Wesen zu setzen. Es ging in der Selbsterkenntnis darum, sich mit seinem Schicksal auseinanderzusetzen und die daraus stammenden Potentiale zu erkennen, um sie dann an geeigneter Stelle zur größtmöglichen Entfaltung zu bringen – wissend, daß, wenn einem dies gelingt, eine Zufriedenheit eintritt, die unabhängig ist von der materiellen Situation, in der man sich befindet.

Dabei ist es wichtig zu beachten, daß bei einer wahrhaften Selbsterkenntnis das Schicksal nicht als etwas aufgefaßt werden kann, das einem von außen wahllos zustößt, sondern als etwas verstanden wird, das man sich selber aus dem Bewußtsein des höheren Ich heraus gestaltet hat. Insofern gehört auch das von außen kommende Schicksal zu mir selbst dazu. Damit grenzt sich diese Haltung klar ab von jedweder fatalistischen Schicksalsergebenheit, die lediglich die Unterordnung unter von außen kommende Gegebenheiten fordert. Konsequenterweise bekommt auch die Anschauung vom Schicksal eine ganz neue Bedeutung: Es geht einzig und allein darum, das Schicksal zu überwinden und in der Zukunft durch technische oder sonstige Hilfsmittel ungewollte von außen kommende schicksalhafte Ereignisse möglichst zu vermeiden, da sie mit einem selber nichts zu tun haben. In dem schon erwähnten Buch „Die neue Moral der Netzwerkkinder" wird die Konsequenz dieser Anschauung unter der Überschrift „*Selbstverbesserung wird für die heranwachsende Generation zur Pflicht. Man will gesünder als gesund sein. Man will so schön sein, wie die Natur einen hätte erschaffen können*" auf nüchterne Weise auf den Punkt gebracht: „*Sein heißt Veränderung. Sein heißt Arbeit am Ich. Und diese Arbeit ist kein Fron, sondern entsprechend der gewandelten Arbeitsmoral Selbstverwirklichung. Im Unterschied zur Zielrichtung ihrer Babyboomer-Eltern in den 70ern geht es nicht mehr darum, das wahre ‚Ich' zu finden, sondern das bessere ‚Ich' zu werden. Anders ausgedrückt: Man findet nur zu sich selber, wenn man ein anderer wird.*" Damit ist jedwede Selbstfindung ausgeschlossen und somit der Punkt entfernt, auf den sich eine längerfristige Verbindlichkeit gegenüber sich selber und anderen gründen kann. Das einzige, auf das man sich in der Netzwerkkultur wird dauerhaft verlassen können – so sie denn wirklich zum alleinigen kulturellen Zustand wird –, ist die Unzuverlässigkeit.

6.7 Auswirkungen auf die Gesundheit

Bei der Frage nach den Auswirkungen auf die Gesundheit durch die neuen Kommunikationsformen gilt es grundsätzlich zwischen unmittelbaren und langfristigen Wirkungen zu unterscheiden. Die Schwierigkeit in der Zuordnung langfristiger gesundheitlicher Auswirkungen besteht darin, daß durch den zeitlichen Abstand zwischen dem Auftreten der Symptome und den verursachenden Faktoren eine genaue Zuordnung nur sehr schwer möglich ist. Hinzu kommt, daß jeder Mensch ja tagtäglich einer Fülle von Einflüssen ausgesetzt ist, die, jeweils für sich betrachtet, eine Wirkung auf den Menschen haben – sei es, daß sie seine Gesundheit fördern oder krankmachend wirken. Gerade bei den sogenannten Zivilisationskrankheiten haben wir es mit Krankheitsbildern zu tun, denen eine Summe von Faktoren zugrunde liegt. In diesem Zusammenhang kann also, wenn überhaupt, in bezug auf die neuen Kommunikationsformen und den Umgang mit den neuen Möglichkeiten nur von einer anteiligen Verursachung gesprochen werden. Nichtsdestotrotz gilt es, diese Anteile wahrzunehmen, ihre Bedeutung im Gesamtzusammenhang der Ursachen möglichst genau einzugrenzen und die sich daraus ergebenden Konsequenzen für den Umgang mit den neuen Möglichkeiten entsprechend umzusetzen.

Wie vor allem ja auch die Neurobiologie in den letzten Jahren gezeigt hat, ist es gerade bei der Abschätzung der Konsequenzen für den individuellen Umgang sehr wichtig, auf das jeweilige Lebensalter des Anwenders zu schauen, da vor allem auch die langfristigen Wirkungen je nach Lebensalter sehr unterschiedlich ausfallen. Alles in allem hat die Medienwirkungsforschung in den letzten Jahren große Fortschritte gemacht, und etliches von dem, was Medienkritiker, Ärzte und Therapeuten vor Jahren nur vermuten konnten, hat sich im Laufe der Zeit durch entsprechende Untersuchungen bestätigt. Wichtig sind in diesem Zusammenhang vor allem Langzeitstudien, die naturgemäß für die neuen Kommunikationsformen so noch gar nicht vorliegen können, da es die entsprechenden technischen Geräte und die daraus entstandenen Möglichkeiten noch nicht lange genug gibt. Da zur Zeit fast wöchentlich neue Studien zu diesem Thema veröffentlicht werden, die sich gegenseitig zum Teil bestärken, zum Teil widersprechen, kann es sich an dieser Stelle nur um eine kleine Bestandsaufnahme des aktuellen Forschungsstandes handeln, ohne Anspruch auf Vollständigkeit oder gar Endgültigkeit.

Da es aber anscheinend wirkliche negative gesundheitliche Auswirkungen für den einzelnen geben kann, erschien es berechtigt, dieses Kapitel hier aufzunehmen. Denn auch wenn es sich in einigen Fällen nur um Thesen handelt, die durch weitere Untersuchungen erhärtet oder verworfen werden müssen, ist es für die eigene Urteilsbildung notwendig, sich auch mit diesem Aspekt der Thematik auseinanderzusetzen.

So gehören zu den unmittelbaren negativen gesundheitlichen Auswirkungen: Verspannungen, Gliederschmerzen, Kopfschmerzen, Verdauungsstörungen, Schlafmangel, innere oder äußere Unruhe und andere typische Streßsymptome. Hauptsächlich ergeben sie sich aus einer unsachgemäßen Gestaltung des Arbeitsplatzes und dem Nichteinhalten von Pausenzeiten. Man könnte also verkürzt sagen: Diejenigen, die davon betroffen sind, sind selber schuld, was von seiten der Hersteller und Anbieter ja auch immer wieder betont wird. Angesichts der Masse von Menschen, die unter diesen unmittelbaren Wirkungen und ggf. auch unter den sich daran anschließenden langfristigen Folgeerscheinungen leiden, fällt es allerdings schwer, die Ursache nur in der mangelnden Selbstverantwortung der Anwender zu sehen. Heutzutage sitzen wir alle bekanntermaßen zuviel und zu lange, nicht nur vor dem Computer oder Fernseher. Und so kennen wir alle auch die unmittelbaren Wirkungen eines solchen Verhaltens. Zum Teil werden wir ja in unserem Lebensalltag genötigt, uns so zu verhalten; wobei wir eine deutliche Wahrnehmung haben, daß wir eigentlich eine Pause bräuchten. Aber die Arbeitsnotwendigkeiten oder unser Anstand gebieten uns, sitzen zu bleiben, auch wenn wir merken, daß wir uns verspannen, daß Kopfschmerzen beginnen etc. Ein immer wieder hervorgehobener Vorteil der neuen Kommunikationsformen ist ja, daß wir selber bestimmen können, wann und wo wir auf welchem Wege kommunizieren wollen – also eigentlich Bedingungen, die es uns ermöglichen sollten, beim ersten Auftreten von Symptomen auf diese zu reagieren und somit die eigentlichen Folgen verhindern zu können. Abgesehen davon, daß bei etlichen neuen Kommunikationsformen entsprechende Sog- und Suchtfaktoren ein solches gesundheitsorientiertes Verhalten erschweren, schildern die meisten Betroffenen, daß sie die Symptome und Wirkungen erst wahrnehmen, wenn sie die jeweilige Tätigkeit unterbrechen. Mit anderen Worten: Während des Surfens, Chattens und Email-Schreibens ist die Wahrnehmung für die eigenen Befindlichkeiten wie ausgeschaltet, so daß selbst Beeinträchtigungen wie Verspannungen und Kopfschmerzen erst nach Beendigung dieser Tätigkeiten wahrgenommen werden – anders also als bei Teilnehmern einer Konferenz, die diese Wahrnehmungen unmittelbar haben und nur aus obengenannten Gründen trotz dieser Wahrnehmungen ihr Verhalten in dem konkreten Moment nicht ändern.

Demnach gibt es noch eine unmittelbarere Wirkung als die eingangs geschilderten, nämlich eine Beeinträchtigung der Eigenwahrnehmung. Hierzu zählt neben der Ausblendung von körperlichen Befindlichkeitssignalen auch eine Beeinträchtigung des Zeitempfindens mit allen Auswirkungen für den eigenen Rhythmus und das Ernährungsverhalten. Die Ursache hierfür liegt zum einen in dem Medium selber (zumindest, wenn es sich um einen Röhrenmonitor handelt[11]), zum anderen darin, daß es sich bei all den angesprochenen Tätigkeiten primär um Kopftätigkeiten handelt, die sich hauptsächlich im Vorstellungsleben abspielen. Um die unmittelbaren negativen Auswirkungen also so gering wie möglich zu halten, gilt es, nicht nur den Arbeitsplatz entsprechend ergonomisch zu gestalten, sondern auch sich bewußt in der Selbstwahrnehmung zu schu-

---

11 Siehe hierzu z.B. das Buch „Der gefrorene Blick" von Dr. Rainer Patzlaff.

len, z.B. durch selbst auferlegte Pausen, die keinen anderen Sinn haben, als zunächst einmal bewußt auf die eigene Befindlichkeit zu achten, um sein weiteres Verhalten danach einzurichten.

Sollte jemand, der die geschilderten unmittelbaren Auswirkungen immer wieder erlebt, weder seinen Arbeitsplatz anders gestalten noch sein Verhalten ändern, wird er ohne Frage mit den üblichen langfristigen Folgeerscheinungen derartig gesundheitlich schädlicher Wirkungen konfrontiert werden. Hierzu zählen: Haltungsschäden, Gelenkschäden, Herzrhythmusstörungen, Bluthochdruck, gesteigertes Herzinfarktrisiko, Stoffwechselerkrankungen und Übergewicht mit allen sich daran anschließenden eventuellen Folgeerkrankungen. Wie schon erwähnt, spielen bei der Entstehung derartiger Erkrankungen auch andere Faktoren durchaus eine Rolle. Aber der hier aufgezeigte Zusammenhang spricht sicherlich für sich und kann als Baustein in der Reihe der Ursachen demnach nicht geleugnet werden.

Auch die in den vorherigen Teilkapiteln beschriebenen Veränderungen der Vorstellungen und Empfindungen bei der Wahrnehmung und Begegnung mit der Welt und mit anderen Menschen müssen zumindest langfristig Auswirkungen auf die psychische und physische Gesundheit haben. Die zunehmende Beliebigkeit und Unverbindlichkeit, die, wie gezeigt wurde, zum Ideal stilisiert werden, machen es dem einzelnen schier unmöglich, sich an seiner individuellen geistigen, seelischen und körperlichen Entwicklung zu orientieren. Aus der Psychosomatik sind unterschiedliche Zusammenhänge zwischen seelischen Haltungen und physischen Krankheitssymptomen bekannt. So kann z.B. ein seelisches Nicht-loslassen-Können entweder zu Verdauungsstörungen, Einschlafbeschwerden oder einer chronischen Kurzatmigkeit mit allen dazugehörigen Folgeerscheinungen führen. Nur wenn es in der Therapie gelingt, die seelische Haltung des Patienten zu ändern, kann es zu einer Heilung kommen. Eine medikamentöse oder sonstige Behandlung der Symptome reicht an dieser Stelle nicht aus, auch wenn in Zeiten knapper werdender Gesundheitskassen vor allem die Pharmaindustrie mit allen ihr zur Verfügung stehenden Mitteln versucht, anderes zu behaupten.

So kann der Verlust eines inneren Orientierungspunktes auf Dauer, je nach Veranlagung, zu unterschiedlichen Symptomen führen. Dazu gehören hauptsächlich Störungen des seelischen und physischen rhythmischen Systems wie manisch-depressive Stimmungsschwankungen, unkontrollierbare Wutausbrüche, Schwankungen zwischen Bewegungsdrang

(Hyperaktivität) und Antriebsschwäche, Herz-Kreislauf-Störungen, Schlafstörungen oder Eßstörungen. Man muß also davon ausgehen, daß man es bei einigen, wenn nicht sogar bei etlichen derjenigen Menschen, die unter einer der genannten Störungen leiden, mit seelisch bedingten Folgeerkrankungen zu tun hat. Da die Orientierungslosigkeit und die daraus entstehende Unverbindlichkeit nicht als Problem, sondern als neue Tugend betrachtet werden, ist meistens bei den Betroffenen selber der Blick auf die eigentliche Ursache verstellt. Die Symptome bestärken viele in der Auffassung, daß der Körper eine anfällige mangelhafte Konstruktion ist – was die geschilderte Bereitschaft, alle Mittel einzusetzen, um den Leib den eigenen Vorstellungen anzupassen, verstärkt. Dabei werden nicht nur alle erdenklichen medizinischen Mittel wie Medikamente und operative Eingriffe genutzt, sondern zunehmend auch alte und neue Drogen zur Selbsttherapie verwendet.

Wie in einer früheren Arbeit[12] gezeigt wurde, fand sich dieses Verhalten vornehmlich in der Technoszene bereits seit Ende der 80er Jahre. Statt mit dem klassischen Drogenkonsumenten, der sich einer bestimmten Substanz verschrieben hatte, hat man es nun vornehmlich mit Multi-Usern zu tun, die legale und illegale Drogen gezielt einsetzten, um den jeweils gewünschten Zustand zu erreichen. So wurden und werden in diesen Kreisen zur Überwindung der Müdigkeit Koffein, Speed und Kokain konsumiert, eventuell gepaart mit Extasy, um nicht nur aufgedreht zu sein, sondern auch die richtige Partystimmung zu bekommen, und Beruhigungstees, Alkohol oder Haschisch, um am Sonntag die nötige Bettschwere zu erreichen. Wie verschiedene Veröffentlichungen zeigen[13], ist dieses Verhalten nicht mehr nur in der eigentlichen Partyszene verbreitet, sondern auch in ganz anderen Zusammenhängen zu finden. Dabei geht es anders als in den 60er, 70er und auch noch Anfang der 80er Jahre bei der breiten Masse der Konsumenten weder um Bewußtseinserweiterung noch um Protest, sondern lediglich um die gewollte Manipulation des physischen Körpers zur Befriedigung eines momentanen Bedürfnisses. Die Raver der frühen 90er Jahre haben zwar, zum großen Teil bedingt durch ihr fortschreitendes Alter und die sich daraus ergebenden Lebensnotwendigkeiten, durchaus ihr Freizeitverhalten geändert, aber nichtsdestotrotz in vielen Fällen ihre Konsumhaltung beibehalten, wodurch die Drogen wirklich gesellschaftsfähig geworden sind, da sie nicht mehr

---

12 „Techno, Internet, Cyberspace", Verlag Freies Geistesleben, Stuttgart 1998
13 Z.B. in DER SPIEGEL 27/2004 vom 28.06.2004, Titel: „Drogenwelle auf deutschen Schulhöfen"

nur von Jugendlichen und einigen Außenseitern, sondern in allen gesellschaftlichen Schichten als Mittel zum Zweck genutzt werden. Insofern ist auch die hier geschilderte Form des Drogenkonsums mit allen daraus resultierenden negativen gesundheitlichen Folgen zum Teil als Langzeitwirkung der Veränderungen, die mit den neuen Kommunikationsformen und Gewohnheiten einhergehen, zu betrachten.

Neben diesen Zivilisationskrankheiten, die ja zu Recht so heißen (da die eigentliche Ursache all dieser Störungen und Krankheiten in der Entwicklungsrichtung unserer Zivilisation liegt), gibt es, wie schon angedeutet, auch noch andere nachgewiesene oder vermutete gesundheitliche Auswirkungen, auf die im folgenden hingewiesen werden soll.

- *Mausarm (RSI Syndrom) und andere Gelenkschäden.* Da die Bewegungsabläufe bei der Nutzung des Computers immer gleich sind – unabhängig von der Frage, was gemacht wird – und nur in der Geschwindigkeit variieren, kann es zu dauerhaften Schäden kommen, wie zahlreiche Studien belegen. Aufgrund der Häufigkeit der Erkrankungen gibt es, wie man sieht, auch schon einen eigenen Namen für diese Folgeschäden. Eine Auflistung der Symptome findet sich unter folgender Internetadresse: http://www.mausarm.de/symptoms-de.asp
- *„Thumb generation".* Wie zuerst in einer internationalen Studie von Dr. Sadie Plant nachgewiesen wurde, haben das häufige Senden von SMS-Nachrichten und die häufige Nutzung von Gameboys und Joypads der Spielekonsolen zu einer Modifikation der Handorganisation geführt; sie selbst spricht dabei sogar schon von einer Mutation. Die völlig andere und vor allem übermäßige Nutzung des Daumens führt demnach zu einer anderen Ausprägung der Handmuskulatur und bei denen, die von Kindheit an mit solchen Geräten großwerden, auch zu einer Veränderung der Knochenbildung. Für diese Generation hat der Daumen auch in allen anderen alltäglichen Situationen den Zeigefinger in seiner Bedeutung abgelöst[14].
- *Gesundheitliche Schäden durch Mobiltelefone.* Kaum ein anderes Thema aus dem Bereich der Medienwirkung wird aktuell so kontrovers diskutiert wie dieses. Permanent kommen neue Studien an die Öffentlichkeit, die sich in ihren Ergebnissen nicht selten total widersprechen. Leider gibt es nur wenig wirklich unabhängige Forschung

---

14 Siehe hierzu z.B. den Artikel der Süddeutschen Zeitung „Generation thumbie" vom 19.08.2003 oder auch den Spiegel Online-Beitrag „SMS – Mutation" vom 26. März 2002

zu diesen Fragen, denn beide Seiten wollen mit der Forschung vorrangig ihre Überzeugungen rechtfertigen, was mit einer objektiven Forschung nicht zu vereinbaren ist. Unter der Adresse http://www.textually.org/ kann man sich über den aktuellen Stand ausführlich informieren. Eins ist jedenfalls sicher: Daß die Mobiltelefone, in welchem Umfang auch immer, eine Wirkung auf den menschlichen Organismus haben, ist nicht zu bestreiten; aber das „in welchem Umfang auch immer" gilt es natürlich zu konkretisieren.

– *Nachweisbare Veränderungen in der Gehirnbildung.* Die neurobiologische Forschung ist in den letzten Jahren zu erstaunlichen Erkenntnissen gekommen. Dank der neuen computergestützten Untersuchungsmethoden ist es möglich, die Gehirnbildung und -reifung genau zu beobachten und Rückschlüsse darauf zu ziehen, welche konkreten Wirkungen einzelne Faktoren der Umwelt auf die Ausbildung des Nervensystems haben. So belegt eine aktuelle Studie[15], daß regelmäßiges Fernsehen in den ersten drei Lebensjahren durch die einseitig visuell–auditive Vermittlung von Eindrücken und Informationen zu einer Abnahme der Verknüpfungen zwischen den einzelnen Nervenzellen im Gehirn führt, was zur Folge hat, daß es im weiteren Leben zu organisch bedingten Aufmerksamkeitsstörungen kommt. Diese Ergebnisse, die im Rahmen der Studie mit Blick auf das Fernsehen gewonnen wurden, sind ohne Frage auch auf andere Medienbereiche zu übertragen. Zu derartigen Erkenntnissen kam auch schon Prof. Manfred Spitzer, der in seinem Buch „Lernen – Gehirnforschung und die Schule des Lebens" diese Zusammenhänge darstellt und in dem neueren Buch „Vorsicht Bildschirm" weiter ausführt.

In Zusammenhang mit den geschilderten physiologischen und neurologischen Veränderungen gibt es sowohl in wissenschaftlichen als auch in publizistischen Kreisen Vertreter, die diese Veränderungen nicht als negative Folgen, sondern als zivilisationsbedingte evolutionäre Entwicklungsschritte betrachten. Dieser Gesichtspunkt ist durchaus ernst zu nehmen und muß demnach bei der Betrachtung einzelner Facetten derartiger Veränderungen berücksichtigt werden. Aber in all den Fällen, in denen die Veränderungen zu einer Einseitigkeit führen, die es den Betroffenen schwer bis unmöglich macht, reale Lebenssituationen und -aufgaben adäquat zu meistern – weshalb

---

15 „Early Television Exposure and Subsequent Attentional Problems in Children", erschienen in PEDIATRICS, Vol. 113, No. 4, April 2004

spätestens dann auch die Betroffenen unter den Folgen leiden –, kann wohl kaum von einem gesunden evolutionären Fortschritt gesprochen werden.

Es gilt also bei der Frage, welche Medien wir in welchem Umfang nutzen, die gesundheitlichen Risiken im Auge zu behalten, und zwar individuell und gesellschaftlich. Denn schließlich entstehen in der Folge auch volkswirtschaftliche Schäden. Dabei müssen wir so offen sein, daß wir bei entsprechenden Erkenntnissen auch liebgewonnene Gewohnheiten, wie z.B. ja auch das Rauchen, nicht nur kritisieren, sondern aktiv gesellschaftlich bekämpfen. Die Langzeitstudie "Too Much TV in Childhood Affects Adult Health" der neuseeländischen Otago-Universität hat in Neuseeland eine derartige Folge bewirkt. Die Studie ergab, daß der volkswirtschaftliche Schaden durch die Folgeerkrankungen eines hohen Fernsehkonsums in der Kindheit[16] höher liegt als der durch aktives und passives Rauchen. Aufgrund dieser Studie hat sich die zuständige Gesundheitsbehörde zur Aufgabe gemacht, dafür zu sorgen, daß der durchschnittliche Bildschirmkonsum der Kinder in den nächsten Jahren entsprechend gesenkt wird; zur Not auch mit beschränkenden Gesetzen für die Medienanbieter, wenn die volkspädagogischen Bemühungen nicht ausreichen sollten. Solche Maßnahmen erscheinen vielen Zeitgenossen sicherlich zunächst einmal als überzogen und unrealistisch; aber ähnlich war es ja auch, als die ersten Beschränkungen zum Rauchen am Arbeitsplatz und in öffentlichen Gebäuden angekündigt wurden. Wünschenswerter als gesetzliche Beschränkungen und Auflagen wäre es natürlich, wenn die einzelnen Anbieter und Konsumenten selber aus Einsicht heraus ihr Verhalten bei entsprechenden Erkenntnissen verändern würden. Voraussetzung hierfür ist eine entsprechend starke Persönlichkeit – womit wir erneut vor der Frage nach dem Ich des Menschen stehen. Dieser Frage soll im nächsten Kapitel nachgegangen werden.

---

16 Zwei und mehr Stunden Bildschirmkonsum pro Tag

7
DIE ICH-FRAGE ALS ZENTRALE FRAGE DER GEGENWART

Wir alle *wissen*, was wir meinen, wenn wir „Ich" sagen. Aber wenn wir es erklären sollen, wird es schnell sehr schwierig. Auch wenn alle das gleiche Wort benutzen, gibt es sehr unterschiedliche Auffassungen darüber, was sich hinter dieser Bezeichnung verbirgt. In den vorherigen Kapiteln wurde an verschiedenen Stellen ein bewußter Umgang mit den Kommunikationsmedien gefordert. Eine solche Forderung setzt natürlich voraus, daß es nicht nur eine Instanz gibt, die ein Bewußtsein von den Dingen und Zusammenhängen haben kann, sondern daß sie auch noch in der Lage ist, regulierend und gestaltend in das Handeln des einzelnen einzugreifen. Mit anderen Worten: Hinter einer solchen Forderung steckt eine bestimmte Auffassung vom Ich als eigenständige Instanz in jedem Menschen. Um also zu einem besseren Verständnis des bisher Dargestellten und der noch folgenden Ausführungen beizutragen, soll im folgenden dem Ich-Begriff nachgegangen werden; wobei deutlich werden wird, welche Anschauung dieser Arbeit zugrunde liegt. Nebenbei wird auf diesem Wege auch so manche Debatte, die rund um die Medienthematik geführt wird, verständlicher; denn die jeweilige Auffassung vom Ich führt in ihrer Konsequenz zu entsprechend unterschiedlichen Auffassungen bezüglich der Nutzungsmöglichkeiten und Gefahren der Medien für den einzelnen.

7.1 WAS IST DAS ICH?

Wann immer eine solche Definitionsfrage gestellt wird, liegt es nahe, in einem der vorhandenen Lexika nachzuschauen, in der Hoffnung, schnell eine eindeutige Antwort zu finden. In diesem konkreten Fall bleibt allerdings das erhoffte Ergebnis aus. So findet sich im dtv-Lexikon[1] folgender Eintrag:

*„**Ich**, grch.-lat. **Ego**, der sich selbst bewußte Ursprung und Träger aller psych. Akte (Denken, Wahrnehmen, Fühlen, Handeln) des Individuums, in denen dieses sich als kontinuierliches, identisches Selbst erfährt; auch als normativer Kern der Persönlichkeit aufgefaßt; in der behavioristisch orientierten Persönlichkeitstheorie die Gesamtheit aller äußeren Verhaltensweisen des Individuums.*

---

1 dtv-Lexikon, Band 8, in der Ausgabe von 1995

In der Psychoanalyse die seelische Instanz, die die Integration von Realitätsanforderungen, Triebansprüchen (,Es') und moralischen Normen (,Über-Ich') gewährleistet und dabei auftretende Konflikte löst.
Die Grundentwicklung des Ich-Bewußtseins (Ich-Findung) vollzieht sich in den ersten beiden Lebensjahren des Menschen.
Philosophisch bezeichnet der Begriff Ich seit der deutschen Mystik die Selbstunterscheidung des eigenen Bewußtseins vom Nicht-Ich der Um- und Mitwelt (des ,Du' oder vom Un- und Unterbewußten (des ,Es'), das empirische Ich nimmt den Gedanken Augustins vom historisch bedingten Ich mit seinen Erlebnissen auf (der beseelte, geistfähige Mensch). Das transzendentale Ich ist nach I. Kant die Voraussetzung der synthetischen Leistungen des Bewußtseins schlechthin, das absolute Ich schließlich nach J.G. Fichte diejenige schöpferische Einheit, auf die bezogen Wirklichkeit Sinn hat und die vor dem Auseinandertreten von endlichem Bewußtsein und Bewußtseinsgegenstand besteht."

Dieser Eintrag bestätigt, wie viele verschiedene Auffassungen vom Ich es gibt. Neben allen Unterschieden gibt es aber auch einige Gemeinsamkeiten. So ist das Ich als Kern einer jeden Persönlichkeit der Punkt, an dem das Selbstbewußtsein entsteht, und der Ort der Kontinuität im Leben des Menschen, bei allen Veränderungen, die er im Laufe seines Lebens durchmacht. Des weiteren gibt es eine unumstrittene Ich-Entwicklung zumindest in den ersten beiden Lebensjahren.

Dieser Konsens deckt sich ja ohne Frage mit den Erfahrungen aller Menschen. Obwohl unser Leben bei jedem Schlaf immer wieder durch unbewußte Phasen unterbrochen wird und sich unser Körper vom ersten Tag des Lebens bis zum Ende permanent ändert – und das je nach Lebensphase ja durchaus in radikaler Form –, wissen wir immer, wer wir sind. Immer? Nein, nicht ganz; denn kaum einer kann sich an Erlebnisse der frühen Kindheit erinnern, und wenn, dann nur an einzelne Szenen, wobei es sich in diesen Fällen auch häufig um verinnerlichte äußere Schilderungen handelt. Insofern kennt auch jeder die Beschreibung der Ich-Entwicklung aus eigener Erfahrung und kann sogar mitunter für sich selber den Punkt benennen, an dem das Ich-Bewußtsein eingesetzt hat.

Wir alle kennen verschiedene Aspekte unserer Persönlichkeit: Wir erleben, daß wir durch unser soziales und kulturelles Umfeld geprägt sind, und das nicht nur in bezug auf unsere Meinungen und Vorstellungen, sondern auch in bezug auf unsere Empfindungen und Handlungen. Der

Mensch ist also ohne Frage ein vielschichtiges Wesen; und landläufig sind wir gewohnt, die Summe aller Teile und Aspekte unserer Persönlichkeit Ich zu nennen, wobei etliche der genannten Widersprüche unter anderem daher rühren, daß von einzelnen eine unterschiedliche Anzahl von Faktoren angenommen wird, die zu dem, was wir Ich nennen, gehören. Im Alltäglichen ist es ja auch durchaus berechtigt, daß wir in dieser Summenform von uns selber sprechen, da die einzelnen Teile, solange wir wach und gesund sind, permanent ineinanderspielen und in dem Sinne nicht isoliert auftreten. Für eine genauere Beobachtung der Zusammenhänge, wie sie auch im Rahmen dieser Arbeit durchgeführt werden soll, ist es allerdings unumgänglich, differenzierter auf das Gesamtbild der Persönlichkeit zu schauen. Wenn wir dabei von außen nach innen vorgehen, können wir folgende Bestandteile unterscheiden:

Zuerst tritt uns die Gestalt – also der Körper – eines Menschen entgegen. Ohne Frage haben das Geschlecht, die Statur, die Proportionen unserer Gestalt, die Augen- und Haarfarbe eine Wirkung, nicht nur auf die Menschen, denen wir begegnen, sondern auch auf uns selber. Solange der Körper nicht verletzt oder auf andere Weise beschädigt wird und wir nicht manipulativ eingreifen, ist er ein Produkt der Vererbung, also unserer Eltern – was ja meistens in verschiedenen Ähnlichkeiten auch deutlich zu sehen ist. Die isolierte Körperlichkeit haben wir aber eigentlich nur bei Abbildern wie Porträts, Statuen, Fotos oder in Form des Leichnams vor uns; denn sobald und solange ein Mensch lebt, unterliegt der Körper permanenten Veränderungen.

Wir müssen also das Leben an sich, die Lebendigkeit unseres Körpers, als zweiten Faktor nennen. Zu den hier gemeinten Veränderungen zählen nicht nur der Umstand, daß wir wachsen und gegen Ende des Lebens wiederum schrumpfen, sondern auch die feinen Veränderungen, die jeden Moment unseren Körper prägen – z.B. die Änderungen unserer Hautfarbe als Reaktion auf natürliches und künstliches Licht und in Abhängigkeit der momentanen Durchblutung, die kurzfristigen und längerfristigen Auswirkungen der Nahrungsmittel, die wir zu uns nehmen, die Reaktionen des Körpers auf unterschiedliche Temperaturen, die körperlichen Auswirkungen von Schlafmangel und die sichtbaren Auswirkungen verschiedener Krankheiten, um nur einiges zu nennen. Derartige Veränderungen können nur in Lebewesen auftreten. Bei rein physischen Körpern wie z.B. Androiden[2] gibt es Veränderungen nur

---

2 Roboter, die von der äußeren Form her dem Menschen ähnlich sehen.

durch Verschleiß. Während unser Körper das reine Produkt der Vererbung ist, gilt dies nicht in gleichem Maße für unsere Lebendigkeit oder Lebenskraft. Wie aus der Auflistung bereits deutlich werden kann, ist unsere Lebenskraft, vor allem mit fortschreitendem Alter, durch unsere Umwelt geprägt; z.b. durch die klimatischen Bedingungen, die kulturellen Rahmenbedingungen und die gegebenen Zeitverhältnisse, in denen wir leben. Aber neben diesen äußeren Faktoren natürlich auch durch unsere ganz persönliche Lebensweise, die unter anderem in unseren Gewohnheiten verankert ist.

Unsere Gewohnheiten sind also ein dritter Faktor, der unsere Persönlichkeit nachhaltig prägt. Anders als unsere Lebensnotwendigkeiten (wie z.B. der Umstand, daß wir täglich eine bestimmte Menge Flüssigkeit zu uns nehmen müssen) sind unsere Gewohnheiten nicht nur wandelbar, sondern sie können sogar im Widerspruch zu unseren Lebensnotwendigkeiten stehen – wie z.B. jedweder Drogenkonsum zeigt. Auch wenn wir viele Gewohnheiten aus unserem familiären und gesellschaftlichen Umfeld übernehmen, gibt es keine äußere Gesetzmäßigkeit dafür, welche Gewohnheiten das im einzelnen sind. Die Frage, welche Gewohnheit wir annehmen, und ob, und, wenn ja, in welche Richtung wir eine Gewohnheit verändern, hängt letztlich nur von unseren Empfindungen ab. Maßgeblich dafür, ob eine Verhaltens- oder Lebensweise zu einer Gewohnheit wird oder nicht, sind die Empfindungen und Gefühle, die wir in diesem Zusammenhang erleben. Dabei geht es z.B. im Falle von Ernährungsgewohnheiten nicht nur um die unmittelbaren Geschmacksempfindungen, sondern auch um Gefühle, die mit dem jeweiligen Nahrungsmittel direkt oder indirekt verbunden sind; z.B. in Anknüpfung an die Art der Zubereitung oder des Verzehrs, an die Darreichungsform – und um Gefühle, die sich an darüber hinausgehende Vorstellungen anschließen. Alles in allem sind die Empfindungen, Gefühle und die sich daran anschließenden Gewohnheiten ein maßgeblicher Faktor für unsere Persönlichkeit, zumal sie unmittelbare Rückwirkungen auf unseren lebendigen Körper haben. Dies zeigt sich z.B. in unserer Mimik und Gestik, unserer Atmung, dem Herz-Kreislauf-System und, im Falle von Schmerz und Traurigkeit, auch in körperlichen Funktionen wie der Produktion von Tränenflüssigkeit. Je stärker die Empfindungen und Gefühle sind, die wir erleben, um so stärker ist ihr zwingender Charakter, d.h. um so deutlicher wirken sie unmittelbar auf unseren lebendigen Körper und werden in der Hautfärbung, dem Blick, der Gestik und anderen Signalen sichtbar. Dennoch sind wir alle nicht nur durch unsere Gefühle bestimmt, sondern wir können uns im Rahmen unserer individuellen Möglichkeiten mitunter auch von starken Gefühlsregungen emanzipieren. Hierzu bedarf es einer weiteren Instanz, die zum Gesamtbild unserer Persönlichkeit zählt.

Wir können uns nur insoweit von unseren Empfindungen und Gefühlen in unseren äußeren Regungen und Handlungen emanzipieren, wie wir das Auftauchen derselben bewußt erleben. Die bewußte innere Wahrnehmung der verschiedenen emotionalen Regungen ist die Grundvoraussetzung dafür, daß wir im Äußeren die „Fassung" bewahren; sie reicht aber als solche noch nicht aus. Neben der Wahrnehmung als solcher muß es eine Instanz geben, die in der Lage ist, sich zwischen den mit der jeweiligen emotionalen Regung verbundenen Handlungsimpuls und die Ausführung desselben zu stellen. Sofern hier vom Selbstbewußtsein gesprochen wird, haben wir es also mit dem Ich des Menschen zu tun, in dem Sinne, wie es auch in der allgemeinen Definition, die am Anfang stand, beschrieben wurde. Die Möglichkeit, einen Handlungsimpuls von der Umsetzung der Handlung abzukoppeln, stellt aber schon eine Erweiterung dieses Begriffes dar. Das Ich des Menschen ist in diesem Sinne also nicht nur ein Wahrnehmungsspiegel für die körperlichen Befindlichkeiten und emotionalen Regungen, sondern auch Handlungsorgan, das sich regulierend zwischen die verschiedenen Impulse und deren jeweilige Umsetzung stellen kann. In welcher Weise wir dabei regulierend eingreifen können, hängt davon ab, welche Vorstellungen und Ideen wir von unserer Umwelt übernommen oder uns selber gebildet haben. Ob und wie stark wir eingreifen können, hängt davon ab, welchen Stellenwert das Ich in der jeweiligen Situation in unserem Wesensgefüge hat. In welchem Umfang wir also regulierend eingreifen können, ist demnach von sehr unterschiedlichen Faktoren abhängig – wie z.B. von unserem Temperament, unserem jeweiligen Wachheitsgrad, unserer aktuellen Tagesverfassung und unserer Lebenserfahrung. Auch wenn das Temperament ohne Frage einen stark prägenden Einfluß auf die Art und Weise hat, wie wir auf Empfindungen und Situationen reagieren, können wir doch lernen, unser Temperament zu zügeln – was nichts anderes heißt, als daß wir auch hier regulierend mit unserem Ich eingreifen können.

Insofern ist die Ich-Entwicklung nicht nur auf die ersten Lebensjahre beschränkt, sondern sie hält das ganze Leben über an. Welchen Verlauf diese Entwicklung nimmt – ob also das Ich im Laufe dieser Entwicklung immer souveräner wird gegenüber den äußeren und inneren Anlagen und

Vorgaben –, liegt letztendlich bei jedem einzelnen, wobei die Umwelt- und Zeitbedingungen die individuelle Entwicklung erleichtern oder erschweren können. Je größer die Hemmnisse sind, die sich der Ich-Entwicklung entgegenstellen, um so mehr innere Willenskraft muß der einzelne aufbringen. Ist die innere Willenskraft stark genug, kann sich ein Mensch auch in den extremsten Situationen innerlich behaupten. Dies belegen all jene Biographien von Menschen, die z.B. trotz Verfolgung und Folter in der Lage waren, die verständlichen Gefühle von Verzweiflung, Wut und Haß aus ihrem Ich heraus im Zaum zu halten und nicht zu Handlungen werden zu lassen.

7.2 Der Mensch zwischen Bestimmung, Freiheit und Manipulation

Seit Jahrhunderten wird immer wieder die Frage aufgeworfen, ob der Mensch in seinen Handlungen frei ist oder nicht. Lange Zeit war dies eine theologische bzw. philosophische Frage. Aber im Zuge der neuzeitlichen Entwicklung ist sie auch zu einer naturwissenschaftlichen Frage geworden. Je nachdem, von wem und zu welcher Zeit diese Frage behandelt wurde, fielen die jeweiligen Antworten sehr unterschiedlich aus. Dabei gibt es keinen linearen Wechsel in der Antwort, aus dem man schließen könnte, daß man jetzt die richtige Antwort hat, sondern man findet auch in der Neuzeit ein permanentes Wechselspiel zwischen denen, die den Menschen als freies Wesen betrachten, und jenen, die davon ausgehen, daß er in all seinen Regungen und Handlungen bestimmt ist. Die sich widersprechende Polarität beider Anschauungen durchzieht unser gesamtes gesellschaftliches Leben mit ganz realen praktischen Folgen.

Das Grundgesetz fußt auf der Annahme, daß der einzelne Mensch in seinen Vorstellungen und Handlungen frei ist. Auf dieser Grundlage bauen alle Gesetze auf. Sinn aller Gesetze ist es, die Freiheit des einzelnen zu schützen. Das bedeutet in einer Gesellschaft, daß mitunter die Freiheit eines einzelnen oder einer Gruppe beschränkt werden muß, wenn durch die Umsetzung ihrer freien Entschlüsse die Freiheit anderer stärker oder nachhaltiger beschränkt wird. Jeder, der aus seiner Freiheit heraus gegen die gesellschaftlichen Grundregeln verstößt, muß damit rechnen, für sein Vergehen bestraft zu werden, was als gerecht anzusehen ist, da er sich ja anders hätte entscheiden können. So weit, so gut. In der juristischen Praxis kann man aber nun vor allem bei Strafprozessen erleben, daß immer wieder – und das in zunehmendem Maße – Gründe angeführt werden, warum der einzelne nicht anders handeln konnte und somit gar nicht oder nur bedingt schuldfähig ist[3]. Durch die Fülle der hierbei genannten Faktoren und die zunehmende Häufigkeit, mit der Richter diese anerkennen, wird in der juristischen Praxis die Existenz der Freiheit des einzelnen mehr und mehr in Frage gestellt.

Hieran kann man sehen, daß die Frage nach der Freiheit nicht nur eine philosophische ist, sondern wirklich uns alle betrifft; denn die jeweilige Antwort hat tiefgreifende Konsequenzen für jeden einzelnen und vor allen auch für das gesamte menschliche Zusammenleben.

Wie kann nun eine zulässige Antwort auf diese Frage gefunden werden? Am einfachsten ist es festzustellen, daß es eine totale Freiheit des Menschen nicht gibt. Denn auch der Freiheitsidealist muß bei genauer Beobachtung etliche Faktoren entdecken und anerkennen, die ihn in seinen Vorstellungen und Handlungen beeinflussen und bestimmen. Dazu zählt die körperliche Gestalt, das Temperament, die Sozialisation etc. Daraus aber zu schließen, der Mensch sei in all seinen Regungen und Handlungen determiniert, ist ein Kurzschluß. Denn wie bereits angedeutet wurde, können wir bei anderen oder auch bei uns selber erleben, daß wir uns durchaus auch, zumindest von einigen dieser Faktoren, in einer konkreten Situation oder sogar dauerhaft emanzipieren können. Wie gezeigt wurde, ist die Persönlichkeit des Menschen bei genauer Beobachtung vielschichtig; und die scheinbar geschlossene Persönlichkeit, die uns entgegentritt, wenn wir einem anderen Menschen begegnen, besteht aus dem lebendigen Wechselspiel aller Bestandteile. Auch wenn viele dieser Bestandteile prägenden und damit auch bestimmenden Charakter haben, hat das Ich die Möglichkeit, sich zwischen vorhandene Prägungen und die sich daran anschließenden Vorstellungen und Handlungen zu stellen. Da das Ich ein Bestandteil eines jeden Menschen ist, hat damit jeder Mensch die Möglichkeit zur Freiheit. Inwieweit er von dieser Freiheit Gebrauch machen kann und Gebrauch macht, hängt ab von seiner jeweiligen Entwicklung, von den äußeren Möglichkeiten, sich frei entfalten zu können, und vor allem von seinem Willen und der Fähigkeit, den Willen zu führen.

Die Antwort kann also nicht in einem Entweder-Oder gefunden werden, sondern nur in einem Sowohl-als-Auch. Jeder Mensch hat die Mög-

---

3 Denn von Schuld kann selbstverständlich nur dann geredet werden, wenn es eine freie Entscheidung gibt.

lichkeit zur Freiheit in sich; und es liegt an ihm und der Gesellschaft, die Bedingungen zu schaffen, in denen diese Freiheit zur Geltung kommen kann. Auf dieser Grundlage haben auch die geschilderten juristischen Diskussionen ihre volle Berechtigung; gilt es doch, nicht im allgemeinen, sondern im ganz konkreten Einzelfall herauszufinden, ob man es mit einer freien Tat oder einer Abfolge bestimmbarer individueller und gesellschaftlicher Aktionen und Reaktionen – im Sinne einer festgelegten Kettenreaktion – zu tun hat.

Nur auf dieser Grundlage kann auch davon ausgegangen werden, daß es die Möglichkeit gibt, sich gegenüber jedweder Manipulation behaupten zu können. Manipulation meint hier den Versuch, das freie Ich zu umgehen oder gar auszuschalten, um den einzelnen dazu zu bringen, Vorstellungen zu entwickeln und Handlungen zu vollbringen, die in Widerspruch zu seiner eigentlichen inneren Auffassung stehen. Die einfache Formel gegen Manipulation lautet: Je ausgeprägter das eigene Selbstbewußtsein und je präsenter das Ich im Wesensgefüge ist, um so schwieriger ist jeder Manipulationsversuch. Dabei ist mit Selbstbewußtsein hier selbstverständlich eine objektive Eigenwahrnehmung gemeint, die sich auch der eigenen Schwächen und Fehler bewußt ist.

Auf dieser Grundlage stellt sich die Frage, wie wir den nachfolgenden Generationen helfen können, die innerliche Souveränität zu erlangen, die es braucht, um sich gegen die bewußten und unbewußten Manipulationsversuche behaupten zu können. Denn genauso, wie der Körper des Kindes Pflege und Schutz braucht, um sich gesund entwickeln zu können, bedarf auch das Ich einer Pflege und eines Schutzes, bis es entsprechend herangereift ist. Daraus ergeben sich auch gerade im Hinblick auf die Herausforderungen der Medien konkrete Forderungen für die Pädagogik, die im nächsten Kapitel behandelt werden sollen.

8
KONKRETE ANFORDERUNGEN AN DIE PÄDAGOGIK

Wie aus der bisherigen Arbeit ersichtlich werden konnte, stellen die Entwicklungen im Bereich der Kommunikationsmedien jeden einzelnen und vor allem auch die nachfolgenden Generationen vor konkrete neue Herausforderungen. Zu meinen, die Kinder von heute könnten sich von ganz alleine gegenüber den Gefahren behaupten und würden von sich aus nur die positiven Nutzungsmöglichkeiten entdecken und anwenden, ist eine naive Illusion. Es ist genauso naiv, als wenn man meinen würde, daß unsere Kinder ganz von alleine, ohne jede erzieherische Hilfe, zu kompetenten Verkehrsteilnehmern werden könnten. Was genau im einzelnen vermittelt werden muß und welche Fähigkeiten und Fertigkeiten die Kinder mit unserer Hilfe im Hinblick auf eine wirkliche Medienkompetenz entwickeln sollen, soll im weiteren genauer dargelegt werden. An dieser Stelle seien noch einige grundlegende Zusammenhänge erläutert.

Wer gegenüber der obigen These, daß die Kinder nicht von alleine medienkompetent werden, einwendet, daß er Jugendliche kennt, die mit den neuen Medien vornehmlich oder sogar nur sinnvoll umgehen und weder von seiten der Schule noch von seiten der Eltern eine bewußte Medienerziehung erhalten haben, widerspricht dieser These in keiner Weise. Wie zu zeigen sein wird, können die grundlegenden Fähigkeiten, die in einer souveränen Medienkompetenz zur Anwendung kommen, in den verschiedensten Bereichen erworben werden. Der geschilderte Einwand ist somit lediglich ein Beleg für eine gelungene Erziehung.

Das Wesentliche einer guten Erziehung ist die Fähigkeitsbildung, die im Idealfall fast unmerklich das Heranwachsen der Kinder und Jugendlichen begleitet. Welche Inhalte im Laufe des familiären und schulischen Unterrichts an die Kinder herangebracht werden, spielt dabei eine nebensächliche Rolle. Wer eine gesunde Urteilsfähigkeit besitzt und sich interessiert der Welt und seinen Mitmenschen zuwendet, wird sich im Informationszeitalter jederzeit mit Leichtigkeit die für ihn relevanten Informationen beschaffen können. Wer diese Eigenschaften nicht besitzt, wird auch nach einem tollen Computerkurs Schwierigkeiten haben, sich in der Welt der Medien und im Leben allgemein zu behaupten. Erziehung heißt eben nicht nur Wissensvermittlung im schulischen Sinne, sondern

Erziehung beginnt mit der Haltung der Menschen, in deren Umgebung ein neuer Mensch hineingeboren wird. Nur so ist ja auch zu verstehen, daß manch ein großer Erfinder, Wissenschaftler oder Künstler trotz schlechter schulischer Bildung zu dem geworden war, der er war.

So manch einer aus der Generation neuer Eltern, Erzieher und Lehrer weist auch gerne darauf hin, daß er selber ja doch mit den Medien großgeworden ist, ohne je einen speziellen medienpädagogischen Unterricht erhalten zu haben, und doch relativ gut mit den Herausforderungen und Gefahren umgehen kann. Zum einen gilt es, das „relativ gut" genauer unter die Lupe zu nehmen; denn auch viele Erwachsene sind weit davon entfernt, den Verlockungen und Gefahren der Medienwelt souverän begegnen zu können. Zum anderen muß immer wieder betont werden, daß gerade in den letzten 30 Jahren enorme Veränderungen in bezug auf die Medienangebote eingetreten sind.

Wer vor 30 Jahren als Kind das Fernsehen kennenlernte, erlebte die ersten Farbfernseher – teilweise mit, teilweise noch ohne Fernbedienung –, die drei Programme ausstrahlten, bei denen spätestens um Mitternacht Sendeschluß war. Die ersten Computer von Commodore und Atari, die in die Kinder- und Jugendzimmer Einzug hielten, setzten ein technisches Interesse und Lernwillen voraus; denn wer sich nicht auch inhaltlich mit der neuen Technik auseinandersetzte, konnte damit nichts anfangen. Hinzu kommt noch der völlig andere gesellschaftliche Kodex, was die Darstellung und Zumutbarkeit von verschiedenen Inhalten betrifft. In diesem Sinne hat sich sowohl quantitativ als auch qualitativ sehr viel geändert. Den Kindern von heute, die der ganzen Breite des aktuellen Medienangebots begegnen, fehlt das langsame Hineinwachsen in diese Fülle, das ihren Eltern von Natur aus gegeben war. All diesen Umständen muß Rechnung getragen werden; und wenn es vielleicht für die Elterngeneration noch stimmt, daß sie auf natürlichem Wege in die Mediengesellschaft hineingewachsen sind und sich dort behaupten können, sieht es für deren Kinder anders aus: Sie sind auf unsere Unterstützung angewiesen, und wir alle tragen als Mitglieder unserer Gesellschaft die Verantwortung, den nachfolgenden Generationen diese Unterstützung in Form einer zeitgerechten Erziehung zukommen zu lassen.

In diesem Zusammenhang sei auch noch auf eine weitere Veränderung hingewiesen. Wir haben nicht nur eine quantitative und qualitative Veränderung des Medienangebots, sondern auch eine extreme Verjüngung, was das Einstiegsalter betrifft. Ein explizites Kinderfernsehen für Vorschulkinder war bis zum Anfang der 70er Jahre unbekannt. Gerade einmal das Sandmännchen, mit einer Sendedauer von wenigen Minuten, richtete sich an die kleineren Kinder. Alle anderen Sendungen – wie z.B. auch die Produktionen der Augsburger Puppenkiste – richteten sich an Schulkinder, so wie ja auch die verwendeten Vorlagen für eine entsprechende Altersgruppe geschrieben waren. Daß auch damals schon einige Eltern ihre Kinder vorher mit dem Fernsehen konfrontierten, ist eine Ausnahme. Erst die Sendung „Sesamstraße", die seit 1974 auch in Deutschland ausgestrahlt wird, richtete sich explizit an Kinder im Vorschulalter; wobei ein Ziel darin bestand, den Kindern das Fernsehgucken überhaupt erst beizubringen. Mit der Sendung „Teletubbies", die in Deutschland seit 1999 läuft, wurde auch diese Barriere offiziell durchbrochen; denn nach Angaben der Produzentin Ann Wood richtet sich diese Sendung an Kinder ab einem Alter von sechs Monaten – es handelt sich also um Kleinkinderfernsehen. Seit Februar 2006 gibt es in Deutschland das israelische Baby-TV als Spartenkanal bei dem Zusatzprogramm von Kabel 1, das sich ausschließlich an die ganz Kleinen wendet und 24 Stunden lang Programm für Babys bietet.

Auch die Angebote der Lernsoftware und Computerspiele sind im Laufe der letzten Jahre bis zu den Kleinkindern vorgedrungen. Hinzu kommt – wie an anderer Stelle bereits ausführlich geschildert wurde – der Umstand, daß in vielen Haushalten heutzutage nicht nur ein Fernsehgerät vorhanden ist, sondern mehrere. War also das Fernsehen noch vor 20 Jahren ein vornehmlich gemeinsam genutztes Medium (was nicht nur eine bessere Form der Kontrolle über die Sehdauer, sondern auch einen Austausch über die gesehenen Inhalte ermöglichte), ist es nun zunehmend zu einem individuellen Medium geworden. Nach einer aktuellen Studie des Kinderkanals besitzen bereits 39 % der 6 bis 13jährigen Kinder in Deutschland einen eigenen Fernseher[1].

Ähnlich verhält es sich auch mit den Kommunikationsmedien. Solange es nur ein schnurgebundenes Telefon in den Haushalten gab, was meistens im Wohnzimmer oder im Flur zu finden war, reduzierte sich die Zeit, die vor allem Kinder und Jugendliche mit dem Telefonieren zubrachten, auf natürliche Weise. Wer Glück hatte, konnte als Jugendlicher das Telefon aufgrund einer entsprechend langen Schnur in sein Zimmer entführen und damit relativ unbehelligt telefonieren. Er mußte aber immer damit rechnen, daß andere Familienmitglieder auftauchten und sein Gespräch

---

[1] Studie „Kinder und Medien" des KIKA, http://www.mdr.de/DL/2781468.pdf

unterbrachen, um das Telefon selber zu nutzen. Anderen blieb nichts anderes übrig, als Telefonzellen aufzusuchen und von dort aus ihre Freunde anzurufen. Zum einen durch die Möglichkeit mehrerer Anschlüsse dank ISDN, aber vor allem durch die Verbreitung der Mobiltelefone, verfügen heute die meisten Jugendlichen über einen eigenen Telefonanschluß.

Durch all diese Entwicklungen hat die Zeit, die ein Mensch im Laufe seines Lebens mit Medienkonsum und medialer Kommunikation zubringt, dramatisch zugenommen[2]. Denn wer früher mit Medienkonsum beginnt, hört ja nicht auch früher damit auf. Wie verschiedene Untersuchungen zeigen, haben heute bereits viele Kinder am Ende ihrer Schulzeit im Laufe ihres bisherigen Lebens mehr Stunden vor dem Fernseher gesessen, als sie in der Schule verbracht haben – und dabei wurde nur das Fernsehen berücksichtigt. Hinzu kommen all die Stunden, die sie telefoniert, mit Gameboys und Spielkonsolen verbracht und vor dem Computer gesessen haben. Wer dies alles berücksichtigt und im Ganzen betrachtet, wird nicht mehr bestreiten können, daß es heute eine Notwendigkeit ist, den Kindern bewußt zu helfen, medienkompetent zu werden. Im weiteren soll detailliert betrachtet werden, wie es zu einer gesunden Medienkompetenz kommen kann.

8.1 Von der konkreten Handlung zur Fähigkeit

Jeder Mensch verfügt über verschiedene Fähigkeiten, die er sich im Laufe seines Lebens erworben hat, wobei einige scheinbar wie von selbst entstehen – wie z.B. Laufen und Sprechen.

Von einer Fähigkeit sprechen wir immer dann, wenn innere oder äußere Handlungsmuster (oder beides) souverän und situationsadäquat eingesetzt werden können. So besteht die Fähigkeit des Laufens darin, das körperliche Gleichgewicht auch bei Veränderungen der Bodenbeschaffenheit und des Neigungswinkels ohne Bewußtseinsanstrengung zu halten. Nur dann, wenn sich die genannten Faktoren stark ändern – wie z.B. im Gebirge, auf schwankenden Schiffen oder in tiefem Schnee –, müssen wir das Bewußtsein auf diese Tätigkeit lenken.

Jeder Erwerb einer Fähigkeit beginnt mit dem Einüben konkreter innerer oder äußerer Handlungen. Solange nur die konkrete Handlung

---

2 Nach einer aktuellen Studie der ARD liegt der durchschnittliche Medienkonsum eines Bundesbürgers bei 600 Minuten pro Tag, also 10 Stunden (Massenkommunikation 2005, http://www.ard-werbung.de/showfile.phtml/09-2005_ridder_engel.pdf?foid=15614).

vollzogen werden kann, können wir nur von einer Fertigkeit, aber noch nicht von einer Fähigkeit sprechen. Erst wenn die gebildete Fertigkeit frei auf ähnliche Situationen angewendet werden kann, kann man von einer Fähigkeit sprechen. So ist die Grundlage für das Schreiben, daß man das entsprechende Schreibgerät so halten, auf- und absetzen kann, daß man geführt Linien auf der jeweiligen Unterlage erzeugen kann. Dabei gilt, wie bei allen äußeren Tätigkeiten, daß ich in dieser Phase meine Tätigkeit – das Führen des Stiftes – mit voller Aufmerksamkeit, vornehmlich durch den Sehsinn, begleite. Erst wenn ich diese Tätigkeit ausreichend geübt habe, kann ich mich mit meiner Aufmerksamkeit von ihr lösen und diese auf andere Bereiche richten. Sobald ich durch übendes Tun die entsprechende Fertigkeit erworben habe – also in unserem Fall geführte Striche auf das Papier zu bringen –, bin ich bereits in der Lage, Bilder, Worte und Texte abzumalen, kann aber im eigentlichen Sinne noch nicht schreiben. Erst wenn sich mir die Bedeutung der Buchstabensymbole und ihr Zusammenhang mit den Lauten meiner mir schon bekannten Sprache erschlossen hat, kann ich selber eigenständig Sprache schriftlich fixieren und damit im eigentlichen Sinne schreiben.

Ich muß also unbewußt oder bewußt die übergeordneten Regeln und Gesetze erkennen und verinnerlichen – nur dann kann aus einer Fertigkeit eine Fähigkeit werden. Daß dies sehr wohl ein rein unbewußter Vorgang sein und bleiben kann, sei an einem anderen Beispiel verdeutlicht. Um ein Tablett tragen zu können, vor allem es auf einer Hand zu balancieren, bedarf es einer feinen Ausprägung des Gleichgewichtssinnes. Dies geschieht nicht nur über die optische Wahrnehmung, sondern vor allem auch über die unterschiedlichen Druckempfindungen der Finger; ja, wie viele aus Erfahrung wissen, kann es gerade unter schwierigen Bedingungen – wie z.B. in einem fahrenden Zug – eher hinderlich sein, wenn man die Tätigkeit mit den Augen und zuviel Aufmerksamkeit begleitet. Hinter dem Zustand der Balance steckt, je nachdem, eine ganze Reihe physikalischer Gesetze, allen voran das Gravitationsgesetz, aber auch Hebelgesetze und, im Falle des fahrenden Zuges, Beschleunigungsgesetze. Um nun ein Tablett unter den genannten Bedingungen erfolgreich zu balancieren, ist es aber nicht notwendig, daß wir all diese Gesetze bewußt kennen, verstehen oder sogar erklären können. Die unbewußte, verinnerlichte Reaktion auf die realen Auswirkungen der durch die physikalischen Gesetze beschriebenen Kräfte reicht zum Glück für die Menschheit vollkommen aus.

Die bewußte Erkenntnis der jeweiligen Regeln und Gesetze kann demnach eine Ergänzung sein und zum Verständnis wahrgenommener Phänomene beitragen, aber sie kann niemals ein Ersatz sein für das übende Tun. Jemand, der die genannten physikalischen Gesetze und mit Hilfe der dazugehörigen Formeln theoretisch anwenden kann, ist noch lange nicht in der Lage, die Aufgabe im Leben zu meistern. Er kann lediglich sagen, was zu tun wäre, aber tun kann er es ohne entsprechende Übung noch lange nicht. Dies ist ein Gesetz der menschlichen Bildung: Keine Fähigkeit kann nur theoretisch erworben werden!

8.2 Von einzelnen Fähigkeiten zur Kompetenz

Wann immer wir von Kompetenz sprechen, meinen wir die situationsbedingte souveräne Anwendung verschiedener Fertigkeiten und Fähigkeiten, die uns auch dann gelingt, wenn wir die entsprechende Situation zum ersten Mal erleben. Der Führerscheinneuling hat, wie die bestandene Prüfung belegt, sowohl die theoretischen Grundkenntnisse als auch ausreichende Fertigkeiten und Fähigkeiten in der Handhabung eines PKW erworben, ist aber nicht unbedingt ein kompetenter Verkehrsteilnehmer. Erst wenn die Handhabung routiniert gelingt und sowohl äußere Faktoren als auch das eigene Können richtig eingeschätzt werden, kann von Kompetenz geredet werden. Der kompetente Autofahrer wird, auch wenn ihm ein Reh vor das Auto läuft, nicht den Kopf verlieren und die Situation so meistern, daß der geringstmögliche Schaden für alle Beteiligten eintritt.

Um von einzelnen Fertigkeiten und Fähigkeiten zur Kompetenz zu gelangen, bedarf es einer weiteren Emanzipation von den einzelnen Bestandteilen. Die einzelnen Handlungsweisen und die dahinterstehenden Gesetzmäßigkeiten müssen so stark verinnerlicht sein, daß es möglich wird, sie, bewußt oder unbewußt, aus sich heraus auf andere und unbekannte Situationen zu übertragen. Hierzu muß nicht nur die einzelne Fähigkeit durch übendes Tun geschult werden, sondern auch das freie Zusammenspiel verschiedener Fähigkeiten trainiert werden. Dabei gilt: Je einseitiger und beschränkter die Lebensräume eines Menschen sind, um so geringer ist die Chance, daß entsprechende Kompetenzen erworben werden. Wer immer nur mit den gleichen Menschen zu tun hat, wird zwar durchaus in der Lage sein, aufgrund seiner Erfahrungen Handlungsmuster zu entwickeln, um mit diesen

Menschen gut auszukommen; aber er wird kaum eine Chance haben, Sozialkompetenz auszubilden.

Damit also ein Mensch in vielerlei Hinsicht kompetent wird, bedarf es im wahrsten Sinne des Wortes einer Weltoffenheit. Da die einzelnen Medien ihrem Wesen nach beschränkt sind, müssen neben den Medienerfahrungen unbedingt auch reale Welterfahrungen gemacht werden. Wie dabei die entsprechenden Verhältnismäßigkeiten in den verschiedenen Lebensaltern aussehen sollten, wird noch zu zeigen sein.

8.3 Welche Fertigkeiten und Fähigkeiten gehören zur Medienkompetenz?

Von Medienkompetenz als neuer Kulturtechnik wird ja allerorten gesprochen. Aber nur in seltenen Fällen gibt es Hinweise darauf, welche Fertigkeiten und Fähigkeiten hierfür notwendig sind. Wenn man die verschiedenen Veröffentlichungen studiert, gibt es diesbezüglich einen gemeinsamen Nenner, wobei einige Auffassungen diese Fertigkeit sogar als die einzig notwendige schildern. Die Rede ist von der Handhabung der Technik bzw. der technischen Geräte und Anwendungen. Demnach ist jeder, der die entsprechenden Geräte anschalten und sachgemäß handhaben kann, medienkompetent. Also auch jeder Fernsehjunkie? Schließlich wissen auch die Fernsehsüchtigen, wie man einen Fernseher einschaltet, die Programme wechselt, Video und DVD Spieler bedient etc. Sind diese Menschen aber wirklich medienkompetent? Wohl kaum. Natürlich ist die Handhabungsfähigkeit ein wichtiger Bestandteil der Medienkompetenz, aber eben auch nur ein Bestandteil.

Wie die Praxis belegt, wird es dabei immer einfacher, die Handhabung zu erlernen, zumindest für die Kinder. Aus gegebenem Anlaß sei es gestattet, an dieser Stelle darauf einzugehen, warum gerade viele Erwachsene Probleme haben, die neuen technischen Geräte richtig zu benutzen, und warum ihnen die eigenen Kinder häufig an dieser Stelle überlegen sind. Manch einer behauptet ja, daß sich gerade in diesem Zusammenhang neue Fähigkeiten der Kinder und Jugendlichen von heute zeigen würden. Und je nach Einstellung wird dies als evolutionärer Schritt oder als Beleg einer vorgeburtlichen Prägung gewertet; in jedem Fall aber als etwas, was die nachfolgenden Generationen von Geburt an besitzen, während sich die Elterngeneration diese Fertigkeiten mühsam erwerben muß. Doch diese Auffassung ist ein Trugschluß.

Wer Kinder beim Umgang mit technischen Geräten beobachtet, kann sehen, daß sie spielerisch die vorhandenen Funktionen erproben und relativ schnell eine gewisse Sicherheit in der Nutzung derselben erwerben. Sie scheinen also das Ganze schnell zu begreifen und zu verstehen. Aber verstehen sie wirklich, was sie tun? Antwort hierauf gibt die gezielte Nachfrage. Wenn man einen 10jährigen fragt, wie man die Klingeltöne an einem Handy verändert, wird er einem die notwendigen Schritte nicht erklären können. Statt dessen wird er das Gerät in die Hand nehmen, verschiedene Tasten drücken, bis er die gewünschte Funktion gefunden hat, und einem dann das Gerät wieder aushändigen. Mit Verständnis im eigentlichen Sinne hat das nichts zu tun.

Warum aber haben es so viele Erwachsene so schwer, diese intuitive Handhabungsfertigkeit zu erlangen? Hierfür gibt es zwei Gründe. Jedes computergestützte Gerät ist zwangsläufig in sich logisch aufgebaut; denn sonst könnten die entsprechenden Programme nicht funktionieren. Aber diese innere Logik muß nichts mit weltlicher Logik zu tun haben. Denken sie z.B. an Microsoft Windows-Programme. Dort müssen Sie auf „Start" drücken, um das Programm beenden zu können – nach weltlichen Maßstäben ein eher unlogischer Vorgang!

Als erwachsene Menschen neigen wir dazu, die Dinge, mit denen wir uns beschäftigen, verstehen zu wollen, und zwar auf Grundlage unserer bisherigen Lebenserfahrungen und der daraus gewonnenen Denkgewohnheiten. Daraus resultiert eine einfache Formel: Je größer unsere Lebenserfahrung ist und je mehr weltliche Gesetzmäßigkeiten wir verinnerlicht haben, um so unlogischer erscheinen viele Anordnungen in Computermenüs und Programmen. Der Vorteil der Kinder besteht in diesem Zusammenhang also zum einen darin, daß sie noch nicht so viel Lebenserfahrung besitzen; zum anderen darin, daß sie als Kinder naturgemäß für alle von außen kommenden Eindrücke offen sind und diese bedenkenlos adaptieren. Gerade im Umgang mit Computerprogrammen ist diese kindliche Haltung sehr hilfreich. Da die Programme in sich logisch sind, muß man sie nicht verstehen, sondern man kann sie sich einfach durch Konditionierung aneignen. Wenn Sie als Erwachsener also besser bzw. einfacher mit technischen Geräten zurechtkommen wollen, hören Sie zunächst einmal damit auf, die Logik verstehen zu wollen. Versuchen Sie, zum Kind zu werden, drücken Sie auf jeden Knopf und merken Sie sich einfach, was passiert.

Der zweite Punkt ist, daß wir Erwachsenen eine konkrete Vorstellung vom Wert der Geräte haben. Wir wissen, wie teuer der neue Computer oder die neue digitale Videokamera war, und sind bemüht, ihn pfleglich zu behandeln. Wenn dann der berüchtigte blaue Bildschirm erscheint mit der Meldung „Schwerer Ausnahmefehler an Adresse 0E ...", fürchten wir, daß das Gerät kaputt ist oder durch ein falsches weiteres Vorgehen kaputtgehen könnte. Und da wir wissen, daß Schäden durch Bedienungsfehler von der Garantie ausgenommen sind, suchen wir lieber den Rat eines „Fachmannes", als daß wir selber experimentieren. Dieser „Fachmann" kann dann das eigene Kind, der nette junge Nachbar oder zur Not auch ein Mensch bei einer der technischen Hotlines sein, den wir in unserer Unsicherheit und Verzweiflung anrufen. Aber was macht denn unser Kind, wenn wir es um Hilfe bitten? Es wird zunächst einmal den Strom ausschalten und den Rechner neu starten. Wenn das Problem erneut auftritt, wird es das Betriebssystem neu installieren und, je nach Kenntnisstand, bei weiteren Problemen den Fehler ausfindig machen, oder aber auch ins Blaue hinein behaupten, daß es wohl ein Treiberproblem gebe, der Arbeitsspeicher nicht reiche oder der Prozessor zu schwach sei. Auf diese Empfehlungen hin werden wir nach und nach alle möglichen Komponenten ergänzen oder austauschen, bis der Tag kommt, an dem der Rechner fehlerfrei läuft. Ob der „Fachmann" dabei weiß, wovon er redet, bleibt uns dabei verborgen, solange er nur überzeugt genug auftritt. In vielen Fällen handelt es sich eher um Vermutungen, die deshalb so schnell und überzeugt vorgetragen werden, weil derjenige selber ja nicht für die Kosten aufkommen muß. Den Kindern und Jugendlichen ist es in einem gewissen Sinne egal, wie teuer die einzelnen Geräte sind – solange sie funktionieren. Ein Gerät, das nicht funktioniert oder beim spielerischen Bedienen kaputtgeht, taugt nichts, egal, wie teuer es war.

Wenn Sie also genauso leicht den Umgang mit technischen Geräten erlernen wollen wie die Kinder, gehen Sie folgendermaßen vor: Packen Sie das neue Gerät und alle dazugehörigen Kabel etc. aus. Legen Sie das Handbuch auf die Seite, schalten Sie ihr Denken aus und ignorieren Sie den Wert des Gerätes. Statt dessen schauen Sie ganz genau hin, was sie vor sich haben, und merken sich genau, was passiert, wenn Sie einen Schalter bedienen. Sollten Probleme auftreten, schalten Sie das Gerät aus und wieder ein und experimentieren Sie weiter. Sollte das Gerät kaputtgehen, bringen sie es zum Händler zurück; teilen Sie ihm mit, daß es nichts taugt, und tauschen Sie es gegen ein gleichwertiges Gerät eines anderen Herstellers um. Daß das funktioniert, beweisen uns die Kinder und Jugendlichen jeden Tag; und mit neuen Fähigkeiten hat das nichts zu tun, sondern lediglich mit kindlicher Unschuld, kindlichem Entdeckerdrang und einer naturgegebenen guten Merkfähigkeit.

Zu erwähnen ist noch, daß diese geschilderte Fehlinterpretation auch ganz konkrete negative Auswirkungen für die betroffenen Kinder und Jugendlichen hat; denn sie führt zu einer nachhaltigen Fehleinschätzung der eigenen Fähigkeiten. Die betroffenen Jugendlichen sind der festen Überzeugung, daß sie bereits genug praktische und theoretische Kenntnisse besitzen, um mit Computern zu spielen und später auch arbeiten zu können. Aus dieser Haltung heraus entwickeln sie aber weder die notwendige Fragehaltung noch den notwendigen Lerneifer, um sich wirklich fit zu machen für das Informationszeitalter. Das große Erwachen kommt dann nach der Schulzeit, wenn sie bei entsprechenden Bewerbungsgesprächen feststellen müssen, daß ihre Kenntnisse und Fähigkeiten alles andere als ausreichend sind, um einen entsprechenden Beruf antreten zu können.

Nun aber zurück zu den Bestandteilen der Medienkompetenz. Wichtiger als die Fragen, wo und wie Geräte eingeschaltet und bedient werden können, sind die Fragen, ob, wann und wie lange der jeweilige Gebrauch sinnvoll oder angebracht ist. Hierfür darf es keine festen Regeln geben, denn es gibt zu viele Faktoren, die berücksichtigt werden müssen. So ist jede Tabelle mit Altersangaben und empfohlenen Nutzungsdauern keine Hilfe, sondern eine gefährliche Illusion, da die individuellen Lebensbedingungen unberücksichtigt bleiben. Bei der Frage, wieviel Zeit ein Mensch vor dem Fernseher verbringen sollte, kommt es nicht nur auf das Lebensalter an, sondern auch auf das Temperament, die körperliche Konstitution, eventuell anstehende Alltagsaufgaben und allgemeine Lebensbedingungen. Da gerade die letztgenannten Punkte sich täglich verändern können, muß die Bewertung eigentlich immer wieder aufs neue vorgenommen wurde. Wie bereits gezeigt wurde, ergibt sich ja auch die Sinnhaftigkeit einer Handlung aus äußeren und inneren Faktoren, die individuell sehr unterschiedlich ausfallen. Die Fähigkeit, die gebraucht wird, um diese Bewertungen vornehmen zu können, ist eine gesunde Selbsteinschätzung. Denn nur wenn ich selber unabhängig von äußeren Vorgaben und Regelungen diese Bewertung sachgemäß vornehme, kann von einem kompetenten Handeln gesprochen werden.

Zusätzlich zu dieser Selbsteinschätzung sind wir alle mehr denn je gefordert, eigenständig die dargebotenen Inhalte und Informationen zu bewerten. Dies gilt allen voran für Medien wie das Internet. Wie schon erwähnt wurde, kann dort jeder Mensch alles, was er will, veröffentlichen, unabhängig davon, ob die dargebotenen Informationen stimmen oder nicht und es liegt an den Nutzern, die Spreu vom Weizen zu trennen. Ähnliches gilt aber auch für die klassischen Informationsmedien. Die heutige Dynamik des Nachrichtenmarktes macht es selbst den seriösen Redaktionen unmöglich, alle angebotenen Informationen und Bilddokumente auf ihren Wahrheitsgehalt zu überprüfen, so daß auch sie ungewollt immer wieder Falschinformationen verbreiten, die leider auch nicht in allen Fällen später korrigiert werden. Auch hier ist der Informationskonsument gefordert, die dargebotenen Informationen kritisch zu beleuchten und sich erst dann eine eigene Meinung zu bilden. Die Fähigkeit, die hierfür gebraucht wird, ist eine gesunde Urteilsfähigkeit. Solange diese nicht vorhanden ist, wird man zum Spielball der Meinungsmacher, und so lange kann demnach nicht von einem kompetenten Umgang mit den Inhalten der Medien gesprochen werden.

Eine letzte Fähigkeit, die an dieser Stelle genannt werden soll, ist die Kreativität. Sie ist die wesentliche Voraussetzung dafür, daß man die einzelnen Medien nicht nur konsumierend nutzt, sondern selber gestalterisch mit ihnen arbeiten kann und mit Beschränkungen, die in dem Medium oder in der einzelnen Anwendung selbst liegen, so umzugehen versteht, daß man aus sich heraus nach alternativen Lösungswegen sucht.

8.4 Wie können diese Fertigkeiten und Fähigkeiten entwickelt werden?

Am einfachsten kann diese Frage in bezug auf die Handhabung beantwortet werden. Eine Sicherheit und Souveränität in der Handhabung technischer Geräte kann, wie bereits bei der allgemeinen Beschreibung gezeigt wurde, nur durch das übende Tun erworben werden, was jeder Mensch aus eigener Erfahrung zur Genüge kennt. Wenn wir uns bei einem neuen Telefongerät angeeignet haben, wie Rufnummern gespeichert und gezielt aufgerufen werden können, beherrschen wir diese Funktionen so lange sicher, wie wir sie anwenden. Wenn wir nach der einmaligen Programmierung monatelang diese Funktion nicht nutzen, müssen wir uns – bei erneuter Notwendigkeit, eine Programmierung vorzunehmen – erst einmal neu einarbeiten. Die Handhabung kann also nur im konkreten wiederholten Benutzen der Geräte erworben werden.

Schwieriger wird es, diese Frage in bezug auf die Selbsteinschätzung zu beantworten. Jedes Kind ist in einem gewissen Sinne von Natur aus größenwahnsinnig, denn es erlebt sich berechtigterweise als Mittelpunkt seiner Welt. Wenn Kinder in den Kindergarten kommen, gehen sie von Natur aus davon aus, daß alle anderen da sind, um sich nach den eigenen Wünschen und Bedürfnissen zu richten – und zwar sowohl die Erzieherinnen als auch die anderen Kinder. Wie gehen wir als Erziehende gegen diese Fehleinschätzung vor? Eigentlich gar nicht; denn alle anderen Kinder sind mit der gleichen Haltung da, und so regelt es sich, wie man so schön sagt, ganz von alleine. Damit eine gesunde Selbsteinschätzung entsteht, bedarf es der aufrichtigen und ehrlichen Kritik von außen.

Wir alle wissen, was mit einem Menschen passiert, der immer nur zu hören bekommt, daß alles, was er macht, nichts taugt. Auf kurz oder lang führt eine solche chronisch negative Kritik zwangsläufig in die entsprechenden Neurosen und letztendlich in Depressionen. Genauso ist es aber auch im umgekehrten Fall: Wer immer nur hört daß er der Beste ist, und für jedwedes Verhalten gelobt wird, kann auch nicht zu einer gesunden Selbsteinschätzung kommen. Das Feedback muß also wirklich aufrichtig und ehrlich sein; nur dann können wir es entsprechend verinnerlichen und letztendlich unser Handeln und die daraus resultierenden Folgen vorausschauend beurteilen und gegebenenfalls verändern.

Grundlage hierfür ist sowohl ein länger andauernder Kontakt als auch eine uns zugewandte echte Aufmerksamkeit von Menschen aus unserem konkreten Umfeld. Je spärlicher der reale Kontakt ist – sei es, weil man sich nur selten begegnet oder weil man sich nur in Teilen über die Medien begegnet –, um so mehr erfordert es unsere eigene Offenheit. Wenn ich mit einem Menschen per Email oder Chat kommuniziere, kann er nicht sehen, ob ich eigentlich zu müde und abgespannt bin und mich lieber ausruhen sollte. Wer von mir nur kennt, was ich selber von mir mitteile, weiß nicht, ob ich eigentlich andere Aufgaben erledigen müßte. Gerade die neuen Kommunikationsformen stellen hier eine große Gefahr dar, denn sie dienen nicht nur der Bequemlichkeit, weil sie schneller sind, sondern es ist auch viel einfacher, zu lügen oder sich zu verstecken. Gerade im Jugendalter wird das maßgebliche Umfeld selten durch die Eltern und Lehrer gebildet. Viel wichtiger sind statt dessen die Freunde, die sogenannte Peergroup und die Vorbilder. Entscheidend ist hierbei die Echtheit dieser Menschen. Und im jeweiligen Einzelfall stellt sich die Frage, ob die Spielgefährten auf der LAN-Party wirklich Freunde sind oder nicht. Der wahre Freund im Jugendalter ist nicht unbedingt derjenige, der alles mitmacht, was ich selber mache, sondern jener, der mich bei all meinen Entwicklungen liebevoll begleitet, unabhängig von seinem eigenen Lebensgang.

Zusammenfassend kann man also sagen: Solange noch keine gefestigte Persönlichkeitsstruktur vorhanden ist und demnach auch keine gesunde Selbsteinschätzung ausgebildet wurde, bedarf es neben den virtuellen Kontakten entsprechend tragfähiger realer Kontakte. Die Frage, wie die Anteile von virtuellen und realen Kontakten verteilt sein müssen, ist nicht nur eine quantitative, sondern auch eine qualitative. Wie gezeigt wurde, werde ich im Internet immer Menschen finden, die auch meine einseitigen Ansichten und Handlungsweisen unterstützen. Dadurch kann vor allem auf Dauer die Fähigkeit abnehmen, berechtigte Kritik aus dem unmittelbaren Umfeld annehmen und umsetzen zu können, was die Möglichkeit, zu einer gesunden Selbsteinschätzung zu gelangen, im weiteren biographischen Verlauf immer mehr erschwert. Es geht also nicht nur darum, wieviel Zeit für virtuelle Kontakte aufgewendet wird, sondern welchen persönlichen Stellenwert diese Kontakte für den einzelnen haben. Wie die Ergebnisse der Umfrage belegen, gibt es hier gerade bei den jungen Menschen eine deutliche Verschiebung zugunsten der virtuellen Kontakte; ein Prozeß, der ohne Frage bedenklich stimmt. Denn schließlich baut unsere Gesellschaft darauf auf, daß der einzelne sich und sein Umfeld richtig einschätzen kann.

Damit kommen wir zu der Frage, wie denn eine gesunde Urteilsfähigkeit ausgebildet wird. Jedes kleine Kind trägt in sich eine Ansammlung von Vorurteilen; wobei hier Vorurteil als ganz neutraler Begriff zu sehen ist. Das Kind übernimmt naturgemäß die Urteile seiner unmittelbaren Umwelt, unabhängig von deren Richtigkeit. Lediglich bei Geschmacksurteilen tritt uns bei kleinen Kindern ein eigenständiges Urteil entgegen: Rosenkohl mag ja noch so gesund sein – wenn man ihn nicht mag, dann mag man ihn eben nicht. Aber schon bei den Vorlieben kann es sich um nachgeahmtes Verhalten und damit um Vorurteile handeln. Aus dem Kindermund kommen uns also die Urteile der Eltern, Geschwister, Erzieher, anderer realer Bezugspersonen und ggf. auch der schon wahrgenommenen Medieninhalte entgegen, und es liegt in der Verantwortung all dieser Personen, dafür zu sorgen, daß die vermittelten Urteile richtig sind.

Wie werden nun aus all diesen Vorurteilen eigenständige Urteile? Nehmen wir das Beispiel des heliozentrischen Weltbildes. Rein aus der normalen Anschauung heraus erscheint es doch so, daß sowohl der Mond als auch die Sonne und alle anderen Planeten um die Erde kreisen. Es gibt also zunächst einmal keinen Grund, warum man nicht zu dem Schluß kommen sollte, daß die Erde im Mittelpunkt steht. Erst eine sehr genaue Beobachtung der Phänomene – oder aber das Kennen- und Anwendenlernen der dahinterstehenden Gesetze – ermöglichen es mir, zu der Erkenntnis zu kommen, daß die Erde um die Sonne und der Mond um die Erde kreist. Ich muß also die jeweiligen Kausalitätsgesetze erfassen, um zu eigenständigen und stimmigen Urteilen kommen zu können. Dabei müssen die kausalen Zusammenhänge nicht zwangsweise intellektuell aufgenommen werden; es reicht, wenn sie intuitiv verstanden werden. Auch hierfür ein konkretes Beispiel. Das erste physikalische Gesetz, das jeder Mensch intuitiv kennenlernt, ist die Schwerkraft; und das nicht erst, wenn das Kind beginnt, Dinge fallen zu lassen, sondern ab dem ersten Moment des Lebens. Wir spüren die Wirkung der Schwerkraft in uns; deshalb können wir auch im dunklen Raum feststellen, auf welcher Seite wir liegen. Die weitere Lebenserfahrung zeigt uns dann, daß Gegenstände, die wir hochheben und loslassen, immer nach unten fallen und, auch wenn wir sie hochwerfen, stets wieder zur Erde zurückkehren. Um dies zu verstehen und entsprechend anwenden zu können, brauche ich nicht die mathematische Formel der Gravitation zu kennen. Wenn mir nun im Leben Phänomene entgegentreten, die dieser Urteilsgrundlage widersprechen, dann wirken sie zunächst irritierend; wobei die Frage, ob diese Irritationen belustigend oder beängstigend sind, von dem jeweiligen Kontext abhängt. Der Ballon, der schwebt oder wegfliegt, der Jongleur oder Magier, der die Gesetze der Schwerkraft scheinbar aufhebt, sind derartige Erfahrungen, die uns irritieren, aber meistens durch den Rahmen der Darbietung auch belustigen.

Je komplexer die Zusammenhänge zwischen Ursache und Wirkung sind, um so mehr bedarf es nicht nur einer Wahrnehmung der Phänomene, sondern auch einer aktiven Fragehaltung. Und das ist ja auch die Grundlage, um das Lernen zu lernen. Wie es das Motto der Sesamstraße schon so richtig sagt: „Wer nicht fragt, bleibt dumm". Es liegt letztendlich an uns, die richtigen Fragen zu stellen und die Personen oder Quellen ausfindig zu machen, die die richtigen Antworten geben können. Kommt beides zusammen, aktives Interesse und intuitive oder kognitive Erkenntnis der kausalen Zusammenhänge, können wir zu sachlich richtigen Urteilen auf allen Gebieten gelangen.

Wie bereits gezeigt wurde, erschwert die Informationsflut die Kontinuität des aktiven Interesses, so daß die Gefahr besteht, daß es bei der reinen Information bleibt und nicht zu einem wirklichen Wissen kommt, da Fragen nicht mehr gestellt oder nicht mehr verfolgt werden. Was aber die Bildung eigener Urteile zusätzlich erschwert, ist die zunehmende Virtualisierung der Welt. Dies bezieht sich nicht nur auf die Darstellungen in den Medien, sondern letztendlich auf alle Lebensbereiche. Die Technisierung und Miniaturisierung machen es immer schwerer, kausale Zusammenhänge zu erleben und zu durchschauen. Bei der Nutzung eines schnurgebundenen Telefons kann ich als Zuschauer zwar nicht den Gesprächspartner am anderen Ende sehen, aber ich sehe zumindest den Teil einer realen Verbindung in der Form der Telefonleitung. Beim schnurlosen Telefon oder beim Handy fällt diese Wahrnehmung weg. Ich sehe lediglich einen Menschen, der sich einen kleinen Kasten an den Kopf hält und in diesen hineinspricht. Ich muß schon wissen, daß es möglich ist, Sprache unsichtbar durch den Raum zu übertragen, wenn ich dieses Phänomen verstehen will. Für ein Schulkind kein Problem – aber wie ist es für die Zweijährigen? Wir Erwachsenen dürfen nicht vergessen, daß wir selber viele Phänomene der modernen Alltagswelt eigentlich nicht verstehen und sehr häufig sogar gar nicht mehr danach fragen, wie sie zu verstehen sind. Wir hatten aber zumindest die Chance, etliches in seiner Entwicklung zu verfolgen, und haben zumindest die früheren Varianten im Ansatz verstanden. Den nachfolgenden Generationen ist dies nicht mehr auf natürliche Weise gegeben, und es liegt an uns, ihnen den Zugang zu einem Verständnis und damit zu eigenständigen Urteilen zu vermitteln.

So gesehen ist es die zentrale Aufgabe der Schule, für eine gesunde Urteilsfähigkeit zu sorgen; geht es doch sowohl in der klassischen wie in der modernen schulischen Bildung darum, Phänomene zu ergründen und dahinterstehende Gesetzmäßigkeiten zu verstehen und anwenden zu lernen. Da wir in einer sehr komplexen Welt leben, können natürlich während der Schulzeit nicht alle Gesetze vermittelt werden. So gilt es, anhand entsprechender Beispiele das Lernen selbst zu vermitteln – also zum einen eine entsprechende Fragehaltung in den Kindern und Jugendlichen zu kultivieren und zum anderen die Zugangswege zu den entsprechenden Antworten aufzuzeigen und die dazu notwendigen Fertigkeiten und Fähigkeiten anzulegen, z.B. das Lesen.

Letztendlich sind sich alle pädagogischen Konzepte in dieser Sichtweise einig. Die Unterschiede kommen aus der Frage, was zu welchem

Zeitpunkt vermittelt werden soll und welche konkreten Beispiele hierfür genutzt werden sollen. Die Schwierigkeit, zu einem allgemeingültigen Konzept zu finden, liegt dabei darin begründet, daß der Übergang vom Vorurteil zum Urteil ein ganz individueller ist. Solange die Schülerinnen und Schüler die vermittelten Inhalte nur glauben und nicht eigenständig reflektieren und verifizieren, sind es lediglich weitere Vorurteile, die sie übernehmen. Daraus resultiert auch die Schwierigkeit jedweder Prüfungsordnung. Wie kann ich feststellen, daß vermittelte Informationen zu eigenständigem Wissen geworden sind, daß sich aus der Kombination trainierter Fertigkeiten und Fähigkeiten Kompetenzen entwickelt haben? Wir alle wissen, daß sich diese Frage in keiner Prüfung wirklich beantworten läßt, sondern sich letztendlich in individuellen konkreten Lebenssituationen zeigt. Deshalb kann man ja auch zu Recht sagen: Nicht für die Schule, sondern für das Leben lernen wir. Da es nun aber einmal Prüfungen gibt und ja auch geben muß und diese auch noch vergleichbar sein müssen, wissen wir auch alle aus Lebenserfahrung, daß aus der Sicht der Schüler dieser Satz nur zum Teil stimmt; denn solange wir für eine Prüfung lernen, lernen wir zunächst einmal für die Schule.

Wann und bei welchem Thema es gelingt, den Übergang von Vorurteilen zu eigenständigen Urteilen zu schaffen, ist und bleibt ein individuelles Geheimnis. Nichtsdestotrotz gibt es eine verbindliche Formel: Individuelles Interesse führt zu entsprechenden Fragen, das Suchen und Finden der dahinterstehenden Kausalitäten führen zu entsprechenden Erkenntnissen, und das Bewahren der Fragehaltung führt zu einer wirklichen Urteilsfähigkeit, die bereit ist, neue Informationen aufzunehmen, mit den bereits gewonnen Erkenntnissen abzugleichen und diese daraufhin zu bestätigen oder entsprechend zu modifizieren.

Wenden wir uns nun der Kreativität zu. Unter welcher Voraussetzung kann Kreativität entstehen? Die Antwort auf diese Frage ist absolut unpopulär, aber es gibt nur eine wirkliche Möglichkeit. Kreativität ist immer an Eigenaktivität gebunden. Wir können zwar zur Kreativität angeregt werden; aber nur, wenn wir aus uns heraus aktiv werden, werden wir im eigentlichen Sinne kreativ. Wer nur den Anweisungen einer Person oder einer Anleitung folgt, ist zwar tätig, aber nicht kreativ. Erst wer beginnt, eigene Ideen zu entwickeln und bei dem Versuch, die eigenen Vorstellungen umzusetzen, sich nicht scheut, experimentell mit den zur Verfügung stehenden Mitteln umzugehen, zeigt kreatives Verhalten. Damit eigene Vorstellungen sich bilden können, bedarf es eines inneren Leerraumes, eines auch noch so kurzen Momentes der inneren Ruhe, in dem eigene Ideen auftauchen können. Anders ausgedrückt: Es muß zumindest einen Moment der Langeweile geben. In einer Zeit, die alles mögliche effizient gestalten will, und einer Kultur, die in großem Maße auf Ablenkung aufbaut, ist dieser Ansatz wirklich unpopulär. Aber es gibt, wie gesagt, keine Alternative.

Wie lange die Phase der Langeweile sein muß, damit kreatives Verhalten entstehen kann, hängt von sehr vielen Faktoren ab; so z.B. vom Lebensalter, dem Temperament und den bisherigen Lebensgewohnheiten. Bei einem kleinen aufgeweckten Kind mit anregender Umgebung dauert der Moment der Langeweile nur Millisekunden. Dennoch ist er vorhanden: Es ist dieser kleine Moment des Innehaltens, des Umschauens, in den hinein die nächste Idee entstehen kann. Bei anderen Kindern erleben wir diese Phase nur allzu deutlich – bei Kindern, die ihrem Wesen nach eher träge sind, denen dann die Langeweile ins Gesicht geschrieben steht und die uns dann in leierndem Tonfall fragen: „Was soll ich machen?" Wem es gelingt, diese Phase mitzutragen – wobei es sich um viele zähe Minuten handeln kann –, ohne mit konkreten Anweisungen einzugreifen, der wird auch am Anfang des 21. Jahrhunderts erleben können, daß diese Kinder irgendwann anfangen, sich selber zu beschäftigen, und auch in einer zunächst einmal reizarmen Umgebung ins kreative Spiel eintauchen. Dann kann auch bei solchen Kindern der Kochlöffel zum Raumschiff werden und das Spülbecken zur intergalaktischen Raumstation. Letztendlich sind alle modernen Bild- und Tonmedien Kreativitätskiller. Wer dem Moment der Langeweile dadurch begegnet, daß er eine Hörspiel-CD einlegt, den Fernseher oder den PC einschaltet, verhindert, daß dieser Moment innerlich durchdrungen wird. Statt dessen wird die Möglichkeit zur Kreativität im Keim erstickt und die Fähigkeit, Langeweile durch Eigenaktivität zu durchbrechen, nachhaltig geschwächt. In der Folge wird es für den Betreffenden immer schwieriger werden, Phasen der Langeweile auszuhalten; vor allem, wenn die permanenten Berieselungsmöglichkeiten weiterhin gegeben sind. Wer also will, daß es auch bei den nachfolgenden Generationen Menschen mit Kreativitätspotential gibt, muß in der Erziehung auch die Langeweile zulassen und kultivieren.

Kommen wir nun zu der Frage zurück, wie die hier genannten Fertigkeiten und Fähigkeiten im Hinblick auf die Medienkompetenz entwickelt werden können. Handhabung, Selbsteinschätzung, Urteilsfähigkeit und Kreativität sind grundlegende Bestandteile einer gesunden Medienkompetenz und damit Voraussetzung für deren Ausbildung. Erst wenn ich über sie verfügen kann, kann ich also mit den Medien in einem gesunden Sinne umgehen. Dabei kann aber lediglich die Handhabung nur im direkten Umgang mit den Medien erübt und erworben werden! Die drei anderen angesprochen Fähigkeiten müssen in anderen Zusammenhängen gebildet werden, damit sie im Umgang mit den Medien und den in den Medienangeboten liegenden Gefahren zum Einsatz kommen können. Daraus ergibt sich zwangsläufig, daß wir die nachfolgenden Generationen bewußt auf die Herausforderungen des Medienzeitalters vorbereiten müssen und zwar zunächst einmal unabhängig von der direkten Auseinandersetzung mit den Medien. Medienkompetenzerziehung muß demnach weit vor dem Konsum und der praktischen Nutzung der Medien beginnen – oder, wenn dies in einer Zeit mit Kleinkindfernsehen und der Unsitte, schon die Kleinen telefonieren zu lassen, unmöglich erscheint – in jedem Fall parallel stattfinden.

8.5 Bildung im Wandel: Von der Wissensvermittlung zur Fähigkeitsbildung

Auch wenn die letztgenannte Schlußfolgerung für den einen oder anderen radikal klingen mag, sind sich doch fast alle pädagogischen Strömungen der Gegenwart an dieser Stelle im Grundsatz einig. Ging es in der klassischen Schulbildung vornehmlich um den Wissenserwerb in den verschiedenen Fachbereichen, wurde über die letzten Jahre immer deutlicher, daß dieser Weg in eine Sackgasse führt. Gerade in den Naturwissenschaften ist das aktuelle Wissen einem steten Wandel unterworfen. Ständig führen neue Untersuchungen zu neuen Hypothesen, Theorien und Erkenntnissen, was auch von Fachleuten eine permanente Spezialisierung erfordert, da es unmöglich ist, sich in allen Detailbereichen einer Wissenschaft auszukennen. Der Versuch, in einem Fach wie Biologie den Schülerinnen und Schülern im Rahmen einer allgemeinbildenden Schule den gesamten aktuellen Wissenstand zu vermitteln, ist zwangsläufig zum Scheitern verurteilt; und das nicht nur, weil die jeweiligen Lehrer ihr Studium bereits vor Jahren abgeschlossen haben und demnach über veraltetes Wissen verfügen, sondern eben auch, weil sich der Bereich Biologie immer weiter aufteilt in einzelne Spezialgebiete.

Auf dieser Grundlage wird ja seit langem darüber diskutiert, was denn nun eigentlich heute zum Allgemeinwissen gehören soll. Jeder

Fachmann hat hierüber seine eigenen Ansichten, und es wird immer schwieriger, einen gemeinsamen Nenner zu finden, zumindest wenn es um die Detailfragen geht. Einig ist man sich darin, daß es mehr denn je darum gehen muß, grundlegende Fähigkeiten und Kompetenzen zu vermitteln, davon ausgehend, daß jemand, der gelernt hat zu lernen, in der Lage ist, in einer modernen Informationsgesellschaft an alle notwendigen Informationen heranzukommen, um eigenständig zu Erkenntnissen und damit zu Wissen zu gelangen.

Dies gilt vor allem mit Blick auf jede Form von Fortschritt, oder – wie man so schön auf Neudeutsch sagt – Innovationen. Es ist ja das eine, sich bereits vorhandenes Wissen anzueignen, und das andere, über das bereits Bekannte hinauszugehen. Eine Gesellschaft, die sich nur damit begnügt, vorhandenes Wissen zu vermitteln und zu erwerben, verfällt zwangsläufig in Stagnation. Jedweder Fortschritt, sowohl in der Wissenschaft als auch in der Wirtschaft, beruht darauf, daß bisherige Wissensgrenzen aufgrund eigener Fragen und sich daran anschließender Überlegungen und Forschungen erweitert werden. Daraus resultiert auch wieder eine relativ einfache Formel: Je breiter das Spektrum von Fertigkeiten und Fähigkeiten des einzelnen ist und je intensiver die individuelle Fragehaltung kultiviert wird, um so größer ist die Innovationskraft einer Gesellschaft.

So weit, so gut. Die Aufgabe der Erziehung im allgemeinen und der Schulen im besonderen muß also primär darin bestehen, möglichst vielfältige Fertigkeiten und Fähigkeiten zu vermitteln und eine kritische Fragehaltung bei den Schülerinnen und Schülern zu kultivieren. Was bleibt, ist die Frage nach dem Wie.

Zunächst scheint es ja ganz einfach zu sein; denn jeder Mensch bringt von Natur aus eine kritische Fragehaltung mit und den Willen Fertigkeiten und Fähigkeiten zu entwickeln. Die Kinder lernen fast von alleine gehen, sprechen und denken und stellen unaufhörlich unausgesprochene und ausgesprochene Fragen. Aber wie sich zeigt, kann diese natürliche Anlage auch gebremst oder sogar ganz verschüttet werden. Es bedarf also bestimmter Bedingungen, damit sich diese Anlage auch im weiteren Leben erhält und in bezug auf die kritischen Fragen eine gesunde Balance bekommt. Alle Eltern kennen die Phase, in der die Kinder ständig nach dem Warum fragen und auf diese Weise auch den geduldigsten Erzieher an die eigenen Grenzen bringen. Es gilt eben nicht, nur alles zu hinterfragen, sondern auch zu ermessen, wann welche Frage angebracht ist; und zwar nicht nur aus Höflichkeit, sondern weil es eben auch die

Pausen braucht, in denen man sich einzelnen Fragen vertieft widmet. Das geht eben nur, wenn wir zunächst einmal viele andere Dinge als gegeben hinnehmen. So ist es durchaus berechtigt, diese grundsätzliche Frageflut zu stoppen bzw. ins Leere laufen zu lassen. Wird dieser Prozeß aber einseitig betrieben, kann die Fragehaltung des einzelnen gänzlich erlahmen. Um es noch einmal zu betonen: Jeder gesellschaftliche, wissenschaftliche und wirtschaftliche Fortschritt der Menschheit beruht letztendlich darauf, daß einzelne Menschen an einzelnen Punkten Fragen gestellt und nicht aufgehört haben, nach Antworten zu suchen, obwohl alle anderen Zeitgenossen sich mit dem Gegebenen einfach abgefunden hatten. In diesem Sinne braucht eine gesunde Erziehung Erzieher, die kritische und weiterführende Fragen zulassen und fördern – was eben immer auch bedeutet, daß sie zu ihrer eigenen Unzulänglichkeit stehen. Der scheinbar allwissende Erzieher, Lehrer, Wissenschaftler, Politiker, Moderator oder Vorgesetzte läßt keinen Platz für weiterführende Fragen und damit auch nicht für Innovationen. Auf diesem Hintergrund ist es nicht verwunderlich, daß so viele berühmte Wissenschaftler und Erfinder so schlechte Schüler waren; und es spricht für sie, daß sie trotz einer innovationsfeindlichen Erziehung ihre Fragehaltung behalten haben.

Die Entwicklung einzelner Fertigkeiten und Fähigkeiten braucht Zeit, und viele bauen aufeinander auf. So muß ein Kind sich zunächst drehen können, dann krabbeln, dann sitzen, dann stehen, bevor es gehen, laufen und schließlich auch springen kann. Wie verschiedene Versuche gezeigt haben, können zwar mit Hilfe entsprechender Techniken (man denke an die Laufgestelle für Babys) einzelne Phasen übersprungen werden. Was sich dann daraus ergibt, ist, daß das Kind dann die späteren Phasen nur mit bleibenden Einschränkungen entwickelt. Man darf also nicht nur eine Liste mit zu erwerbenden Fertigkeiten und Fähigkeiten erstellen und diese dann in willkürlicher Reihenfolge in Erziehungspläne integrieren, sondern man muß die inneren Gesetzmäßigkeiten in den Reihenfolgen beachten. Hinzu kommt die Berücksichtigung der physischen und seelischen Entwicklungsbedingungen des Menschen. Daß der Versuch, die Babys mit Hilfe technischer Mittel gleich zum Laufen zu bringen, nicht den gleichen Effekt hat wie der natürliche Prozeß, hängt ja damit zusammen, daß sich beim Drehen, Krabbeln und Stehen aus eigener Kraft eine andere Bildung der Becken- und Oberschenkelknochen und der beteiligten Gelenke ergibt. Solange der physische Organismus noch gebildet wird, verbietet es sich, Fertigkeiten anlegen zu wollen, die mit starken physischen Belastungen einhergehen; vor allem, wenn diese besonders einseitig sind. Natürlich kann ich einem Kind bereits das Schmieden – oder aufgrund seiner leiblichen Flexibilität entsprechend anspruchsvolle gymnastische Übungen, wie sie im Kunstturnen verwendet werden –, beibringen; aber diese Eingriffe werden die physische Entwicklung beeinträchtigen, das Kind physisch formen und sich dann im weiteren Leben als Deformationen zeigen. So zeigen sich bei Kindern, die schwere körperliche Arbeit verrichten mußten, und bei vielen Kunstturnerinnen bereits mit 20 Jahren nachhaltige Verschleißerscheinungen bei Gelenken und Sehnen.

Das gleiche gilt für seelische Fertigkeiten und Fähigkeiten. Ein Kind trifft Entscheidungen vor allem lustorientiert, denn es bedarf nicht nur des entsprechenden Wissens, um auch subjektiv unbequeme Entscheidungen zu treffen, sondern vor allem auch einer entsprechenden inneren Souveränität, um sich gegenüber den seelischen Befindlichkeiten zu behaupten. Natürlich können wir Bedingungen schaffen, unter denen wir bereits Kinder in die Verantwortung für sich oder sogar auch für andere nehmen. Zunächst einmal werden sie häufig, wie im Falle der physischen Belastungen, auch diesen Belastungen scheinbar gut gewachsen sein, wie wir das in unterschiedlichen Ausprägungen bei Straßenkindern und häufig auch bei Scheidungskindern erleben können. Aber auch hier zeigen sich in der Folge seelische Schwächen und Deformationen, die nicht selten dann auch körperliche Folgen nach sich ziehen – durch den permanenten seelischen Streß.

Wenn wir also pädagogische Methoden und Konzepte zur Anwendung bringen wollen, die die Entwicklung einzelner Fähigkeiten und Kompetenzen befördern sollen, müssen wir genau prüfen, ob die Kinder und Jugendlichen in dem jeweiligen Lebensalter bereits die Voraussetzungen mitbringen, um den Anforderungen gerecht werden zu können. Nur so lassen sich spätere Beeinträchtigungen durch Überforderung ausschließen.

8.6 SCHLUSSBETRACHTUNGEN

Das Leben in der Informationsgesellschaft stellt uns alle vor viele neue Herausforderungen und bringt unweigerlich verschiedene nachhaltige Veränderungen mit sich – wie alle bisherigen gesellschaftlichen Innovationen auch. So wie die Industrialisierung das gesamte menschliche Leben nachhaltig verändert hat (die Arbeitsverhältnisse, die

Wohnsituation, das Freizeitverhalten, das familiäre Leben usw.), können wir nun ähnlich gravierende Folgen der Digitalisierung ausmachen. Bei der Beurteilung dieser Veränderungen bedarf es einer großen Wachheit und Sorgfalt. Die üblichen Debatten zu diesen Fragen sind dominiert von jenen, die pauschal jede Innovation und alle daraus resultierenden Veränderungen als folgerichtige Konsequenzen begrüßen, und jenen, die aufgrund ihrer konservativen Haltung pauschal jede Auswirkung als Nebenwirkung betrachten und deswegen gesellschaftliche Veränderungen letztendlich ablehnen.

Aus der Geschichte können wir wissen, daß weder die eine noch die andere Haltung berechtigt ist; und viele gegenwärtige Diskussionen – wie die Wertedebatte, die pädagogischen Auseinandersetzungen und die Auseinandersetzungen um Migrations- und Integrationsfragen – sind nicht zuletzt deshalb nötig, weil seinerzeit versäumt wurde, Wirkungen und Nebenwirkungen sachlich abzuwägen und rechtzeitig entsprechende Konsequenzen zu ziehen.

Es liegt an den gegenwärtigen Entscheidungsträgern und an allen Menschen, die an der Erziehung der nachfolgenden Generationen beteiligt sind, inwieweit sie den Entwicklungen ihren Lauf lassen – um dann später festzustellen, was alles schiefgelaufen ist, und dann zu versuchen, die Schäden zu begrenzen, oder sich jetzt darüber Klarheit zu verschaffen, was getan und gelassen werden muß, damit negative Auswirkungen im Vorfeld weitgehend verhindert werden können. Um dies leisten zu können, bedarf es nicht subjektiver Meinungen, sondern objektiver Abwägungen. Letztere können nur gefunden werden, wenn man sich vergegenwärtigt, unter welchen Bedingungen die Innovationen und Veränderungen zu welchen Wirkungen führen. Erst wenn diese Bedingungen klar sind, kann es zu einer sachlich richtigen Kosten-Nutzen-Abwägung kommen.

Da wir es, wie gezeigt wurde, schon jetzt mit tiefgreifenden Veränderungen des gesamten Menschen zu tun haben – seinen Vorstellungen, seinen Empfindungen und den aus beiden heraus resultierenden Handlungen (und ja sogar auch schon physiologischer Veränderungen) –, dürfen wir dabei nicht nur die technische Entwicklung im Blick haben, sondern wir müssen auch die menschliche Entwicklung berücksichtigen. Unter diesem Gesichtspunkt müssen wir uns von den Überlegungen verabschieden, die immer nur fragen: Wie früh kann was an einen Menschen herangebracht werden? Statt dessen müssen wir umfassendere Kriterien der Sinnhaftigkeit entwickeln. Der Umgang mit dem Computer und den sich daraus ergebenden neuen Kommunikationsmedien stellt ohne Frage eine neue Kulturtechnik dar. Aber der Stellenwert derselben im Verbund mit den schon vorhandenen Kulturtechniken muß sehr genau bedacht werden.

Ausgangspunkt für alle Überlegungen, gerade im Hinblick auf technische Innovationen, muß der Mensch sein und bleiben. Die Technik soll dem einzelnen Menschen und der Menschengemeinschaft dienen und die Möglichkeiten des einzelnen und damit auch aller Menschen fördern und steigern. Nur dann ist es eine menschenwürdige Technik.

Es bleibt zu hoffen, daß diese Arbeit einen Beitrag dazu leistet, das angegebene Ziel zu erreichen, und weder dazu mißbraucht wird, Innovationen pauschal abzulehnen, noch dazu dient, diese bedenkenlos einzuführen.

Literaturliste

Wolfgang Bergmann:
Die Welt der neuen Kinder. Erziehung im Informationszeitalter.
ISBN 978-3-530-30061-1, Walter-Verlag, Düsseldorf 2000

Rodney Brooks:
Menschmaschinen. Wie uns die Zukunftstechnologien neu erschaffen.
ISBN 978-3-596-15877-5, S. Fischer Verlag ,Frankfurt/Main 2002

Uwe Buermann:
Techno, Internet, Cyberspace.
ISBN: 978-3-7725-1248-3, Verlag Freies Geistesleben, Stuttgart 1998

Gabriele Farke:
Online-Sucht. Wenn Mailen und Chatten zum Zwang werden.
ISBN 978-3-7831-2291-6, Kreuz Verlag, Stuttgart 2003

Flensburger Hefte Nr. 85:
Sucht. Neue Drogenwirkungen, Onlinesucht, Beziehungssucht.
ISBN: 978-3-935679-20-6, FLENSBURGER HEFTE VERLAG, Flensburg 2004

Thomas Feibel:
Was macht der Computer mit dem Kind?
ISBN 978-3-89858-401-2, OZ-Verlag, Freiburg 2002

Thomas Feibel:
Die Internetgeneration. Wie wir von unseren Computern gefressen werden.
ISBN 3-7844-2785-5, Langen Müller Verlag, München/Berlin 2001

Johannes Goebel & Christoph Clermont:
Die Tugend der Orientierungslosigkeit.
ISBN 3-353-01115-3 Verlag Volk und Welt, Berlin 1997

Rudolf & Renate Hänsel:
Da spiel ich nicht mit. Auswirkungen von „Unterhaltungsgewalt" in Fernsehen, Video- und Computerspielen – und was man dagegen tun kann.
ISBN 978-3-403-04268-6, Auer Verlag, Donauwörth 2005

Edwin Hübner:
Mit Computern leben. Kinder erziehen, Zukunft gestalten.
ISBN 978-3-932386-47-3, Verlag Johannes Mayer, Stuttgart/Berlin 2001

Rainer Patzlaff:
Der gefrorene Blick.
ISBN 978-3-7725-1269-8, Verlag Freies Geistesleben, Stuttgart 2000

Manfred Spitzer:
Vorsicht Bildschirm!
ISBN 978-3-12-010170-3, Ernst Klett Verlag, Stuttgart 2005

Barbara Strauch:
Warum sie so seltsam sind. Gehirnentwicklung bei Teenagern.
ISBN 978-3-8270-0437-6 Berlin Verlag, Berlin 2003

Par Ström:
Die Überwachungsmafia. Das gute Geschäft mit unseren Daten.
ISBN 978-3-446-22980-8, Carl Hanser Verlag, München/Wien 2005

Trendbüro Andreas Steinle & Peter Wippermann:
Die neue Moral der Netzwerkkinder.
ISBN 978-3-492045-19-3, Piper Verlag, München 2003

Gerlinde Unverzagt & Klaus Hurrelmann:
Konsum-Kinder. Was fehlt, wenn es an gar nichts fehlt?
ISBN 978-3-451-27581-4 Herder Verlag, Freiburg 2001

Peter Winterhoff-Spurk:
Kalte Herzen. Wie das Fernsehen unseren Charakter formt.
ISBN 978-3-608-941-2-9, Klett-Cotta Verlag, Stuttgart 2005

Kimberly S. Young:
Caught in the net. Suchtgefahr Internet.
ISBN 978-3-466-30490-5 Kösel-Verlag München 1999

Quellen im Internet

www.onlinesucht.de

www.heise.de
www.erziehung-zur-medienkompetenz.de

www.feibel.de

Medienbasisdaten der ARD:
http://www.ard.de/intern/basisdaten/-/id=8192/18dpbs0/index.html

Anhang
(farbige Tabellengrafiken)

In den Tabellen gelten auf den Größenachsen die Werteskalen von Seite 192, sofern die Größenachsen nicht direkt beschriftet sind.

Werteskalen 192
Tabellengrafik 2.1 Fax Familie – männl.+ weibl. 193
Tabellengrafik 2.2 Fax privat – männl. + weibl. 193
Tabellengrafik 2.3 Handys privat – männl. + weibl. 194
Tabellengrafik 2.4 Handys Arbeit - männl. + weibl. 194
Tabellengrafik 2.5 Internet privat - männl. + weibl. 195
Tabellengrafik 2.6 Internet Familie – männl.+ weibl. 195
Tabellengrafik 2.7 Internet Schule/Arbeit – männl.+ weibl. 195
Tabellengrafik 3.1 Wertigkeit der Medien 196
Tabellengrafik 3.2 Wertigkeit gesamt (männl.+weibl.) 197
Tabellengrafik 4.2 Nutzung der Medien –
Gesamt (männl.+ weibl.) 197
Tabellengrafik 4.1 Nutzung der Medien 198
Tabellengrafik 4.3 Nutzung bis 14 (männl. + weibl.) 199
Tabellengrafik 5.2 Zeitaufwand gesamt (männl. + weibl.) 199
Tabellengrafik 5.1 Zeitaufwand für einzelne Medien 200
Tabellengrafik 5.3 Zeitaufwand bis 14 (männl. + weibl.) 201
Tabellengrafik 5.4 Zeitaufwand bis 21 (männl. + weibl.) 201
Tabellengrafik 5.5 Vergleich Telefon:
Wert – Nutzung – Zeitaufwand 202
Tabellengrafik 5.6 Vergleich Handy:
Wert – Nutzung – Zeitaufwand 202
Tabellengrafik 5.7 Vergleich Brief:
Wert – Nutzung – Zeitaufwand 203

Tabellengrafik 5.8 Vergleich SMS:
Wert – Nutzung – Zeitaufwand 203

Tabellengrafik 5.9 Vergleich Email: Wert – Nutzung 204

Tabellengrafik 5.10 Vergleich Gespräch: Wert – Zeitaufwand 204

Tabellengrafik 5.11 Vergleich Chat: Wert – Zeitaufwand 205

Tabellengrafik 6.4 Nutzungsverhalten – Internet –
Gesamt (männl. + weibl.) 205

Tabellengrafik 6.1 Internetzugang seit? – gesamt 206

Tabellengrafik 6.2 Handy seit? – gesamt 206

Tabellengrafik 6.3 Nutzungsverhalten – Internet 207

Tabellengrafik 6.5 Nutzungsverhalten – Internet 14 bis 28
(männl. + weibl.) 208

Tabellengrafik 6.6 Nutzungsverhalten – Internet 35 bis 60
(männl. + weibl.) 208

Tabellengrafik 6.7 Nutzungsverhalten – Handy 209

Tabellengrafik 6.8 Nutzungsverhalten – Handy – gesamt
(männl. + weibl.) 210

Tabellengrafik 6.9 Nutzungsverhalten – Handy 14 bis 28
(männl. + weibl.) 210

Tabellengrafik 6.10 Nutzungsverhalten – Handy 29 bis 60
(männl. + weibl.) 211

Tabellengrafik 8.1 Eigene Einschätzung seit Internetzugang –
gesamt 211

Tabellengrafik 8.2 Eigene Einschätzung seit Handybesitz –
gesamt 212

Tabellengrafik 8.3 Eigene Einschätzung seit Internetzugang –
bis 21 weibl. 212

Tabellengrafik 8.4 Eigene Einschätzung seit Internetzugang –
bis 21 männl. 213

Tabellengrafik 8.5 Eigene Einschätzung seit Internetzugang –
bis 28 213

Tabellengrafik 8.6 Eigene Einschätzung seit Handybesitz –
bis 21 männl. 214

Tabellengrafik 8.7 Eigene Einschätzung seit Handybesitz – bis 28 weibl. 214

Tabellengrafik 9.1 Wertung von Gesprächsunterbrechungen durch Telefonate gesamt (männl. + weibl.) 215

Tabellengrafik 9.2 Wertung von Gesprächsunterbrechungen durch Telefonate gesamt 215

Tabellengrafik 9.3 Wertung von Gesprächsunterbrechungen durch Telefonate (männl. + weibl.) 216

Tabellengrafik 9.4 Verhalten beim Klingeln des Telefons gesamt (männl. + weibl.) 217

Tabellengrafik 9.5 Verhalten beim Klingeln des Handys – gesamt (männl. + weibl.) 217

Tabellengrafik 9.6 Verhalten beim Klingeln des Telefons 218

Tabellengrafik 9.8 Verhalten beim Klingeln des Handys 218

Tabellengrafik 9.7 Verhalten beim Klingeln des Telefons – männl. + weibl. 219

Tabellengrafik 9.9 Verhalten beim Klingeln des Handys – männl. + weibl. 219

Tabellengrafik 10.1 Wichtigkeit einzelner Faktoren im Gespräch 220

Tabellengrafik 10.2 Wichtigkeit einzelner Faktoren im Gespräch 14 bis 28 (männl. + weibl.) 221

Tabellengrafik 10.3 Wichtigkeit einzelner Faktoren im Gespräch 35 bis 60 (männl. + weibl.) 221

Tabellengrafik 11.1 Medium, in dem man sich am besten ausdrücken kann 222

Tabellengrafik 12.1 Bedeutung der Form in den einzelnen Medien 222

Tabellengrafik 11.2 Medium, in dem man sich am besten ausdrücken kann – männl. + weibl. 223

Tabellengrafik 12.2 Bedeutung der Form in den einzelnen Medien – männl. + weibl. 224

Werteskalen

Tabellengrafik 3.1 und Tabellengrafik 3.2

Werteskala von 1 = „überflüssig" bis 5 = „unverzichtbar"

Tabellengrafik 4.1 bis Tabellengrafik 4.3

Nutzungsskala:
1 = weniger als 1mal die Woche,
2 = 1-5mal die Woche,
3 = täglich 1 mal,
4 = täglich 2-10mal,
5 = täglich mehr als 10mal

Tabellengrafik 5.1 bis Tabellengrafik 5.4

Zeitaufwandsskala:
1 = weniger als 15 Minuten
2 = 15-30 Min.,
3 = 30-60 Min.,
4 = 1 bis 2 Stunden,
5 = mehr als 2 Stunden)

Tabellengrafik 5.6 bis Tabellengrafik 5.11

Werteskala wie bei Tabellengrafik 4.1 bis Tabellengrafik 4.2
Nutzungsskala wie bei Tabellengrafik 5.1 bis Tabellengrafik 5.3
Zeitaufwandsskala wie bei Tabellengrafik 6.1 bis Tabellengrafik 6.4

Tabellengrafik 10.1 bis Tabellengrafik 10.3 sowie Tabellengrafik 12.1 und Tabellengrafik 12.2

Wichtigkeitsskala
5 = sehr wichtig,
4 = wichtig,
3 = normal, sonst wäre es kein Gespräch,
2 = eher unwichtig,
1 = unwichtig

TABELLENGRAFIK 2.1

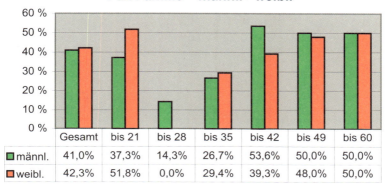

Fax Familie – männl.+ weibl.

	Gesamt	bis 21	bis 28	bis 35	bis 42	bis 49	bis 60
■ männl.	41,0%	37,3%	14,3%	26,7%	53,6%	50,0%	50,0%
■ weibl.	42,3%	51,8%	0,0%	29,4%	39,3%	48,0%	50,0%

TABELLENGRAFIK 2.2

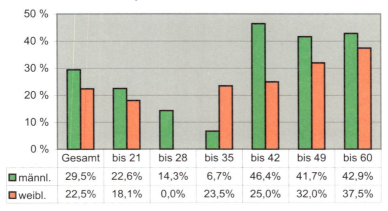

Fax privat – männl. + weibl.

	Gesamt	bis 21	bis 28	bis 35	bis 42	bis 49	bis 60
■ männl.	29,5%	22,6%	14,3%	6,7%	46,4%	41,7%	42,9%
■ weibl.	22,5%	18,1%	0,0%	23,5%	25,0%	32,0%	37,5%

Tabellengrafik 2.3

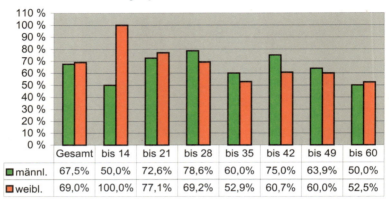

Tabellengrafik 2.4

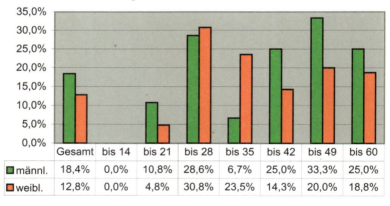

TABELLENGRAFIK 2.5

Internet privat – männl. + weibl.

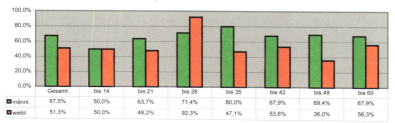

	Gesamt	bis 14	bis 21	bis 28	bis 35	bis 42	bis 49	bis 60
männl.	67,5%	50,0%	63,7%	71,4%	80,0%	67,9%	69,4%	67,9%
weibl.	51,3%	50,0%	48,2%	92,3%	47,1%	53,6%	36,0%	56,3%

TABELLENGRAFIK 2.6

Internet Familie – männl.+ weibl.

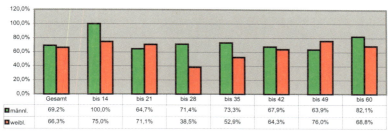

	Gesamt	bis 14	bis 21	bis 28	bis 35	bis 42	bis 49	bis 60
männl.	69,2%	100,0%	64,7%	71,4%	73,3%	67,9%	63,9%	82,1%
weibl.	66,3%	75,0%	71,1%	38,5%	52,9%	64,3%	76,0%	68,8%

TABELLENGRAFIK 2.7

Internet Schule/Arbeit – männl.+ weibl.

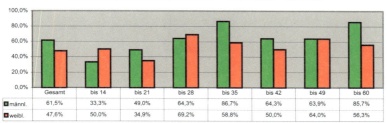

	Gesamt	bis 14	bis 21	bis 28	bis 35	bis 42	bis 49	bis 60
männl.	61,5%	33,3%	49,0%	64,3%	86,7%	64,3%	63,9%	85,7%
weibl.	47,6%	50,0%	34,9%	69,2%	58,8%	50,0%	64,0%	56,3%

TABELLENGRAFIK 3.1

Wertigkeit der Medien

	Telefon	Anrufbe-antworter	Fax	pers. Brief	gesch. Brief	Email	Handy	SMS	Foren	Chat	Instant messaging	Gespräch
Gesamt	4,5	2,8	2,7	3,8	3,5	3,9	3,2	2,6	2,4	1,3	1,8	4,8
bis 14	4,3	2,2	2,1	2,9	2,4	3,3	3,9	3,8	2,9	2,1	2,6	3,9
bis 21	4,4	2,6	2,6	3,8	3,2	3,8	3,5	3,3	2,8	1,6	2,5	4,7
bis 28	4,7	3,0	2,4	3,8	3,7	4,7	3,3	2,7	2,4	1,1	2,2	4,8
bis 35	4,5	3,6	2,9	4,0	4,0	4,1	3,3	2,6	2,3	1,1	1,8	4,9
bis 42	4,5	3,2	2,9	3,9	3,8	4,0	3,0	2,1	2,1	1,1	1,6	4,9
bis 49	4,6	3,3	3,4	4,0	4,1	4,4	3,1	2,1	2,2	1,1	1,6	4,9
bis 60	4,6	2,9	3,2	4,2	3,9	4,1	2,8	1,9	2,1	1,0	1,6	4,8
über 60	4,6	3,2	2,8	3,2	3,4	4,4	3,2	1,8	1,8	1,0	1,0	5,0

196 – AUFRECHT DURCH DIE MEDIEN — UWE BUERMANN

TABELLENGRAFIK 3.2

Wertigkeit gesamt (männl.+weibl.)

	Telefon	Anrufbe- antworter	Fax	pers. Brief	geschäf. Brief	Email	Handy	SMS	Foren	Chat	Instant messaging	Gespräch
Gesamt	4,5	2,8	2,7	3,8	3,5	3,9	3,2	2,6	2,4	1,3	1,8	4,8
Gesamt männl.	4,5	2,9	2,8	3,6	3,6	4,1	3,3	2,6	2,6	1,4	2,1	4,7
Gesamt weibl.	4,5	2,9	2,8	4,2	3,5	3,9	3,2	2,7	2,3	1,3	1,9	4,9

TABELLENGRAFIK 4.2

Nutzung der Medien – gesamt (männl.+ weibl.)

	Telefon getätigt	Telefon erhalten	Handy getätigt	Handy erhalten	Faxe gesendet	Faxe erhalten	SMS gesendet	SMS erhalten	Email gesendet	Email erhalten	Brief geschrieb.	Brief erhalten
Gesamt	3,5	3,7	1,9	2,0	1,4	1,4	1,8	1,9	3,0	3,3	1,4	1,5
Gesamt männl.	3,6	3,8	2,2	2,2	1,6	1,6	1,9	2,0	3,3	3,6	1,4	1,5
Gesamt weibl.	3,4	3,5	1,8	1,9	1,5	1,5	2,0	2,0	2,9	3,2	1,6	1,6

TABELLENGRAFIK 4.1

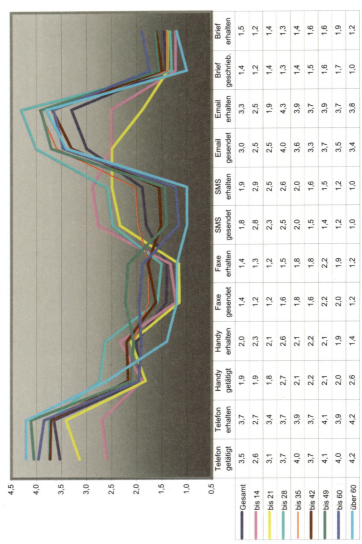

Nutzung der Medien

	Telefon getätigt	Telefon erhalten	Handy getätigt	Handy erhalten	Faxe gesendet	Faxe erhalten	SMS gesendet	SMS erhalten	Email gesendet	Email erhalten	Brief geschrieb.	Brief erhalten
Gesamt	3,5	3,7	1,9	2,0	1,4	1,4	1,8	1,9	3,0	3,3	1,4	1,5
bis 14	2,6	2,7	1,9	2,3	1,2	1,3	2,8	2,9	2,5	2,5	1,2	1,2
bis 21	3,1	3,4	1,8	2,1	1,2	1,2	2,3	2,5	2,5	1,9	1,4	1,4
bis 28	3,7	3,7	2,7	2,6	1,6	1,5	2,5	2,6	4,0	4,3	1,3	1,3
bis 35	4,0	3,9	2,1	2,1	1,8	1,8	2,0	2,0	3,6	3,9	1,4	1,4
bis 42	3,7	3,7	2,2	2,2	1,6	1,8	1,5	1,6	3,3	3,7	1,5	1,6
bis 49	4,1	4,1	2,1	2,1	2,2	2,2	1,4	1,5	3,7	3,9	1,6	1,6
bis 60	4,0	3,9	2,0	1,9	2,0	1,9	1,2	1,2	3,5	3,7	1,7	1,9
über 60	4,2	4,2	2,6	1,4	1,2	1,2	1,0	1,0	3,4	3,8	1,0	1,2

TABELLENGRAFIK 4.3

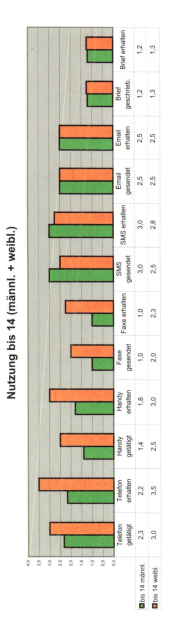

TABELLENGRAFIK 5.2

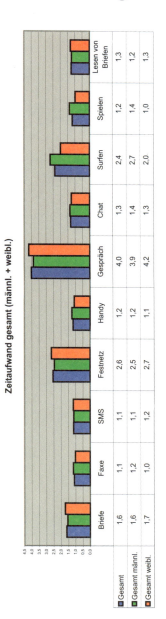

ANHANG (FARBIGE TABELLENNGRAFIKEN) – 199

TABELLENGRAFIK 5.1

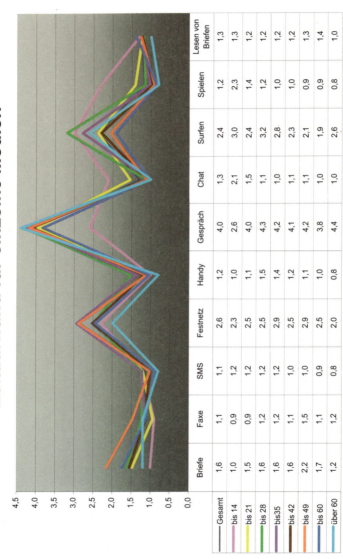

Zeitaufwand für einzelne Medien

	Briefe	Faxe	SMS	Festnetz	Handy	Gespräch	Chat	Surfen	Spielen	Lesen von Briefen
Gesamt	1,6	1,1	1,1	2,6	1,2	4,0	1,3	2,4	1,2	1,3
bis 14	1,0	0,9	1,2	2,3	1,0	2,6	2,1	3,0	2,3	1,3
bis 21	1,5	0,9	1,2	2,5	1,1	4,0	1,5	2,4	1,4	1,2
bis 28	1,6	1,2	1,2	2,5	1,5	4,3	1,1	3,2	1,2	1,2
bis 35	1,6	1,2	1,2	2,9	1,4	4,2	1,0	2,8	1,0	1,2
bis 42	1,6	1,1	1,0	2,5	1,2	4,1	1,1	2,3	1,0	1,2
bis 49	2,2	1,5	1,0	2,9	1,1	4,2	1,1	2,1	0,9	1,3
bis 60	1,7	1,1	0,9	2,5	1,0	3,8	1,0	1,9	0,9	1,4
über 60	1,2	1,2	0,8	2,0	0,8	4,4	1,0	2,6	0,8	1,0

TABELLENGRAFIK 5.3

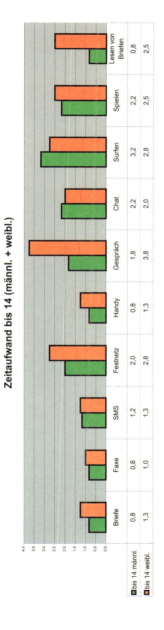

TABELLENGRAFIK 5.4

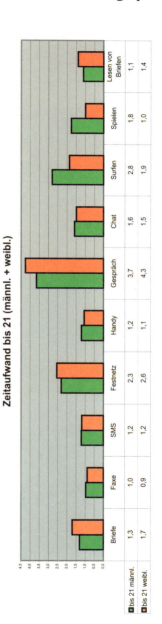

TABELLENGRAFIK 5.5

Vergleich Telefon: Wert – Nutzung – Zeitaufwand

	Gesamt	bis 14	bis 21	bis 28	bis 35	bis 42	bis 49	bis 60	über 60
Wert Telefon	4,5	4,3	4,4	4,7	4,5	4,5	4,6	4,6	4,6
Telefon getätigt	3,5	2,6	3,1	3,7	4,0	3,7	4,1	4,0	4,2
Telefon erhalten	3,7	2,7	3,4	3,7	3,9	3,7	4,1	3,9	4,2
Zeitaufwand Festnetz	2,6	2,3	2,5	2,5	2,9	2,5	2,9	2,5	2,0

TABELLENGRAFIK 5.6

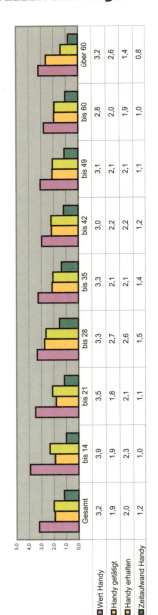

Vergleich Handy: Wert – Nutzung – Zeitaufwand

	Gesamt	bis 14	bis 21	bis 28	bis 35	bis 42	bis 49	bis 60	über 60
Wert Handy	3,2	3,9	3,5	3,3	3,3	3,0	3,1	2,8	3,2
Handy getätigt	1,9	1,9	1,8	2,7	2,1	2,2	2,1	2,0	2,6
Handy erhalten	2,0	2,3	2,1	2,6	2,1	2,2	2,1	1,9	1,4
Zeitaufwand Handy	1,2	1,0	1,1	1,5	1,4	1,2	1,1	1,0	0,8

Tabellengrafik 5.7

Vergleich Brief: Wert – Nutzung – Zeitaufwand

	Gesamt	bis 14	bis 21	bis 28	bis 35	bis 42	bis 49	bis 60	über 60
Wert pers. Brief	3,8	2,9	3,8	3,8	4,0	3,9	4,0	4,2	3,2
Wert gesch. Brief	3,5	2,4	3,2	3,7	4,0	3,8	4,1	3,9	3,4
Brief geschrieben	1,4	1,2	1,4	1,3	1,4	1,5	1,6	1,7	1,0
Brief erhalten	1,5	1,2	1,4	1,3	1,4	1,6	1,6	1,9	1,2

Tabellengrafik 5.8

Vergleich SMS: Wert – Nutzung – Zeitaufwand

	Gesamt	bis 14	bis 21	bis 28	bis 35	bis 42	bis 49	bis 60	über 60
Wert SMS	2,6	3,8	3,3	2,7	2,6	2,1	2,1	1,9	1,8
SMS gesendet	1,8	2,8	2,3	2,5	2,0	1,5	1,4	1,2	1,0
SMS erhalten	1,9	2,9	2,5	2,6	2,0	1,6	1,5	1,2	1,0
Zeitaufwand SMS	1,1	1,2	1,2	1,2	1,2	1,0	1,0	0,9	0,8

TABELLENGRAFIK 5.9

Vergleich Email: Wert – Nutzung

	Gesamt	bis 14	bis 21	bis 28	bis 35	bis 42	bis 49	bis 60	über 60
Wert Email	3,9	3,3	3,8	4,7	4,1	4,0	4,4	4,1	4,4
Email gesendet	3,0	2,5	2,5	4,0	3,6	3,3	3,7	3,5	3,4
Email erhalten	3,3	2,5	1,9	4,3	3,9	3,7	3,9	3,7	3,8

TABELLENGRAFIK 5.10

Vergleich Gespräch: Wert – Zeitaufwand

	bis 14 männl.	bis 14 weibl.	bis 21 männl.	bis 21 weibl.	bis 28 männl.	bis 28 weibl.	bis 35 männl.	bis 35 weibl.	bis 42 männl.	bis 42 weibl.	bis 49 männl.	bis 49 weibl.	bis 60 männl.	bis 60 weibl.
Wert Gespräch	3,8	4,0	4,5	4,8	4,7	4,9	4,9	5,0	5,0	4,9	4,9	5,0	4,8	4,9
Zeitaufwand Gespräch	1,8	3,8	3,7	4,3	4,1	4,5	4,4	4,1	4,3	4,0	4,2	4,3	3,8	3,9

TABELLENGRAFIK 5.11

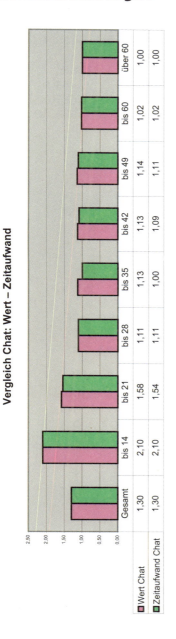

TABELLENGRAFIK 6.4

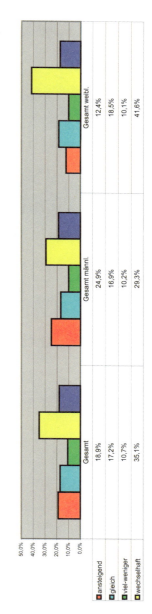

ANHANG (FARBIGE TABELLENNGRAFIKEN) – 205

TABELLENGRAFIK 6.1

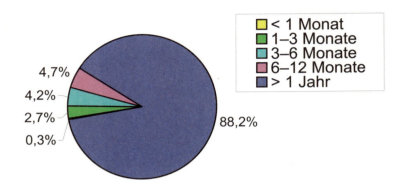

TABELLENGRAFIK 6.2

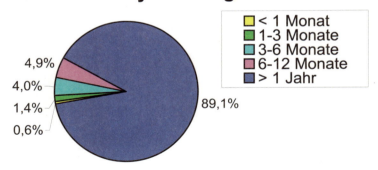

TABELLENGRAFIK 6.3

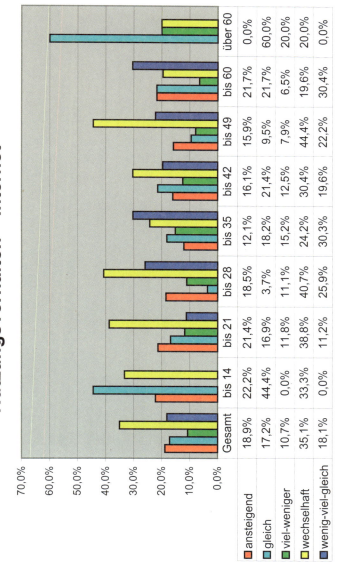

TABELLENGRAFIK 6.5

Nutzungsverhalten – Internet 14 bis 28 (männl. + weibl.)

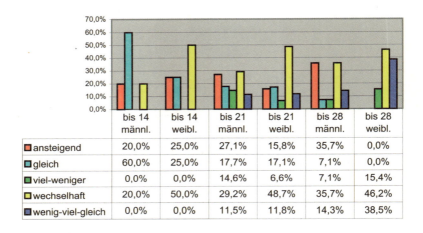

	bis 14 männl.	bis 14 weibl.	bis 21 männl.	bis 21 weibl.	bis 28 männl.	bis 28 weibl.
ansteigend	20,0%	25,0%	27,1%	15,8%	35,7%	0,0%
gleich	60,0%	25,0%	17,7%	17,1%	7,1%	0,0%
viel-weniger	0,0%	0,0%	14,6%	6,6%	7,1%	15,4%
wechselhaft	20,0%	50,0%	29,2%	48,7%	35,7%	46,2%
wenig-viel-gleich	0,0%	0,0%	11,5%	11,8%	14,3%	38,5%

TABELLENGRAFIK 6.6

Nutzungsverhalten – Internet 35 bis 60 (männl. + weibl.)

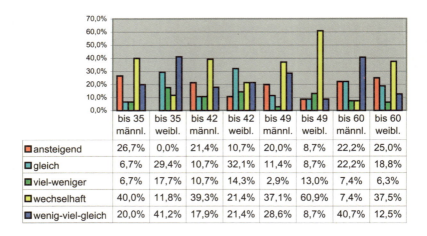

	bis 35 männl.	bis 35 weibl.	bis 42 männl.	bis 42 weibl.	bis 49 männl.	bis 49 weibl.	bis 60 männl.	bis 60 weibl.
ansteigend	26,7%	0,0%	21,4%	10,7%	20,0%	8,7%	22,2%	25,0%
gleich	6,7%	29,4%	10,7%	32,1%	11,4%	8,7%	22,2%	18,8%
viel-weniger	6,7%	17,7%	10,7%	14,3%	2,9%	13,0%	7,4%	6,3%
wechselhaft	40,0%	11,8%	39,3%	21,4%	37,1%	60,9%	7,4%	37,5%
wenig-viel-gleich	20,0%	41,2%	17,9%	21,4%	28,6%	8,7%	40,7%	12,5%

TABELLENGRAFIK 6.7

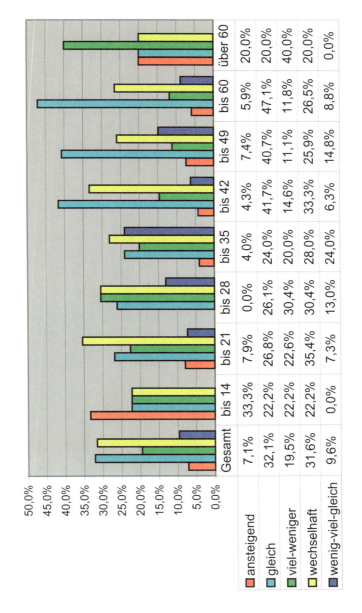

TABELLENGRAFIK 6.8

Nutzungsverhalten – Handy – gesamt (männl. + weibl.)

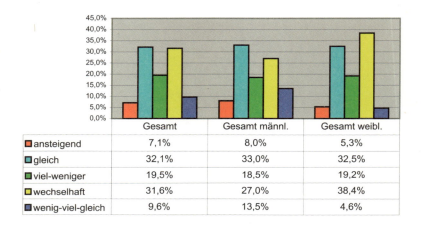

	Gesamt	Gesamt männl.	Gesamt weibl.
ansteigend	7,1%	8,0%	5,3%
gleich	32,1%	33,0%	32,5%
viel-weniger	19,5%	18,5%	19,2%
wechselhaft	31,6%	27,0%	38,4%
wenig-viel-gleich	9,6%	13,5%	4,6%

TABELLENGRAFIK 6.9

Nutzungsverhalten – Handy 14 bis 28 (männl. + weibl.)

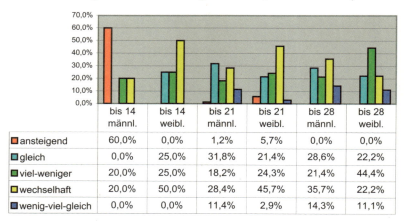

	bis 14 männl.	bis 14 weibl.	bis 21 männl.	bis 21 weibl.	bis 28 männl.	bis 28 weibl.
ansteigend	60,0%	0,0%	1,2%	5,7%	0,0%	0,0%
gleich	0,0%	25,0%	31,8%	21,4%	28,6%	22,2%
viel-weniger	20,0%	25,0%	18,2%	24,3%	21,4%	44,4%
wechselhaft	20,0%	50,0%	28,4%	45,7%	35,7%	22,2%
wenig-viel-gleich	0,0%	0,0%	11,4%	2,9%	14,3%	11,1%

TABELLENGRAFIK 6.10

Nutzungsverhalten – Handy 29 bis 60 (männl. + weibl.)

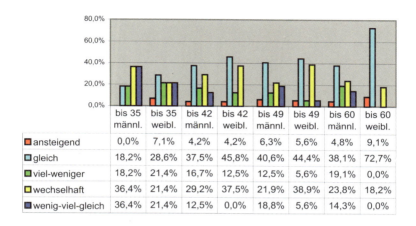

	bis 35 männl.	bis 35 weibl.	bis 42 männl.	bis 42 weibl.	bis 49 männl.	bis 49 weibl.	bis 60 männl.	bis 60 weibl.
ansteigend	0,0%	7,1%	4,2%	4,2%	6,3%	5,6%	4,8%	9,1%
gleich	18,2%	28,6%	37,5%	45,8%	40,6%	44,4%	38,1%	72,7%
viel-weniger	18,2%	21,4%	16,7%	12,5%	12,5%	5,6%	19,1%	0,0%
wechselhaft	36,4%	21,4%	29,2%	37,5%	21,9%	38,9%	23,8%	18,2%
wenig-viel-gleich	36,4%	21,4%	12,5%	0,0%	18,8%	5,6%	14,3%	0,0%

TABELLENGRAFIK 8.1

Eigene Einschätzung seit Internetzugang – gesamt

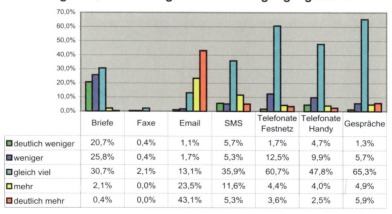

	Briefe	Faxe	Email	SMS	Telefonate Festnetz	Telefonate Handy	Gespräche
deutlich weniger	20,7%	0,4%	1,1%	5,7%	1,7%	4,7%	1,3%
weniger	25,8%	0,4%	1,7%	5,3%	12,5%	9,9%	5,7%
gleich viel	30,7%	2,1%	13,1%	35,9%	60,7%	47,8%	65,3%
mehr	2,1%	0,0%	23,5%	11,6%	4,4%	4,0%	4,9%
deutlich mehr	0,4%	0,0%	43,1%	5,3%	3,6%	2,5%	5,9%

TABELLENGRAFIK 8.2

Eigene Einschätzung seit Handybesitz – gesamt

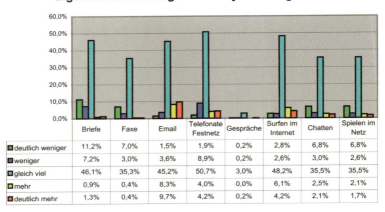

	Briefe	Faxe	Email	Telefonate Festnetz	Gespräche	Surfen im Internet	Chatten	Spielen im Netz
deutlich weniger	11,2%	7,0%	1,5%	1,9%	0,2%	2,8%	6,8%	6,8%
weniger	7,2%	3,0%	3,6%	8,9%	0,2%	2,6%	3,0%	2,6%
gleich viel	46,1%	35,3%	45,2%	50,7%	3,0%	48,2%	35,5%	35,5%
mehr	0,9%	0,4%	8,3%	4,0%	0,0%	6,1%	2,5%	2,1%
deutlich mehr	1,3%	0,4%	9,7%	4,2%	0,2%	4,2%	2,1%	1,7%

TABELLENGRAFIK 8.3

Eigene Einschätzung seit Internetzugang – bis 21 weibl.

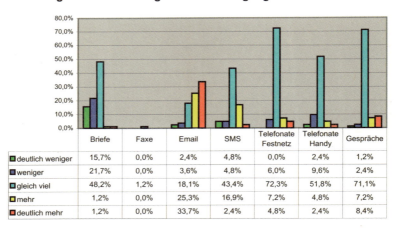

	Briefe	Faxe	Email	SMS	Telefonate Festnetz	Telefonate Handy	Gespräche
deutlich weniger	15,7%	0,0%	2,4%	4,8%	0,0%	2,4%	1,2%
weniger	21,7%	0,0%	3,6%	4,8%	6,0%	9,6%	2,4%
gleich viel	48,2%	1,2%	18,1%	43,4%	72,3%	51,8%	71,1%
mehr	1,2%	0,0%	25,3%	16,9%	7,2%	4,8%	7,2%
deutlich mehr	1,2%	0,0%	33,7%	2,4%	4,8%	2,4%	8,4%

TABELLENGRAFIK 8.4

Eigene Einschätzung seit Internetzugang – bis 21 männl.

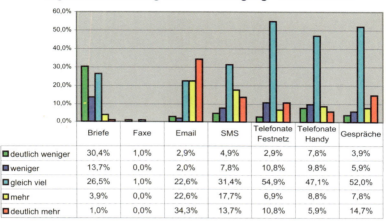

	Briefe	Faxe	Email	SMS	Telefonate Festnetz	Telefonate Handy	Gespräche
deutlich weniger	30,4%	1,0%	2,9%	4,9%	2,9%	7,8%	3,9%
weniger	13,7%	0,0%	2,0%	7,8%	10,8%	9,8%	5,9%
gleich viel	26,5%	1,0%	22,6%	31,4%	54,9%	47,1%	52,0%
mehr	3,9%	0,0%	22,6%	17,7%	6,9%	8,8%	7,8%
deutlich mehr	1,0%	0,0%	34,3%	13,7%	10,8%	5,9%	14,7%

TABELLENGRAFIK 8.5

Eigene Einschätzung seit Internetzugang – bis 28

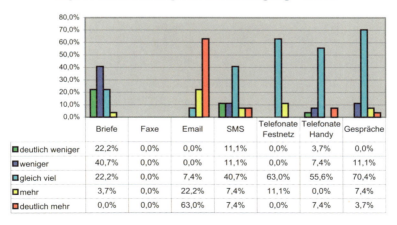

	Briefe	Faxe	Email	SMS	Telefonate Festnetz	Telefonate Handy	Gespräche
deutlich weniger	22,2%	0,0%	0,0%	11,1%	0,0%	3,7%	0,0%
weniger	40,7%	0,0%	0,0%	11,1%	0,0%	7,4%	11,1%
gleich viel	22,2%	0,0%	7,4%	40,7%	63,0%	55,6%	70,4%
mehr	3,7%	0,0%	22,2%	7,4%	11,1%	0,0%	7,4%
deutlich mehr	0,0%	0,0%	63,0%	7,4%	0,0%	7,4%	3,7%

TABELLENGRAFIK 8.6

Eigene Einschätzung seit Handybesitz – bis 21 männl.

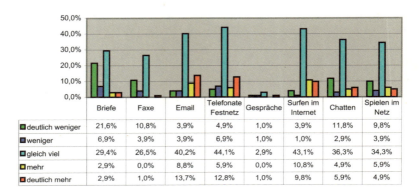

	Briefe	Faxe	Email	Telefonate Festnetz	Gespräche	Surfen im Internet	Chatten	Spielen im Netz
deutlich weniger	21,6%	10,8%	3,9%	4,9%	1,0%	3,9%	11,8%	9,8%
weniger	6,9%	3,9%	3,9%	6,9%	1,0%	1,0%	2,9%	3,9%
gleich viel	29,4%	26,5%	40,2%	44,1%	2,9%	43,1%	36,3%	34,3%
mehr	2,9%	0,0%	8,8%	5,9%	0,0%	10,8%	4,9%	5,9%
deutlich mehr	2,9%	1,0%	13,7%	12,8%	1,0%	9,8%	5,9%	4,9%

TABELLENGRAFIK 8.7

Eigene Einschätzung seit Handybesitz – bis 28 weibl.

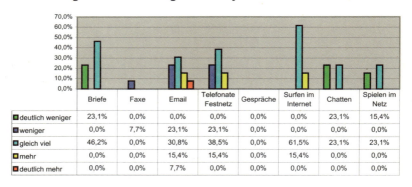

	Briefe	Faxe	Email	Telefonate Festnetz	Gespräche	Surfen im Internet	Chatten	Spielen im Netz
deutlich weniger	23,1%	0,0%	0,0%	0,0%	0,0%	0,0%	23,1%	15,4%
weniger	0,0%	7,7%	23,1%	23,1%	0,0%	0,0%	0,0%	0,0%
gleich viel	46,2%	0,0%	30,8%	38,5%	0,0%	61,5%	23,1%	23,1%
mehr	0,0%	0,0%	15,4%	15,4%	0,0%	15,4%	0,0%	0,0%
deutlich mehr	0,0%	0,0%	7,7%	0,0%	0,0%	0,0%	0,0%	0,0%

Tabellengrafik 9.1

Wertung von Gesprächsunterbrechungen durch Telefonate gesamt (männl. + weibl.)

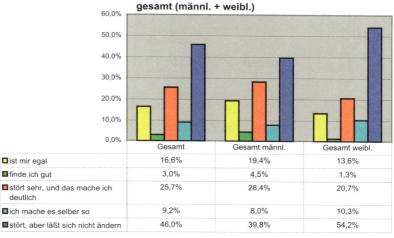

	Gesamt	Gesamt männl.	Gesamt weibl.
ist mir egal	16,6%	19,4%	13,6%
finde ich gut	3,0%	4,5%	1,3%
stört sehr, und das mache ich deutlich	25,7%	28,4%	20,7%
ich mache es selber so	9,2%	8,0%	10,3%
stört, aber läßt sich nicht ändern	46,0%	39,8%	54,2%

Tabellengrafik 9.2

Wertung von Gesprächsunterbrechungen durch Telefonate gesamt

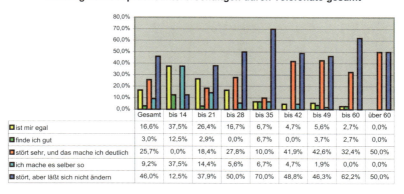

	Gesamt	bis 14	bis 21	bis 28	bis 35	bis 42	bis 49	bis 60	über 60
ist mir egal	16,6%	37,5%	26,4%	16,7%	6,7%	4,7%	5,6%	2,7%	0,0%
finde ich gut	3,0%	12,5%	2,9%	0,0%	6,7%	0,0%	3,7%	2,7%	0,0%
stört sehr, und das mache ich deutlich	25,7%	0,0%	18,4%	27,8%	10,0%	41,9%	42,6%	32,4%	50,0%
ich mache es selber so	9,2%	37,5%	14,4%	5,6%	6,7%	4,7%	1,9%	0,0%	0,0%
stört, aber läßt sich nicht ändern	46,0%	12,5%	37,9%	50,0%	70,0%	48,8%	46,3%	62,2%	50,0%

TABELLENGRAFIK 9.3

Wertung von Gesprächsunterbrechungen durch Telefonate (männl. + weibl.)

	bis 14 männl.	bis 14 weibl.	bis 21 männl.	bis 21 weibl.	bis 28 männl.	bis 28 weibl.	bis 35 männl.	bis 35 weibl.	bis 42 männl.	bis 42 weibl.	bis 49 männl.	bis 49 weibl.	bis 60 männl.	bis 60 weibl.
ist mir egal	0,0%	75,0%	35,6%	18,0%	16,7%	16,7%	6,7%	7,1%	4,4%	5,0%	6,3%	5,6%	5,0%	0,0%
finde ich gut	25,0%	0,0%	3,3%	2,6%	0,0%	0,0%	13,3%	0,0%	0,0%	0,0%	6,3%	0,0%	5,0%	0,0%
stört sehr, und das mache ich deutlich	0,0%	0,0%	21,1%	15,4%	25,0%	33,3%	6,7%	14,3%	43,5%	40,0%	46,9%	27,8%	35,0%	21,4%
ich mache es selber so	75,0%	0,0%	12,2%	15,4%	0,0%	16,7%	0,0%	14,3%	4,4%	5,0%	3,1%	0,0%	0,0%	0,0%
stört, aber läßt sich nicht ändern	0,0%	25,0%	27,8%	48,7%	58,3%	33,3%	73,3%	64,3%	47,8%	50,0%	37,5%	66,7%	55,0%	78,6%

TABELLENGRAFIK 9.4

Verhalten beim Klingeln des Telefons – gesamt (männl. + weibl.)

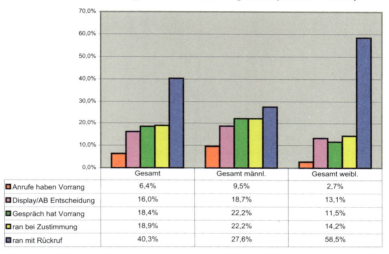

	Gesamt	Gesamt männl.	Gesamt weibl.
Anrufe haben Vorrang	6,4%	9,5%	2,7%
Display/AB Entscheidung	16,0%	18,7%	13,1%
Gespräch hat Vorrang	18,4%	22,2%	11,5%
ran bei Zustimmung	18,9%	22,2%	14,2%
ran mit Rückruf	40,3%	27,6%	58,5%

TABELLENGRAFIK 9.5

Verhalten beim Klingeln des Handys – gesamt (männl. + weibl.)

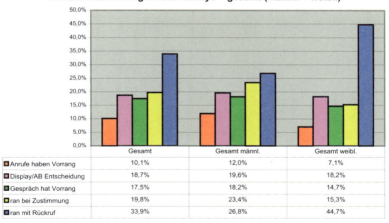

	Gesamt	Gesamt männl.	Gesamt weibl.
Anrufe haben Vorrang	10,1%	12,0%	7,1%
Display/AB Entscheidung	18,7%	19,6%	18,2%
Gespräch hat Vorrang	17,5%	18,2%	14,7%
ran bei Zustimmung	19,8%	23,4%	15,3%
ran mit Rückruf	33,9%	26,8%	44,7%

TABELLENGRAFIK 9.6

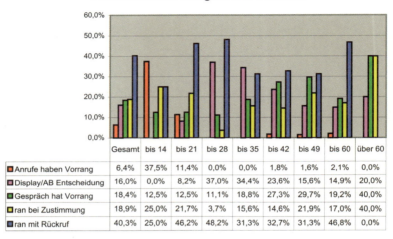

Verhalten beim Klingeln des Telefons

	Gesamt	bis 14	bis 21	bis 28	bis 35	bis 42	bis 49	bis 60	über 60
Anrufe haben Vorrang	6,4%	37,5%	11,4%	0,0%	0,0%	1,8%	1,6%	2,1%	0,0%
Display/AB Entscheidung	16,0%	0,0%	8,2%	37,0%	34,4%	23,6%	15,6%	14,9%	20,0%
Gespräch hat Vorrang	18,4%	12,5%	12,5%	11,1%	18,8%	27,3%	29,7%	19,2%	40,0%
ran bei Zustimmung	18,9%	25,0%	21,7%	3,7%	15,6%	14,6%	21,9%	17,0%	40,0%
ran mit Rückruf	40,3%	25,0%	46,2%	48,2%	31,3%	32,7%	31,3%	46,8%	0,0%

TABELLENGRAFIK 9.8

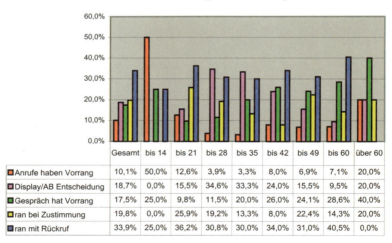

Verhalten beim Klingeln des Handys

	Gesamt	bis 14	bis 21	bis 28	bis 35	bis 42	bis 49	bis 60	über 60
Anrufe haben Vorrang	10,1%	50,0%	12,6%	3,9%	3,3%	8,0%	6,9%	7,1%	20,0%
Display/AB Entscheidung	18,7%	0,0%	15,5%	34,6%	33,3%	24,0%	15,5%	9,5%	20,0%
Gespräch hat Vorrang	17,5%	25,0%	9,8%	11,5%	20,0%	26,0%	24,1%	28,6%	40,0%
ran bei Zustimmung	19,8%	0,0%	25,9%	19,2%	13,3%	8,0%	22,4%	14,3%	20,0%
ran mit Rückruf	33,9%	25,0%	36,2%	30,8%	30,0%	34,0%	31,0%	40,5%	0,0%

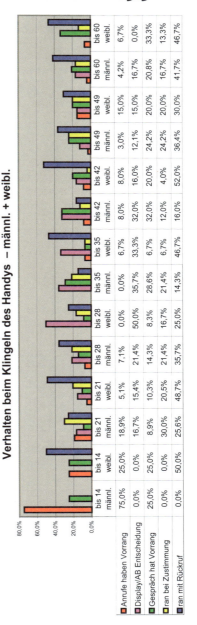

TABELLENGRAFIK 10.1

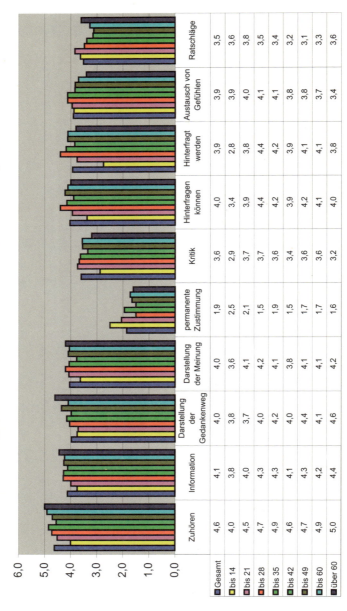

Tabellengrafik 10.2

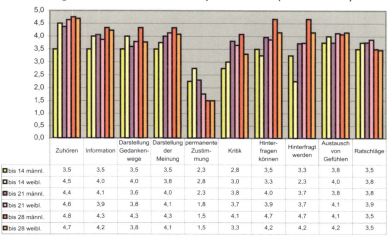

Wichtigkeit einzelner Faktoren im Gespräch 14 bis 28 (männl. + weibl.)

	Zuhören	Information	Darstellung Gedankenwege	Darstellung der Meinung	permanente Zustimmung	Kritik	Hinterfragen können	Hinterfragt werden	Austausch von Gefühlen	Ratschläge
bis 14 männl.	3,5	3,5	3,5	3,5	2,3	2,8	3,5	3,3	3,8	3,5
bis 14 weibl.	4,5	4,0	4,0	3,8	2,8	3,0	3,3	2,3	4,0	3,8
bis 21 männl.	4,4	4,1	3,6	4,0	2,3	3,8	4,0	3,7	3,8	3,8
bis 21 weibl.	4,6	3,9	3,8	4,1	1,8	3,7	3,9	3,7	4,1	3,9
bis 28 männl.	4,8	4,3	4,3	4,3	1,5	4,1	4,7	4,7	4,1	3,5
bis 28 weibl.	4,7	4,2	3,8	4,1	1,5	3,3	4,2	4,2	4,2	3,5

Tabellengrafik 10.3

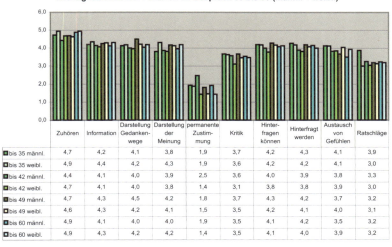

Wichtigkeit einzelner Faktoren im Gespräch 35 bis 60 (männl. + weibl.)

	Zuhören	Information	Darstellung Gedankenwege	Darstellung der Meinung	permanente Zustimmung	Kritik	Hinterfragen können	Hinterfragt werden	Austausch von Gefühlen	Ratschläge
bis 35 männl.	4,7	4,2	4,1	3,8	1,9	3,7	4,2	4,3	4,1	3,9
bis 35 weibl.	4,9	4,4	4,2	4,3	1,9	3,6	4,2	4,2	4,1	3,0
bis 42 männl.	4,4	4,1	4,0	3,9	2,5	3,6	4,0	3,9	3,8	3,3
bis 42 weibl.	4,7	4,1	4,0	3,8	1,4	3,1	3,8	3,8	3,9	3,0
bis 49 männl.	4,7	4,3	4,5	4,2	1,8	3,7	4,3	4,2	3,7	3,2
bis 49 weibl.	4,6	4,3	4,2	4,1	1,5	3,5	4,2	4,1	4,0	3,1
bis 60 männl.	4,9	4,1	4,0	4,0	1,9	3,5	4,1	4,2	3,5	3,2
bis 60 weibl.	4,9	4,3	4,2	4,2	1,4	3,5	4,1	4,0	3,9	3,2

TABELLENGRAFIK 11.1

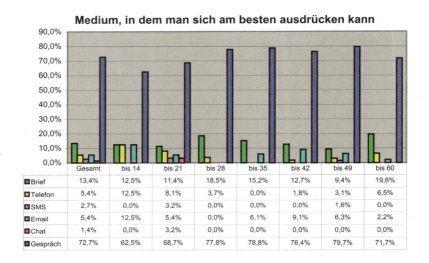

Medium, in dem man sich am besten ausdrücken kann

	Gesamt	bis 14	bis 21	bis 28	bis 35	bis 42	bis 49	bis 60
Brief	13,4%	12,5%	11,4%	18,5%	15,2%	12,7%	9,4%	19,6%
Telefon	5,4%	12,5%	8,1%	3,7%	0,0%	1,8%	3,1%	6,5%
SMS	2,7%	0,0%	3,2%	0,0%	0,0%	0,0%	1,6%	0,0%
Email	5,4%	12,5%	5,4%	0,0%	6,1%	9,1%	6,3%	2,2%
Chat	1,4%	0,0%	3,2%	0,0%	0,0%	0,0%	0,0%	0,0%
Gespräch	72,7%	62,5%	68,7%	77,8%	78,8%	76,4%	79,7%	71,7%

TABELLENGRAFIK 12.1

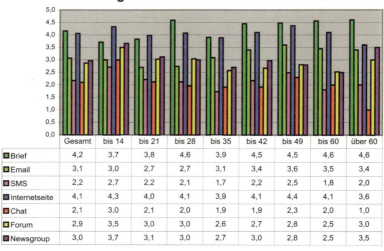

Bedeutung der Form in den einzelnen Medien

	Gesamt	bis 14	bis 21	bis 28	bis 35	bis 42	bis 49	bis 60	über 60
Brief	4,2	3,7	3,8	4,6	3,9	4,5	4,5	4,6	4,6
Email	3,1	3,0	2,7	2,7	3,1	3,4	3,6	3,5	3,4
SMS	2,2	2,7	2,2	2,1	1,7	2,2	2,5	1,8	2,0
Internetseite	4,1	4,3	4,0	4,1	3,9	4,1	4,4	4,1	3,6
Chat	2,1	3,0	2,1	2,0	1,9	1,9	2,3	2,0	1,0
Forum	2,9	3,5	3,0	3,0	2,6	2,7	2,8	2,5	3,0
Newsgroup	3,0	3,7	3,1	3,0	2,7	3,0	2,8	2,5	3,5

TABELLENGRAFIK 11.2

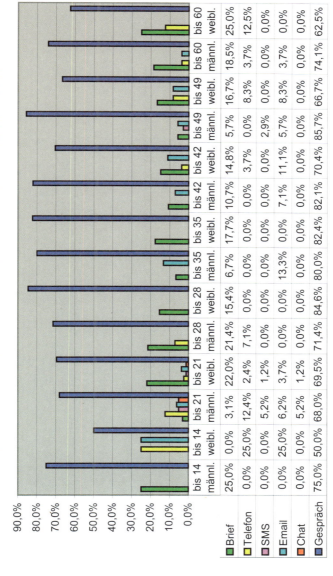

TABELLENGRAFIK 12.2

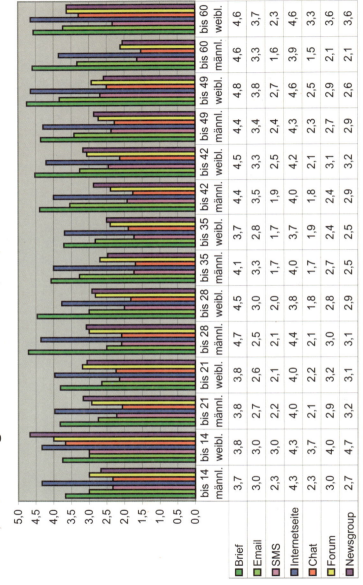

Bedeutung der Form in einzelnen Medien – männl. + weibl.

	bis 14 männl.	bis 14 weibl.	bis 21 männl.	bis 21 weibl.	bis 28 männl.	bis 28 weibl.	bis 35 männl.	bis 35 weibl.	bis 42 männl.	bis 42 weibl.	bis 49 männl.	bis 49 weibl.	bis 60 männl.	bis 60 weibl.
Brief	3,7	3,8	3,8	3,8	4,7	4,5	4,1	3,7	4,4	4,5	4,4	4,8	4,6	4,6
Email	3,0	3,0	2,7	2,6	2,5	3,0	3,3	2,8	3,5	3,3	3,4	3,8	3,3	3,7
SMS	2,3	3,0	2,2	2,1	2,1	2,0	1,7	1,7	1,9	2,5	2,4	2,7	1,6	2,3
Internetseite	4,3	4,3	4,0	4,0	4,4	3,8	4,0	3,7	4,0	4,2	4,3	4,6	3,9	4,6
Chat	2,3	3,7	2,1	2,2	2,1	1,8	1,7	1,9	1,8	2,1	2,3	2,5	1,5	3,3
Forum	3,0	4,0	2,9	3,2	3,0	2,8	2,7	2,4	2,4	3,1	2,7	2,9	2,1	3,6
Newsgroup	2,7	4,7	3,2	3,1	3,1	2,9	2,5	2,5	2,9	3,2	2,9	2,6	2,1	3,6